高等职业学校旅游管理专业教材

旅游概论

Introduction to Tourism

李建春　王雪梅　吴　祥　主编

中国轻工业出版社

图书在版编目（CIP）数据

旅游概论 / 李建春，王雪梅，吴祥主编. — 北京：
中国轻工业出版社，2020.11
高等职业学校旅游管理专业教材
ISBN 978-7-5184-3159-5

Ⅰ. ①旅… Ⅱ. ①李… ②王… ③吴… Ⅲ. ①旅游 —
高等职业教育 — 教材 Ⅳ. ①F590

中国版本图书馆CIP数据核字（2020）第161655号

责任编辑：史祖福　贺晓琴　　责任终审：张乃柬　　整体设计：锋尚设计
策划编辑：史祖福　　　　　　责任校对：晋　洁　　责任监印：张　可

出版发行：中国轻工业出版社（北京东长安街6号，邮编：100740）
印　　刷：三河市国英印务有限公司
经　　销：各地新华书店
版　　次：2020年11月第1版第1次印刷
开　　本：787×1092　1/16　印张：13
字　　数：290千字
书　　号：ISBN 978-7-5184-3159-5　定价：42.00元
邮购电话：010-65241695
发行电话：010-85119835　传真：85113293
网　　址：http：//www.chlip.com.cn
Email：club@chlip.com.cn
如发现图书残缺请与我社邮购联系调换
190413J2X101ZBW

本书编委会

主　编　李建春　王雪梅　吴　祥

副主编　杨　刚　丁国华　陈　菡

参　编　俸定娟　胡　月　石　朋

前言

“东城渐觉风光好，縠皱波纹迎客棹。绿杨烟外晓寒轻，红杏枝头春意闹。”这首出自《玉楼春·春景》的诗，是北宋著名文学家宋祁出游后心情的真实抒发，充分体现了美景带给人精神的愉悦与欣喜。

随着社会经济的飞速发展，消费者可自由支配收入和带薪休假等闲暇时间的增加使得旅游已经成为人们生活的常态和刚需。旅游业在中国摸着石头前进了40年，一直围绕着“食、住、行、游、购、娱”做文章，始终没有找到自己的“根”。文旅融合的提出为中国旅游业发展指明了新的道路，也为学术界提出了若干理论思考。培养“文旅融合”的新时代旅游专业人才就显得尤为迫切。

《旅游概论》是旅游管理专业学生的一门必修基础课程，也是旅游课程体系中的一门先导和入门课程，对于激发学生学习旅游知识、培养职业热情和建设一支高质量、高素质的旅游管理人才队伍，以及对后续相关课程的开展都具有重要意义。为落实教育部关于职业教育课程体系建设的精神，更是随着课程改革的深入，校本课程开发已成为高职院校课程革新的焦点，开发并编写出适应职业院校实际发展以及学生实用的课程教材显得日益迫切。基于此，为了更好地做好中高职教材的过渡，宜宾职业技术学院旅游管理专业教研组对中职和高职两个层次的旅游概论教材建设进行了研究，编写了这本中高职衔接教材。本教材编写的目的是提升教育教学质量，深化专业课教学，使学生更快、更好地掌握专业技能，从而做到技能、学历同步走，全面培养学生的特色技能教育和动手能力。本教材在继承同行专家学者成果精华的同时，也具有自己的鲜明特色，主要体现在以下三个方面。

一是教学内容体系创新。全书分为两大模块：项目一至项目三为基础模块，围绕旅游的产生发展和特点类型，紧扣旅游发展历程，引出各类旅游管理机构和旅游组织，从历史渊源和基本概论方面深刻阐述了不同于传统旅游的新特征和新面貌。项目四至项目十为专业模块，从专业角度深入解析旅游者、旅游市场、旅游资源、旅游影响、旅游政策与法规、旅游业现状与未来，为旅游产业的可持续发展提供了方法和指导，具有积极的推动作用。这两大模块的体系融合具备了一定的理论水平，突出了实践性、活动性、选择性，符合新课程理念，对我院特色课程建设将会产生深远的影响，对学生全面健康成长也会产生积极的作用。

二是教材编排丰富生动。全书文字精要，表述清晰，并大量使用旅游经济统计数据、表格分析、小知识穿插等新型表现方法，多方面展现知识点，提高可读性。特别是大量取材经典的典故、名人名事，声情并茂地将枯燥的文字生动地表现出来。

三是紧跟新时代、新思想。为了符合国家新时期职业教育思想和价值观，使之能为国家旅游经济建设更好地服务，书中对“绿色旅游”“休闲农业”“乡村旅游”“红色旅游”“生态旅游”“银发市场”“智慧旅游”等新事物新发展都进行了详细地阐述，更有利于拓宽学生的知识。

本教材由宜宾职业技术学院李建春、王雪梅和客座教授吴祥担任主编，负责组稿、编写框架、内容布局以及统稿和定稿工作；杨刚、丁国华和陈菡担任副主编，负责教材内容的审核和校对工作。具体编写分工如下：倖定娟编写项目一和项目二，李建春编写项目三，王雪梅编写项目四，胡月编写项目五和项目六，石朋编写项目七和项目八，陈菡编写项目九，丁国华编写项目十。

由于编者水平有限，时间不足，错误和缺点在所难免，希望学者和读者给予批评指正，以再版时改正。

谢谢！

编写组

2020年5月

目录

模块一 基础模块

项目一　旅游概述

学习指导

旅游是人类社会发展到一定历史阶段的产物，旅游活动是一种社会现象。通过对旅游活动、旅游的本质属性、特征及其种类等内容的学习，可以清晰、全面、深入、系统地掌握旅游这一社会现象的内涵、本质属性、特征及类型。随着社会的进步和科学技术的发展，现代旅游异彩纷呈，涌现出多种新的旅游业态，表现出了不同于传统旅游的新特征和新面貌。

学习目标

1. 掌握旅游的概念和本质、属性。
2. 熟悉旅游的特点。
3. 理解旅游活动的构成要素。
4. 归纳旅游活动的种类。

作为现代社会不可缺少的一种生活方式和普遍存在的文化现象，旅游对人们的意识有很深的影响，那么，什么是旅游？“旅游”一词的来源是什么？要回答这些问题，我们必须了解旅游的产生和发展、旅游的特点及类型，这是我们学好这门学科的关键所在。

任务1　旅游的定义

一、“旅游”一词的由来

旅游（Tour）来源于拉丁语的“tornare”和希腊语的“tornos”，其含义是“车床或圆圈；围绕一个中心点或轴的运动”。这个含义在现代英语中演变为“顺序”。后缀-ism被定义为“一个行动或过程，以及特定行为或特性”；而后缀-ist则意指“从事特定活动的人”。词根tour与后缀-ism和-ist连在一起，指按照圆形轨迹的移动，所以旅游是指一种往返的行程，即指离开后再回到起点的活动，完成这个行程的人也就被称为旅游者（Tourist）。

“旅游”是旅游学研究的最基本概念。长期以来，各国旅游者和不同的国际旅游组织曾对旅游进行过多种解释。但国际上的研究学者普遍认为，1942年瑞士圣加仑大学教授汉泽克尔（Hunziker）和克拉普夫（Krapf）在其合著的《普通旅游学纲要》中提出的“旅游”概念最全面、最具有代表性，该定义为：“旅游是非定居者的旅行和暂时居留而引起的一切现象和关系的总和，这些人不会导致永久居留，并且不从事赚钱活动。”该定义于20世纪70年代被旅游科学专家国际联合会所采用，因该联合会法文简写为“AIEST”，所以又称为“艾斯特”定义。这个定义的优点在于用“非定居者”强调了旅游活动的异地性，用“不会导致永久居留”强调了旅游的暂时性，用“不从事赚钱活动”强调了旅游活动的业余性，用“一切现象和关系的总和”强调了旅游活动的综合性；不足的是该定义容易让人产生误解，往往会使人们把商务旅游排除在外，使得旅游活动的这种表现形式被排除。

“旅”“游”作为两个独立的概念，在中国古代就已经出现了。先秦典籍《诗》《易》将“旅”定义为行旅、商旅。《尔雅》曰：“旅，途也。”郭璞注：“途即道也。”由“道、路”表意，“旅”字又引申出客、客居等意。《易经》文中“旅卦”，主要是商旅卦，是西周初期人对旅行方位观念的反映。朱熹《易·旅卦疏》曰：“旅者，客寄之名，羁旅之称，失其本居而寄他方，谓之为旅。”“旅”的含义逐渐演变为“在途中”的状态，即旅行指到外地作客或游历这一动作本身，从一个地方到另一个地方的移动过程。而“游”即遒游、游览的意思，古人认为“游”即“谓闲暇无事之为游”，我们可以看出，我国的古人很早就已经察觉到旅游是一种必须在闲暇时间进行的活动。可见，“旅游”就是旅行游览，是“旅行”和“游览”两种活动的有机统一。

在魏晋南北朝时期，一些诗人已经在诗歌中运用了“旅游”，如南梁诗人沈约的《悲哉行》中说到“旅游媚年春，年春媚游人”。唐代以后，“旅游”一词的使用频率就更高了，如唐代诗人王勃《涧底寒松赋》：“岁八月壬子，旅游于蜀，寻茅溪之涧”；张籍《岭表逢故人》有“过岭万馀里，旅游经此稀”等诗句。

1931年编写的《辞源》中只有“旅行”一词，其解释是：“今泛称外出作客”。这说明，那时虽然有旅游活动，但旅游作为一个普遍的概念还没有形成，也没有流行起来。1960年出版的《现代汉语词典》中关于“旅游”的解释是“旅行游览”。1981年出版的《辞海》（增补本）也没有“旅游”一词的条目，仍只有“旅行”一词。实际上，自1964年7月我国成立了中国旅行游览事业管理局，同年11月国务院召开了“第一次旅游工作会议”以后，我国又相继成立了“中国旅游出版社”“中国旅游报社”和上海旅游专科学校等，自此“旅游”一词在文献中和社会上才被广泛使用。1982年，国家将最高旅游行政管理机构“中国旅行游览事业管理局”更名为“中华人民共和国国家旅游局”，肯定了“旅游”一词的客观存在。

二、旅游的定义

当代对旅游的定义，人们已有以下四个方面的共识。

（1）旅游必须以旅行为前提，并在异地进行诸如游览、参观、消遣、娱乐等活动，以区别于常住地的游览、休闲、娱乐等活动。

（2）旅游是人类的一项暂时性活动。人们前往目的地，并在那里作短期停留，而这种停留有一定的时间限度，有别于移民性的永久性居留。

（3）旅游是一种非谋生性的活动。人们外出旅游的目的既不能是为了移民，也不能是去目的地就业和任职，而是为了此外的其他目的。

（4）旅游是人们旅行和游览过程中引起的一切关系和现象的总和，不仅包括旅游者的活动，如旅行、消遣、购物、会议等，而且还包括与这些活动在客观因素下所产生的一切综合现象。

综合以上所有内容的阐述和分析，将旅游的定义概括如下：旅游是人们为寻求精神上的愉快感受而进行的非定居性旅行和游览过程中所发生的一切关系和现象的总和。

小知识

古人出门旅游要准备什么？

又是一年春暖花开时，人们纷纷走出家门去踏青赏春，而在我国古代，人们也有踏青一说，那么古代人在阳春时节踏青赏春与现代有什么不同呢？在我国古代魏晋南北朝时期就已经开始流行泼墨名胜古迹的游记类作品，到了唐代更为流行，那他们在出发前都做哪些准备呢？是和我们现在一样吗？

在古代，人们在出行前不可或缺的步骤是问卜，这可以追溯到殷商时期，而到了明代就有了专门为出行准备的问卜书籍，出行前只需翻阅查询就可以了。到了快节奏的现代，只要我们有假期，就可以来场说走就走的旅行。

在古代，人们旅行大多数都会带着仆人或者邀三五好友一同出行，他们的行李箱是要用肩挑担扛的，所以带几个仆人既可以帮忙，还可以相互照应。据说号称万里独行的著名旅行家徐霞客也是有仆人跟随的。

在古代，人们旅行随身所带的行李不仅有生活用品、床上用品，而且有蜡烛、茶叶、棋子、棋盘和中药，还有笔墨纸砚、酒器、茶盏、斧子、锄头、刀子、夜壶。而用于盛装这些物品的是用竹子作为材料编制而成，坚固质轻，又可以方便地携带日常用品的一种背包。

在古代，人们旅行只要能走水路，就算绕远道也要走水路，很多人会疑问为什么。古代的车子实在太颠簸，而走水路坐船要惬意多了。尤其在大运河开通的隋唐时期以后，船运服务越来越普遍。有时也会因为天气等因素影响出行，这时便会换乘陆路交通。说到车，多数是以马车或骡车为主，因为马车和骡车不仅能保证速度还能耐力持久，即使是千里长途，日夜兼程赶路数日也可到达。

在古代，人们旅行中的住宿方式可谓是五花八门，官家住的是驿站，商旅住的是客栈，前不着村后不着店的可以住民宿和寺庙、道观，就是在野外露宿也大有人在。但是最常见的选择是民宿，也有收费标准，即使住在寺庙、道观，有的也并不是免费的，而是通过香火钱的方式收取的。

如果走水路，就直接歇息在船上。旅途中吃饭的问题又该如何解决呢？唐代时酒家的兴起为出行的人们提供了极大的方便，但是古人出门时还是习惯随身携带食物以防万一，据说徐霞客背包中就装有胡饼、笋脯、茶叶等食物和酒水，甚至还有油盐酱醋和锅碗瓢盆。

在古代，人们旅行中还有写游记的习惯，不仅是为自己留下纪念，还可以为后人指路，说不定还是一条发财的路子，马可·波罗就是一个例子。

任务2　旅游的本质和属性

一、旅游的本质

旅游究竟属于一种什么性质的活动？实际上，20世纪60年代起人们就开始讨论这一问题了。对于旅游活动的研究最早起源于意大利，学者马里奥蒂最早提出“旅游是属于经济性质的一种社会现象”，这一观点得到德国学者鲍尔曼的支持。此后，在相当长时间里，旅游被普遍视为一项具有重要经济意义的活动，这一认识深刻地影响了学术界，尤其是经济学界的思想。但是，早在20世纪30~40年代，德国的格吕克斯曼和瑞士的汉泽克尔、克拉普夫就提出了旅游现象属于非经济性质活动的观点。第二次世界大战后，一些社会学家、历史学家、文化界人士逐渐持有文化论看法。更多的学者已越来越注意到旅游现象的非经济性本质的东西，建议广泛使用文化人类学和社会学的方法研究旅游。

事实上旅游这门学科起步晚，研究它的学者大多不是专科出身，所以，对于旅游本质的学说，出现了“百家争鸣，百花齐放”的现象。对于旅游本质的认识可以从以下四个方面来理解。

（一）旅游是一种高层次的消费活动

旅游是人们在满足了对基本生活必需品需要后产生的高层次、高档次的享受型消费，并正在发展成为人们生活中的一种基本需要。从社会生产发展的角度看，旅游发展的基础是经济的发展，只有当社会生产力发展、人们收入水平不断提高、闲暇时间增多时，旅游才能成为大众性的活动。从人类需要发展的角度看，随着人类社会的发展，人会产生多种多样的需要，既有为延续和发展生命所必需的物质需要，也有为发展智力、道德、审美等方面的精神需要。按照马斯洛需要层次论的解释，人的需要可分为：生理需要、安全需要、社交需要、受尊重需要、自我实现的需要五个层次。这五种需要层次是逐级上升的，当人们低一级的需要获得相对满足以后，追求高一级的需要就成为继续奋进的动力。

旅游需要是人的总体需要的一个组成部分，当人们满足日常的衣、食、住、行等基本需要之后，便自然而然地会追求更高层次的享受——旅游的需要。旅游既有对基本生存需要的消费，又有对发展需要和享受需要的消费，更多的是对发展需要、高层次需要的消费。即使是为满足生存需要产生的旅游消费，也远远超出日常生活的消费水平。因此，旅游是人们生活需要层次提高的表现，是一种高层次的消费活动。

（二）旅游是一种以审美为特征的精神活动

旅游最基本的形式是游览观光，而消遣型旅游则是现代旅游最重要和普遍的旅游类型。因此旅游从本质上可以说是一种以审美为突出特征的精神活动。追求美是人类文明的主要特征。审美活动是人类生活的基本内容之一，是在物质需要满足之后的更高尚的追求。审美享受是人生中最有价值的财富。因此，人们之所以喜欢旅游，就是因为旅游能够满足人们对自然美、艺术美、生活美的欣赏和享受，得到日常生活得不到的那种生活体验的精神活动。

旅游审美活动内容是丰富多彩的，融优美、崇高、喜悦、悲壮、秀丽、雄奇、幽静为一体，能满足旅游者不同层次的审美需求。尽管旅游者有各种各样的出游动机，而且在旅途中要消耗大量体力，但最终都通过饱览秀丽风光、观赏名胜古迹消除了紧张疲劳，使精神得到放松，进入了心旷神怡的境界。此外，人们通过旅游消费得到一种占有欲望的满足，但这不是平时的物质占有，而是一种精神文化占有欲的满足。旅游者通过旅游活动增长了人生乐趣，有利于精神的调剂和恢复，使身体、心智、精神得到良好和有益的锻炼。所以说，旅游是人类一种以审美为特征的精神活动。

（三）旅游是人类的一项综合性的社会活动

旅游不仅包括经济、物质的内容，而且也包括政治交往、文化合作、商务活动、学术考察、体育比赛、宗教朝圣等内容，是一项涉及各个领域的社会活动。而且旅游者在整个旅游活动中，也必然涉及政治、经济、文化，从而构成综合性的社会活动。各种有关的社会活动互为条件、互为依托、互相支持，才能构成旅游。

此外，旅游作为人与人之间普遍的社会交往活动，不但能促进地区之间、国家之间的友好关系，而且也能增进人与人之间的相互了解和友谊。因此，各国政府和地区都十分重视旅游的社会作用，历年世界旅游组织在世界旅游日提出的口号，都清楚地反映了旅游的社会作用。

（四）旅游是一种生活的方式

对于旅游本质的理解必须用动态发展的观点来认识，因为现代社会中的旅游不同于古代文人的游山玩水或徐霞客式的旅行和科学考察，它是因人类社会经济发展到一定程度，才逐渐演变成人们的常态化生活方式，更是离开常住地到异地生活的一种方式。

关于这一点，国内的《国民旅游休闲纲要（2013—2020年）》的颁布，体现了国家对于国民休闲权的尊重，也预示着旅游休闲将成为国民日常生活的组成部分。一些国外学者也有类似的叙述。

二、旅游的属性

由于旅游是人类社会、经济、文化等发展到一定历史阶段的产物，是一种具有消费性、享受性、综合性的社会活动方式。因此，旅游具有社会属性、文化属性、经济属性和消费属性。这些属性都在不同层面上诠释着旅游的本质。

（一）旅游的社会属性

旅游既然是人类社会发展的产物，那么，旅游的社会属性是显而易见的。

1. 旅游主体具有社会性

旅游既是在人类自身进化和社会发展历程中产生，又是以人为本的一种社会活动。因此，作为旅游主体的旅游者，已是具有社会意识、道德观念和变革能力的社会人。

2. 旅游客体具有社会性

从古至今的旅游活动都离不开社会的供给和发展。作为旅游客体的旅游资源以及社会对旅游活动所能提供的各种条件，总是随着社会的发展变化而不断发展变化。在旅游发展历史上所表现出来的种种不同的旅游特征，其主要根源就在于不同时代的社会综合发展水平，社会的发展和进步，促使人们的旅游观念发生变化。随着社会的进步，人们对旅游的观念也在不断发生变化。在过去，旅游在传统的中国人眼中，会有不务正业、吃喝玩乐之嫌。如今的中国社会，越来越多的人已乐于将旅游作为业余生活的首选。现代旅游在旅游动机、目的和方式上越来越趋于细分化、多样化和个性化。这种旅游价值观变化的主要根源也在于社会的发展进步促使人们的人生观、价值观发生相应的变化。

（二）旅游的经济属性

从旅游历史发展的角度来考察，没有经济活动就不可能出现旅游现象。旅游现象不可能出现在人类还处在蒙昧时期的社会生产力水平极低的原始社会，只有到了阶级社会，由于生产工具的更新、生产力的进步，产生了阶级，有了贫富悬殊，出现了剩余劳动产品交换的经济活动，人们才能有为了娱乐、享受或经商以及宗教活动而进行的旅行和游览活动。但是，古代旅游者仅局限在少数权贵和富有人士中。到了近代，由于工业革命，社会经济迅速发展，生产力水平不断提高，科学技术日益进步，使得国民收入增加，劳动时间缩短，闲暇时间延长，人们才有外出旅游的金钱和时间。

尤其是第二次世界大战后，世界各国的经济迅速发展，先进交通工具和通信设备不断问世，使长距离的跨国旅游和洲际旅游成为可能。另一方面是从个人的旅游动机来认识旅游的经济属性。生活在同一个阶级社会中的人们，由于经济地位不同，思想观念、价值取向，乃至对事物的态度等都存在着差别。一个一日三餐尚且自顾不暇的人，是不可能会有强烈的旅游欲望的。

随着人类社会经济的快速发展，人们的生活日益富裕，经济因素对旅游的制约作用将从主导地位降为从属或次要地位。人们要去旅游，首先考虑的并非旅游费用的支付能力，而是想到何地旅游或采取何种方式才能实现更完美的旅游愿望问题，只要外出旅游就必然会花钱，那么，旅游的经济属性就依然存在。

（三）旅游的消费属性

根据科学社会主义学说关于人类的需要分为生存需要、享受需要和发展需要三个方面的理论，说明旅游是人类生活需要层次提高的表现。实践证明，人类为了生存所必须满足的物质和文化需要最基本的是衣、食、住、行四大方面，因此，超出生存需要的生活就具有享受性；同时，也会包括发展和表现自己的知识、才能和个性的需要。只有当人们的生存需要已得到满足，无虑于温饱，才会产生对享受和发展的进一步的需要，才会产生对具有享受性的旅游消费的强烈愿望。所以，旅游是人们生活水平提高，超出生存需要的一种高级消费形式。

所谓高级消费，主要是就旅游消费水平和消费结构而言。旅游的主要目的在于游览，但必须和衣、食、往、行等物质消费，以及游览、娱乐等一系列的劳务消费有机地结合，才能实现完美的旅游愿望。可以说，任何一个旅游者，尤其是现代的旅游者，整个旅途生活的每一分钟都意味着要付出金钱，而旅途中所有的消费都具有满足人们基本生活需要之上的享受和发展需要的价值。因此，旅游的消费是比一般的生活更高级的消费形式。

需要指出的是，虽然从人类不同生活层次需要的角度看，旅游是超出生存需要的高级消费形式，但是随着社会物质文明和精神文明的高度发展，在人们越来越富裕的前提下，人们的消费观念、消费结构必将产生相应的变化，因而，旅游就会成为人们生活的必需，即成为生活中一个必要的组成部分。不过，目前对发展中国家的广大人民来说，旅游仍然是一种比较奢侈的消费形式，尤其是跨国、跨洲或环球旅游。

（四）旅游的文化属性

旅游活动从本质上讲是一种文化活动。无论是旅游消费活动还是旅游经营活动都具有强烈的文化性。只有挖掘出文化内涵，它才会具备吸引旅游者的魅力。

1. 旅游主体的文化本质

旅游作为一种跨时空的消费活动，它的广泛出现是经济发展驱使的结果，但一个人能否成为旅游者更需要内在的动因，正如先秦思想家墨子所讲的，“食必常饱，然后求美；衣必常暖，然后求丽；居必常安，然后求乐”。人类在基本生存需求满足之后，随着收入的增长，必然追求更高的物质享受和精神享受。但是，旅游活动更是文化驱使的结果。从历史发展的观点看，经济发展固然为社会进步提供了物质基础，但是社会发展最根本的是社会文化与观念的革命。第二次世界大战以后，世界范围内旅游活动的兴盛，从客观条件看，是全球经济恢复、繁荣的结果，从深层次看，它是文化观念转变的结果。

2. 旅游客体的文化含量

旅游资源按基本成因和属性，大体可分为自然旅游资源和人文旅游资源两大类。人文旅游资源，无论是实物形态的文物古迹还是无形的民族风情、社会风尚，均属于文化的范畴。由各种自然环境、自然要素、自然物质和自然现象构成的自然景观，只有经过人为的开发利用，才能由潜在的旅游资源变为现实的旅游资源。即使是自然美，也必须通过鉴赏来反映和传播，而鉴赏是一种文化活动，因此，自然旅游资源同样也具有文化性。

3. 旅游媒体的文化特征

旅游者以追求精神享受为目的，可以说是文化消费者。因此，旅游业的核心产品只能是文化产品或文化含量高的产品，旅游经营者只有为消费者提供高质量的文化产品，才能从交换中实现营利的目的。在市场经济条件下，旅游资源的开发者不仅要了解旅游资源本身的特征和功能，还必须了解旅游者所追求的文化特征，开发出满足各类旅游的文化旅游产品。旅游业的文化特征还渗透在各旅游部门的运行过程中，如现代旅游饭店，不是简单地提供膳食的场所，而是集膳宿、社交、娱乐、审美等功能于一体的综合性场所。因此，一个优秀的饭店，有必要不断提高餐饮、客房、娱乐等环节的文化品位，有必要培养和提高服务人员的文化素质，有必要提供有情调的个性文化服务。

任务3　旅游的特点

旅游作为一种社会性的消费活动，同一般的、其他的消费或社会活动相比较，既有类同之处，又有自身的特点，并随着社会的发展而不断演变。

一、旅游具有广泛性

旅游的广泛性有三层含义：一指旅游者构成的广泛性；二指旅游地域的广阔性和活动领域的多面性；三指旅游内容的丰富性及其所属性质的多样性。

古代旅游不仅在旅游者构成上，而且在旅游的活动领域方面都受到很大的局限；而现代旅游不仅涉足全球的各个角落，而且深入到社会的各个领域，现代旅游活动日趋大众化、平民化。因此，旅游的广泛性特点只有在现代社会才得以充分的体现。

二、旅游具有综合性

所谓综合性，是指旅游是集食、住、行、游、购、娱于一体的社会活动。它意味着一个完美的旅游过程，实质上就是上述各要素之间的相辅相成和各个环节之间环环紧扣的整体运作过程。尽管古代社会对旅客也能提供诸如食、住、行等设施设备的服务，但与现代的旅游业对旅游活动所提供的全方位、全过程的一条龙服务相比较却不可同日而语。前者仅是维持旅游者的生存条件，谈不上是一种享受；后者却具有增添旅游生活乐趣和精神享受的无形效用和价值。可见，随着社会对旅游供给条件的不断改善，旅游的综合性特点日益显著，其综合价值功能的发挥也越充分。

三、旅游具有参与性

就广义而言，参与包括直接参与和间接参与。例如购物活动，既可亲自筹办，又可由他人代购；又如参加某种学术会议，既可亲自出席，也可由他人代为宣读论文等，都具有参与性。不过，旅游活动却不能替代，世界上也绝无可替代他人旅游的好事。因此，这里所说的参与性，是指旅游者在旅游过程中必须亲临其境、身体力行的不可替代性。虽然旅游活动没有直接参与和间接参与之分，但却有主动参与和被动参与之别。因此，只有不断开发那些更富有活力、更具情趣和鲜明个性特征的旅游项目，旅游方式才能更有效地发挥旅游者的主观能动性，使旅游活动更具有自主性、随意性、趣味性、刺激性，以满足日益个性化的旅游需求。

四、旅游具有季节性

所谓季节性，是指旅游活动因受到自然条件和社会文化背景的制约而呈现出淡季、平季和旺季的差异性。自然条件的影响，主要指那些以自然风光为主体的旅游目的地，因受所处地理位置的制约，其旅游观赏功能的发挥具有明显的季节性。如钱塘江观潮在农历八月十五最为壮观，泰山观日出在秋冬为宜，并非一年四季都具有旅游吸引力。

文化因素对季节性的影响有三方面，一是指因某些人文旅游资源诸如传统的民族、民间的节庆活动和某些宗教纪念日都有一定相对固定的时间。二是指因受传统习俗的影响，导致人们出游的时间相对集中在一定的季节里。例如具有中国人文特征的祭祖活动和清明节扫墓等习俗，正是广大港澳台同胞和一些华侨、外籍华人选择在春节和清明节前后来内地旅游的主要动因。三是指人们的带薪假期和闲暇时间的分布具有一定的季节性。一般而言，学校师生集中在寒暑假出游；北欧国家的带薪假期相对集中在1~3月；而我国的两大节日（国庆节、春节）假期时间相对较长，又在全国范围内形成了“假日旅游”的高潮。

任务4　旅游活动的构成和特征

一、旅游活动的构成要素

旅游是涉及众多方面的综合性社会文化现象。旅游活动的基本构成要素是旅游者（旅游主体）、旅游资源（旅游客体）和旅游业（旅游媒体），三者相互依存、相互制约并紧密结合，共同构成旅游活动这一复杂的综合性整体，旅游活动是人类生活的高级消费形式，并产生文化效益、经济效益和社会效益。

（一）旅游者——旅游主体

旅游是人的活动，是人类社会实践的一部分，没有旅游者就没有旅游活动，更谈不上使旅游活动成为一种社会活动，所以旅游活动的主体是旅游者。旅游活动是指人们离开其常住地的外出旅行以及在目的地停留期间所从事的全部活动。作为旅游主体的旅游者是旅游活动最主要的决定因素，也是最活跃的因素，可以说旅游活动的全过程都是围绕旅游者这一主体进行和展开的。

旅游者作为旅游活动的主体，是处在一定社会关系之中并具有一定社会文化背景的人。旅游者来自于不同国度，属于不同民族，具有不同的生活方式和不同的思想情感。他们离开常住地前往异国他乡，不可避免地要与东道国的人群接触交往，从而产生一系列复杂的社会关系。而这种接触与交往既是旅游者访问异国他乡的客观结果，同时也是旅游者外出旅游的重要动机之一。许多旅游者外出旅游的目的就是要体验异域风情，了解他乡文化。

总之，旅游者就是离家外出到异国他乡旅行和访问的人。但是一个人能否成为旅游者还受到多种主客观条件的制约。就主观因素而言，必须具有旅游动机，而客观因素则包括必须具有一定的可随意支配收入和闲暇时间。此外，还有其他一些客观条件。一个人只有同时满足个人旅游需求的主观条件和客观条件，才能成为现实的旅游者，实现其旅游活动。

（二）旅游资源——旅游客体

旅游资源是旅游活动得以开展的物质基础，是吸引旅游者并激发旅游者的旅游动机的直接因素，也是旅游业借以创收的前提。因此，旅游资源是一个国家或地区的旅游业赖以生存和发展的最基本的条件。人们之所以愿意到某个国家或地区去旅游，是因为那里存在着对他们有吸引力的因素，包括自然因素、人文因素、不同的地域组合和表现特征，这些都能成为吸引旅游者前往的决定性因素。这些因素是旅游者赖以进行观光、游览、度假、消遣、娱乐、购物等活动的客观物体。显然，如果没有旅游资源所构成的具有吸引力的环境，旅游者不会前来访问，旅游活动也无法开展。尽管旅游者也会考虑旅游地的生活条件和服务水平，但这些都是旅游者进行旅游活动所派生出来的次要需求。而旅游资源由于自然和人文要素的组合不同而各具特色，既不可移动，又不可替代，只有亲临其境、亲历其事才能真切感受，获得真正的精神满足。

所以，一个国家和地区旅游资源的特色和丰富程度是其旅游业发展成功的客观基础。而对旅游资源的利用与开发水平，也直接影响一个国家或地区旅游的规模、类型。自然因素、人文因素或其他任何因素以及由它们共同组合所形成的综合体，均可构成对旅游者具有吸引力的环境，成为旅游资源。

（三）旅游业——旅游媒体

旅游业是连接旅游主体和旅游客体的中介物，也为旅游活动提供各种服务、安排，使旅游者的旅游动机与愿望得以实现，并能从中得到最大满足和精神愉悦的那部分因素，我们称其为旅游媒体。旅游业是旅游发展的产物，也是旅游发展的推动者。在近代旅游业产生以前，旅游活动主要是一种自发的少数人参加的活动，旅游主体和客体直接联系，此时的旅游活动大多表现为漫游、探亲等方式，缺乏对旅游客体的了解和认识，同时也没有基本的旅游设施和服务。因此，早期旅游活动规模小，出游范围窄。旅游业诞生之后，它在旅游者和旅游资源之间起到了一种媒介和桥梁作用，通过旅游业提供各种旅游供给以及对旅游市场进行组织，使得旅游活动方便易行，从而大大推动了旅游业的发展。旅游业诞生之后，完成旅游活动的要素已不仅仅只是旅游者和旅游资源，旅游业在客源地与目的地之间，以及旅游动机与旅游目的的实现之间架起了一座便利的桥梁，而且利用旅游业提供的规范化的旅游模式完成旅游活动，已成为广大民众中占支配地位的旅游形式。旅游业已经成为推动旅游活动开展最积极最活跃的一个因素。

旅游活动的三大要素互为依托和制约，共同构成一个统一的整体，任何一个要素发生变化都会影响到另外两个要素。如旅游者的流量、流向和兴趣爱好的变化，必然影响作为旅游目的地的服务设施和旅游资源的建设规模、层次、类型，也会影响到旅行社、旅游交通和饭店的配套设置；而旅游资源的开发和新景观、主题公园的建成，又会导致旅游者流向、流量的改变，进而影响到旅游业的结构；至于旅游交通、饭店、旅行社的滞后，则更是影响到旅游者的旅游活动和旅游目的地的社会效益和经济效益。

二、旅游活动的特征

旅游活动的内容和形式会随着时代的发展而演变，但是它最本质的特征则不会因为时间的流逝而变化，它始终贯穿在人类的旅游活动中。

（一）旅游活动具有审美性

旅游活动是人们进行自由审美的实践形式，追求身心愉悦，获取最大的审美享受是每一个旅游者的愿望。老子在2000多年前就说："夫得是至美至乐也，得至美而游乎至乐，谓之至人。"他把"至美"和"至乐"认定是一种超然之上的美感、快感，归结为"游"的最高旨趣，是至今发现的关于旅游活动审美的最早主题。旅游活动集自然美、艺术美、生活美、服务美于一体，审美需求、审美情趣、审美感受贯穿于旅游活动全过程。自然界中的名山大川、嶙峋奇石、小桥流水、大漠孤烟、黄昏夕照、松柏竹梅，传统文化中的戏剧、绘画、音乐、舞蹈、园林建筑，乃至各种适合旅游者求新、求奇、求险而出现的娱乐活动，无不处处洋溢着美，渗透着美，滋润着旅游者的心灵。旅游活动中的一切，有的表现为静态美，有的表现为动态美，总之都审美化了。旅游者在欣赏自然风光之美、文化艺术之美和社会生活之美中，感受到万物的存在与运动的意蕴，从而物我融合，最终使心灵得到慰藉。

（二）旅游活动具有暂时性

旅游是人们一种特殊的生活方式，是离开自己的常住地到异国他乡作短暂停留，是发生在旅游者人生时光通道中某时段上的行为。旅游者按预先计划好的时间外出旅游，又按计划规定的时间返回，因此，外出旅游的这段时间不同于正常的生活时间。

（三）旅游活动具有异地性

追新求异、猎奇求知是人的本能之一，也是人的一种天性。在长期生活的环境中，人们往往对自己日常所熟悉的事物和氛围感到平淡无奇和十分乏味，于是有关一个陌生地陌生事物的信息会引起特殊的悬念和联想。异地的自然风光、风土人情、民俗生活常能使旅游者获得在自己的常住地得不到的新知识、新感受、新快乐。因此，对外界客观世界的认识和了解便决定了旅游活动的异地性特征。

（四）旅游活动具有流动性

旅游活动的异地性，决定了旅游活动的流动性。因为旅游者的旅游动机要实现，必须靠其自身的转移，借助交通工具实现从居住地向旅游目的地的转移，从一个景点向另一景点的转移，从一个旅游游览区向另一个旅游游览区的转移。这种不间断的转移就产生了旅游活动的流动。

（五）旅游活动具有休闲娱乐性

从旅游活动的时间和内容来看，休闲娱乐是旅游活动不可缺少的组成部分。从旅游的兴起和发展看，休闲娱乐是主要目的，近代旅游更是以观光休闲娱乐为主。再从旅游活动的具体组成看，除去维持生命需要的活动外，其他许多活动，如观光、游览、摄影、体育运动、观看表演、欣赏音乐、观赏花海……几乎都是休闲行为；而由于生活节奏的加快和人们对文化内涵的追求，娱乐越来越成为旅游的重要组成部分。因此，参与性、刺激性强的娱乐活动更被旅游者看好。所以，积极向上的休闲娱乐活动，既能使旅游者得到放松，恢复体力，增进健康，又能愉悦身心，增长知识，更能培养兴趣，陶冶情操。

小知识

旅游活动过程中的“七忌”“八要”

七忌

（1）忌走马观花。出来旅行的目的是愉悦身心，增长见识，如果每到一地而不去细心观察、鉴赏当地的风土，则失去了旅行的意义。

（2）忌行李过多。旅行时带过多的物品会成为我们旅行的累赘。所以我们提倡一包政策：所有行李只需一个大背包。

（3）忌惹是生非。旅行的地点始终不是自己“地头”，蛮劲、霸气还是收敛点好。

（4）忌分散活动。如果是一伙人去旅游，至少保持两三人的人数才分散活动。切忌单独外出！

（5）忌钱人分离。多个心眼，小心为上的好。

（6）忌带小孩。小孩子时刻需要大人的关照，使大人不能全身心享受旅行所带来的乐趣。

（7）忌不明地理。每到一地请先买份当地地图，一可作走失时应急之用；二可留作纪念。

八要

（1）要带个小药包。外出旅游要带上一些常用药，做到有备无患。

（2）要注意旅途安全。旅游有时会经过一些危险区域景点，一定要尽量结伴而行，千万不要独自冒险前往。

（3）要讲文明礼貌。任何时候、任何场合，对人都要有礼貌，事事谦逊忍让，自觉遵守公共秩序。

（4）要爱护文物古迹。旅游者每到一地都应自觉爱护文物古迹和景区的花草树木，不任意在景区、古迹上乱刻乱涂。

（5）要尊重当地的习俗。俗话说：“入乡随俗”。在进入少数民族聚居区旅游时，要尊重他们的传统习俗和生活中的禁忌，切不可忽视礼俗或由于行动上的不慎而伤害他们的民族自尊心。

（6）要注意卫生与健康。旅游在外，一定要注意饮食饮水卫生，切忌暴饮暴食。

（7）要警惕上当受骗。切忌轻易深交，勿泄“机密”，以防上当受骗造成自己经济、财物上的损失。

（8）要制订周密的旅游计划。即事先要制订时间、路线、膳宿的具体计划和带好导游图。一份规范的旅游保险也是出游的一个必备因素。

任务5 旅游的类型

旅游是一种复杂的社会现象，当今的旅游已涉足广阔的空间，深入到社会、经济、政治、科学、文化、民族、宗教等各个领域，扩大到社会生活的各个方面，因而旅游项目也具有多样性，即呈现出不同的旅游形式，而且大量地交叉进行。随着时代的进步和时尚的变化，还会不断有新的旅游形式被创造出来。因此，无论是在旅游理论研究方面还是在旅游业经营管理方面，都需要对旅游活动的类型进行必要的划分，以便透彻认识和分析不同类型旅游活动的特点。但是由于旅游是一种综合性的社会现象，并且不同类型旅游活动之间也存在着大量的交叉和联系，因此关于旅游的类型，目前国内外尚无统一的划分标准。人们往往根据自己的研究目的和角度选用不同的划分标准，所划分的旅游类型也各异。根据旅游类型的多角度划分，可以归纳出以下几个类型。

一、按照旅游地域范围划分

按照旅游地域范围划分，可将旅游划分为国际旅游和国内旅游。

（一）国际旅游

国际旅游是指一个国家的居民跨越国境线到另外一个国家的旅游活动，包括入境旅游和出境旅游。前者是指其他国家居民到本国的旅游活动，后者是指本国居民到其他国家的旅游活动。国际旅游是旅游活动发展的高级阶段。发展国际旅游对于满足人民需要、增加外汇收入、平衡国际收支、扩大对外交流、增强各国人民之间的友谊、促进各国人民之间的理解、维护世界和平等都具有重要的影响。

（二）国内旅游

国内旅游是指公民在本国国境常住地以外的国内其他地方进行的旅游活动，按旅游范围的大小通常分为地方性旅游、区域性旅游和全国性旅游等具体形式。

1. 地方性旅游

地方性旅游一般是指当地居民在本区、本县、本市范围内的旅游。这实际上是一种短时间、近距离的参观游览活动，多数和节假日的娱乐活动相结合，时间短、活动项目较少，常是亲朋好友或家庭小集体自发组织的旅游方式。

2. 区域性旅游

区域性旅游是指离开居住地到邻近地区的风景名胜区的旅游活动。如成都市某单位组织的成都—重庆三日游、天津市某单位组织的北京二日游等。

3. 全国性旅游

全国性旅游是跨越多个省份的旅游活动，主要是指到全国重点旅游城市和具有代表性的著名风景名胜地的旅游活动。如华东六市旅游线路、川南五市红色旅游线路，都属于全国性旅游。

二、按照旅游活动的内容和目的划分

旅游者外出旅游的内容和目的各不相同，由此可分为观光旅游、度假旅游、商务旅游、个人家庭事务旅游、宗教旅游、购物旅游、修学旅游、特种旅游等。

（一）观光旅游

观光旅游是自古以来国内外最常见、最普遍的一种旅游形式，它是以到异国他乡游览自然风光、欣赏名胜古迹、领略民俗风情等为主要内容的旅游活动。它是初级阶段旅游活动的主要特征，也是大众化旅游时期的主要特征，是旅游活动的主体。观光旅游者的特点是以游览观光为主要目的，对食宿条件等要求不高，更热衷于在旅游目的地购物和参观，游览尽可能多的旅游景点，对景点、景观数量的追求胜于对质量的追求。

（二）度假旅游

度假旅游是近年来日益受旅游者青睐的一种旅游形式。由于人们生活水平不断地提高，可自由支配收入的增加，带薪假期的延长，社会经济的发展和科技的突飞猛进，造成生活、工作节奏越来越紧张，人们逐渐由过去热衷观光旅游转而向往休闲式的度假旅游。他们利用较长的假期到风景名胜地，或森林、或海滩、或温泉、或山庄、或乡村度假，以追求闲情逸致，消除疲劳，得到放松，增进身心健康。1992年，我国国务院批准试办了12个国家级旅游度假区，这成为中国度假旅游业的起步。截至2019年5月，我国共有国家级旅游度假区30个，这为人们积极营造有效的休闲度假空间，提供多样化、高质量的休闲度假旅游产品，创造了更为有利的条件。

小知识

我国国家级旅游度假区名录

省份	国家级旅游度假区名称		
江苏	南京汤山温泉旅游度假区	天目湖旅游度假区	阳澄湖半岛旅游度假区
	无锡市宜兴阳羡生态旅游度假区		
浙江	东钱湖旅游度假区	湘湖旅游度假区	湖州市太湖旅游度假区
	湖州市安吉灵峰旅游度假区		
吉林	长白山旅游度假区		
山东	凤凰岛旅游度假区	海阳旅游度假区	烟台市蓬莱旅游度假区
河南	尧山温泉旅游度假区		
湖北	武当太极湖旅游度假区		
湖南	灰汤温泉旅游度假区		
广东	东部华侨城旅游度假区	河源巴伐利亚庄园	
广西	桂林阳朔遇龙河旅游度假区		
重庆	仙女山旅游度假区		
云南	阳宗海旅游度假区	西双版纳旅游度假区	玉溪抚仙湖旅游度假区
四川	邛海旅游度假区	成都天府青城康养休闲旅游度假区	
海南	三亚市亚龙湾旅游度假区		
福建	福州市鼓岭旅游度假区		
江西	宜春市明月山温汤旅游度假区		
安徽	合肥市巢湖半汤温泉养生度假区		
贵州	遵义市赤水河谷旅游度假区		
西藏	林芝市鲁朗小镇旅游度假区		

（二）商务旅游

商务旅游是最早出现的旅游形式之一。在当今世界经济发展向全球化方向迈进的时代，商务旅游在旅游市场中的地位和作用日益重要。商务旅游市场由一般商务旅游、会议展示旅游和奖励旅游等组成。商务旅游者多为白领阶层，他们文化程度高，收入和消费水平高，活动范围广，旅行经验丰富，重游率高。商务旅游发展对饭店类型、功能、设施、服务等有一系列的特定要求，因此商务旅游发展不仅推动饭店业的变革与创新，更重要的是给旅游目的地国家和地区带来日益增多的商务投资、贸易机会，以及大量当今世界最新的商贸、科技信息。

（四）个人家庭事务旅游

探亲访友、寻根求源、新婚蜜月等旅游活动是因为个人或家庭事务而进行的特殊旅游，也是一项较为普遍的旅游活动，古今中外都有。改革开放以来，我国每年都有不少早年漂泊在外的华侨及其子女，以及过去曾在中国生活、工作过的世界其他国家或地区的朋友，以探亲访友的形式来中国旅游。他们把故地重游、寻根问祖、联络亲情看作是一项十分有意义的活动。

（五）宗教旅游

宗教旅游是一种古老的旅游形式，并且一直延续到现在，主要以朝圣、求法、布道、取经、拜佛和宗教考察为目的。全世界有三大宗教，即基督教、佛教和伊斯兰教，信徒达数十亿之众，很多人每年都要赴异国他乡去朝圣或参加各类宗教活动。

（六）购物旅游

购物旅游是一种以购买异地商品为主要内容的旅游活动。它是随着社会经济发展、交通发达、人们生活水平提高而逐渐发展起来的一种购物与观光游览相结合的旅游方式。我国香港地区凭借自由港的地位被旅游者称为“购物天堂”，旅游者的购物支出高达全部旅游费用的61%。不少国家和地区利用旅游者渴望购物的心理，大力发展具有民族特色的土特产品、手工艺品和精巧美观的纪念品，以及迎合世界其他国家或地区的旅游者口味的名牌烟酒、化妆品和日用消费品，作为招徕旅游者、创收外汇的重要手段。近些年来，由于生活水平普遍提高，我国游客到上海、广州等城市以及日本、韩国等地进行购物旅游的人数也日益增多。

（七）修学旅游

修学旅游是以研修异国他乡的文化、学习特定知识并获得生活体验为主要内容的旅游活动。历史上，游与学一直紧密结合在一起，“读万卷书，行万里路”就是经典写照。“修学旅游”一词源自日本，日本的现代修学旅游已有近130年的历史，发展较为成熟。每年都有大批日本大、中小学生利用寒暑假来中国一边旅游，一边学习中国的语言、文化等。还有来自世界各地的旅游者到中国学习汉语、武术、中医（针灸）、烹饪等中国传统文化。修学旅游作为学生素质教育的重要组成部分，近年来在我国北京、上海以及沿海等经济发达地区和城市已开始盛行。

（八）特种旅游

特种旅游是一种新兴的旅游形式，它是在观光旅游和度假旅游等常规旅游基础上的提高，是对传统常规旅游形式的一种发展和深化，因此是一种更高形式的特色旅游活动产品。“特种旅游”这一概念，通常也被称为“专题旅游”“专项旅游”和“特色旅游”等。这里所说的特种旅游，是指为满足旅游者某方面的特殊兴趣与需要，定向开发组织的一种特色专题旅游活动。它的特征在于旅游生态环境和文化环境的原始自然性，旅游项目和线路的新奇探险性，旅游形式的自主参与性。根据国际旅游业的发展规律，一般遵循着观光旅游到度假旅游再到特种旅游的不断深化开发的产品系列过程，如登山、漂流、滑雪、自驾越野、探险、狩猎等特种旅游产品已经不断成熟，新的特种旅游产品还在不断出现，极大丰富了我国旅游产品系列。

三、按照旅游活动的组织形式划分

按照旅游活动的组织形式划分，旅游又可分为团体旅游和散客旅游。

（一）团体旅游

团体旅游也称集体综合旅游，是由一定数量的人们组织起来的以团体方式进行的旅游活动。旅游者一般按旅行社制订的日程、路线、交通工具、收费标准等做出抉择后事先登记，付款后到时成行。团体旅游的组织者多为旅行社，此外，还有政府部门、企业和社团组织。团体旅游优点是日程、线路、所住旅馆、参观节目都按计划进行，收费比单独出游低，尤其到某些语言有隔阂的国家和地区，团队派有导游，是颇受旅客欢迎的。团队旅游的缺点是缺乏自由度。旅游者在旅游活动中要受到团队较多的限制，而不能随心所欲。旅游日程、项目和时间的安排都由旅行社决定，单个旅游者必须服从，从而限制了个人的意志和爱好。另外，团队旅游的日程安排一般比较紧张，这是很多旅游者所难以接受的。最后，团队旅游参加游客比较多，个人的兴趣、爱好千差万别，在旅游途中，容易发生意见分歧，进而产生矛盾和冲突，如果解决不好，会使整个旅途不愉快。

（二）散客旅游

散客旅游又称为自助或半自助旅游，在国外称为自主旅游（Independent Tour），是指旅游者根据个人兴趣爱好自行设计旅游路线和活动项目，以个人、家庭或朋友结伴而行，零星现付各项旅游费用的旅游形式。这类旅游者虽然不经旅行社组织，但有时也可通过旅行社办理单项委托服务，如抵离接送服务、代订饭店、代办出入境和旅游签证、提供导游服务等。它虽然缺少团队旅游所具有的优惠等条件，但它最大的特点是“自由”。旅游者可以自由地选择游览地，自由掌握时间和游览节奏，自由选择适合自己的旅游内容，而不必受团队的限制。

除以上分类外，按照旅游路程长短可划分为短程旅游、中程旅游、远程旅游；按照旅游者年龄可划分为儿童旅游、青年旅游、中年旅游、老年旅游；按照享受程度可划分为豪华旅游、标准旅游；按照费用来源可划分为自费旅游、公费旅游和奖励旅游；按照交通工具可划分为航空旅游、铁路旅游、汽车旅游、徒步旅游、骑车旅游等。总之，随着旅游的发展和人们需求的变化，旅游的种类也逐渐增多。

四、新型的旅游形式

新型旅游是相对于传统旅游而言的，既有对传统旅游形式的深化、延伸和细分，又有新开发的旅游项目。其特点是更能适应和满足新时期的旅游者对旅游活动内容和形式上更具个性化和主动参与性的旅游需求。

（一）乡村旅游

乡村旅游作为一种新兴的旅游形式，包括观光农业旅游、休闲农业旅游和生态农业旅游。它是指以城市居民为旅游主体，以观光、休闲、度假为主要目的，以城郊乡村为目的地的旅游活动。主要是城市居民利用周末、节假日等闲暇时间，去城郊乡村观赏农作物、钓鱼、打牌、玩游戏、娱乐、享受乡村美食和淳朴的民风民俗，以达到彻底放松的目的。

乡村旅游起源于1885年的法国，之后开始大规模发展。国外乡村旅游的类型主要包括观光型、休闲型和乡村文化型。“农家乐”是中国最具代表性的乡村旅游形式。它最早诞生于成都（20世纪80年代），客人以都市市民为主，旅游的主要目的是休息、娱乐与餐饮。如今“农家乐”产品已由单调的“住农家屋、吃农家饭、干农家活、享农家乐”的“农家乐”活动，逐步向休闲、度假、养生、会议等多功能产品过渡，并形成了农家园林型、观光果园型、景区旅舍型、花园客栈型、养殖科普型、农事体验型和川西民居等几大类特色，经营模式也由一家一户经营向会所、山庄和乡村酒店发展。

（二）工业旅游

工业旅游起始于20世纪50年代的法国，从旅游业角度说，是在充分利用现有的名牌工业企业设施设备和工业企业文化资源基础上，赋予旅游内涵而开发出来的一种让旅游者乐于购买的新型旅游产品；从旅游者角度说，它是以了解名牌工业产品的工艺流程、企业文化、发展史和未来科技与工业的发展前景等为主要目的且具有较高的科技、知识含量的一种高品位的旅游形式。它们利用自己的品牌效益吸引游客，使自己的产品家喻户晓。工业旅游的兴起，预示着具有较高知识含量和品位的旅游产品或旅游形式，将越来越受到广大旅游者的青睐。

（三）会展旅游

会展旅游是借助举办国际会议、研讨会、论坛等会务活动以及各种展览而开展的旅游形式。“如果在我这个城市召开一个国际会议，就好比有一架飞机在我们头上撒美元”，一位美国市长如此比喻会展旅游的魅力。国际会展旅游具有组团规模大、客人档次和消费额高、停留时间长、涉及相关服务行业多、成本低、利润高等特点。会展旅游的主要目的地是国内外商业发达的现代化大都市。北京、上海、广州是中国三大会展城市，其中，在广州举办的“中国进出口商品交易会”（俗称“广交会”）不仅是“中国第一展”，而且经过几十年的发展，其规模已经超过德国汉诺威通信及技术博览会和汉诺威工业博览会，成为“世界第一展”。北京每年举办的各类会务和展览占全国的80%~85%，会展旅游者在北京市游客中的数量和消费比例逐年上升，发展会展旅游大有可为。

（四）生态旅游

生态旅游一词是由世界自然保护联盟生态旅游特别顾问，墨西哥人谢贝洛斯·拉斯喀瑞（H. Ceballos Lascurain）于1983年首先在文献中使用的。生态旅游是指旅游者在旅游时真正感觉到大自然的真实与美丽，并尽量不破坏这种美好的环境；同时，通过这种形式的旅游提高人们的环保意识，增加环保知识，加强对生态环境的保护，使之在生态上可持续的一种旅游活动形式。因此，确切地说，生态旅游就是以自然、生态资源为依托，以生态保护为核心的旅游活动。它的组织者不但要严格地管理好游客，使之不要因游览而破坏生态，更应该用丰富的生态和环保知识感染游客，教育游客，让游客不但“游”出快乐，也“游”出知识和责任。因此，生态旅游涉及自然环境的教育、解说和管理。生态旅游是实现旅游业可持续发展的途径之一，不能将生态旅游仅仅理解为以森林、山川、河流、海洋等自然景观为参观游览对象的自然旅游活动。

项目小结

1．旅游是人们为寻求精神上的愉快感受而进行的非定居性旅行和游览过程中所发生的一切关系和现象的总和。

2．旅游的本质体现在旅游是一种高层次的消费活动；是一种以审美为特征的精神活动；是人类的一项综合性的社会活动；是一种生活的方式。

3．旅游具有社会属性、经济属性、消费属性、文化属性。

4．旅游具有广泛性、综合性、参与性、季节性的特点。

5．旅游活动的基本构成要素是旅游者（旅游主体）、旅游资源（旅游客体）和旅游业（旅游媒体）。

6．旅游活动具有审美性、暂时性、异地性、流动性、休闲娱乐性的特征。

7．旅游按照地域范围划分为国际旅游和国内旅游；按照活动的内容和目的划分为观光旅游、度假旅游、商务旅游、个人家庭事务旅游、宗教旅游、购物旅游、修学旅游、特种旅游等；按活动的组织形式划分为团体旅游和散客旅游。

8．新型的旅游形式包括乡村旅游、工业旅游、会展旅游、生态旅游。

自我检测

1．旅游的定义和本质是什么？

2．旅游的社会属性和文化属性包括哪些方面？

3．旅游活动有哪些要素构成？

4．旅游按照活动的内容和目的可分为哪些类型？各有什么特点？

项目二　旅游的发展历程

学习指导

旅游是社会生产力发展到一定阶段的产物，旅游也经历了人数由少到多、活动由简到繁、规模由小到大、距离由近到远的漫长的发展历程。通过对世界及中国的旅游发展简史进行梳理之后，可以清晰、准确地考察旅游这一社会现象产生、发展的客观规律。

学习目标

1. 了解国内外旅游活动的历史脉络。
2. 掌握古代中国旅游的形式，近代旅游产生的基础及发展情况。
3. 熟悉现代中国以及世界旅游的发展情况。

任务1　旅游活动的起源

旅游现象是人类社会经济发展到一定程度的产物。尽管世界各地社会发展有快有慢，旅游的出现有先有后，但都经历了一个从萌芽、发展到日趋成熟的过程。

一、人类旅游活动起源学说

国内外学界对人类旅游活动起源存在着三种不同的理解：第一种是流行较广的理解认为，旅游是社会发展到一定时期的产物，因此得出了“旅游自古代就有”的结论；第二种认为，旅游活动是工业革命后市场经济发展的产物，出现于18世纪工业革命之后的英国；第三种则认为，旅游活动真正形成于以宗教祭祀、士人漫游、贸易商务旅游等为代表的封建社会。

第一种说法因“古代”这个词概念模糊，难以确定，又因在国内外经典辞书上没有“旅游”这一规范用词，而受到了旅游学界的质疑。

第二种说法是从旅游产业的角度来看的，认为人类旅游产生与18世纪的产业革命有关，产业革命后旅游活动已经发展到具有社会意义的规模。因消遣娱乐的需要而进行的非功利性的观光或度假活动，在规模上也超出了原先。托马斯·库克旅行社的问世标志着近代旅游业的产生。

第三种说法源于对中国旅游活动的研究，认为中国旅行现象产生于原始社会末期的社会生产和生活，旅游活动则萌芽于旅行的发展进程中，并真正形成于魏晋南北朝时期。

有的还认为旅游形成的原因有三个：一是旅游审美动机的产生，魏晋南北朝时期隐逸文化开启了人们直接“玩物审美”的“山水意识”，山水田园诗的问世、山水田园画的诞生、园林艺术的勃兴，意味着这一时期人们的审美对象发生了从社会美到自然美的变化，旅游审美意识开始独立并趋向完整。这一时期的士人漫游具有旅游审美的自觉性和主动性。二是旅游活动的经常性和内涵的丰富性。魏晋南北朝时期参加漫游的士人多而广。与此同时，宗教旅游兴起，并伴有郦道元探查江河之旅，三国东吴康泰、朱应出使南洋的航海之行，以及“舟船继路，商使交属”的繁忙商务旅行等。三是“旅游”一词在南朝问世，在我国古代典籍中，“旅”与“游”两字出现很早而且使用频率很高，但大多数都是分开使用，直到南梁沈约《悲哉行》中，“旅”与“游”第一次合成为词组出现，并在以后的唐宋明清诗词中再现。虽然“旅游”一词最初在沈约的诗中出现有历史偶然性，但在这个时期出现是历史的必然。

二、人类迁徙活动

目前，人们形成了一个普遍的认识，认为旅游的一个最基本的特征是空间的移动。从这个角度来讲，迁徙旅行活动便是旅游现象产生的前奏。

（一）人类迁徙的发展

原始社会初期，人类生活完全依靠大自然赐予，狩猎、采集是维持生命的主要活动，也是最重要的生产劳动，这一时期的物质生产活动是直接利用自然物作为人的生活资料，对自然的开发和支配能力极其有限。石器、弓箭、火是原始文明的重要发明。在新石器时代出现了人类历史上的第一次社会大分工，即农业和手工业的分离。但是这些生产技术的进步并未有效地改变当时人类社会生产的落后面貌，到新石器时代中期为止，人类还无有意识的自愿外出旅行的需要。但在此期间，古代人类进行了不间断的迁徙活动，而且这种迁徙活动在整个人类演化以及文明的形成中发挥了极其重要的作用。

人类迁徙的原因主要如下：一是生存的压力。当人口繁衍到一定程度时，自然界内不能提供足够的食物，为了生存的本能，人们必须找到新的生存区域，迁徙就成了必需的选择。二是原始人类生存对环境的依赖性。古代人类一般有几种固定的食谱，如猎物、植物根茎等，这些食物生存地域的改变也会改变人类活动的地域。三是大自然环境的改变。比如旧石器时期出现了几个冰期和间冰期，如此大的环境改变，人类如果不迁徙，灭绝就是不可避免的。

因此，迁徙是早期人类为了生存而被动地适应自然环境的一种“自然行为”，虽然迁徙具有客观的外部特征——空间转移，但因为迁徙是一种单向的、非往复的运动，缺乏时间上的暂时性以及导致迁徙的非社会性，即这一时期人类既无客观上的旅行的物质基础，也无主观上的外出旅行的愿望，说明他们的行为不属于现今意义上的旅行和旅游。

迁徙与旅游的区别如下。

（1）目的不同　迁徙的目的是求生和避险，而不是消遣游玩。

（2）特征不一　迁徙离开原来居住地而不是暂时的活动，即迁徙不具有暂时性。

（3）属性不同　迁徙更多是属于早期人类趋利避害的本能反应，具有自然属性；而旅游是一种社会现象，具有社会属性。

（二）人类旅行的产生

新石器时代晚期，由于金属工具的问世，生产力水平进一步提高，导致了人类历史上第二次社会大分工，即手工业同农业和畜牧业的分离，社会化大分工进一步促进了生产技术的进步，进而促进了生产率的提高，推动了生产力的发展，使得剩余产品数量增多，交换剩余产品成为可能，也就导致了商品经济的发展和私有制的形成。到了原始社会末期已经出现了专门从事商品交换的商人。商业从农业、畜牧业、手工业中分离出来，这就是第三次社会大分工。在最初的年代，商人开创了人类外出旅行的先河，也就是在原始社会末期，人类产生了有意识外出旅行活动的萌芽，这一活动在奴隶制社会时期迅速发展。到了封建社会时期，参加旅行的人数和范围有了极大的变化，直到19世纪中叶前，这是人类古代旅行的发展阶段。

人类最初的旅行远远不是消遣和度假活动，主要是为了扩大贸易，扩大对其他区域的了解。同时，人类从流动性生活走向定居化，标志着人类智慧的进步、理性的提高和劳动创造的文化意识的发展。到了封建社会，生产技术的发展、社会经济的繁荣，为当时的旅行提供了坚实的基础。参与主体的仍以商人和帝王、贵族等统治阶层及其附庸阶层为主，多为经商旅行、帝王巡游、士人漫游等形式。但因其求生性和非普遍性，又与现代旅游的意义不同。

据记载，古代奥林匹亚——古希腊竞技会（始于公元前776年）是世界上最早以寻求乐趣为目的的大众性旅游活动，这与当时的宙斯神大祭有关。每逢运动会期间，人们从四面八方涌向奥林匹亚，观看角斗、赛车、赛跑等各种竞技运动。凡是到奥林匹亚的观众和参赛者，都要到宙斯庙朝拜、瞻仰宙斯神像。

公元前6世纪中叶，在西亚兴起的地跨亚、非、欧三大洲的波斯帝国，修建了一条道路，起自巴比伦城，穿越伊朗高原，直达巴克特里亚（大夏）和印度边境。由于交通便利，外国商人、学者、游客都选择这条道路到东方旅行，成为以后的“丝绸之路”西段的基础，为东西方文化、贸易交往奠定了基础，为国际性旅游活动做出了贡献。

所以，就整个世界而言，可以说是商人开创了旅行的先河。但这种活动并非是消遣和度假活动，主要是产品或商品交换。旅行，是人们出于迁徙以外的任何目的，离开自己的常住地到异地作短暂停留，并按原计划返回的行为。

旅行与旅游的区别在于以下三方面。

（1）目的不同　单纯的旅游是指人们出于消遣性目的而暂时离家外出的活动；而旅行则是泛指人们出于任何目的，商务、求学、打工等，往来于不同地点间的空间转移活动。

（2）离开时间不同　对于旅游，人们在完成目的地访问活动后，必须返回其原来的居住地；旅行则不一定。

（3）内容不同　旅行仅仅是为完成某个动机的一般空间流动过程，旅游则包含旅行和游览。有旅游必定有旅行，有旅行不一定有旅游。

在这个阶段，基于旅行活动的发展，古代旅游开始萌芽。游览、观光等活动纷纷涌现，形式是以士人漫游、宗教旅游、贸易商务旅游等为主的活动。这些活动已开始带有一定的旅游色彩，但由于在出行目的上还缺乏自觉性和超功利性，在规模上往往又是个别的、偶然的，不具有社会普遍性。因此，人类的旅游行为虽然孕育于人类的迁徙和旅行行为中，但迁徙和旅行具有明显的被迫性、求生性和非普遍性，这都说明他们不是人类纯粹意义上的旅游行为，因而只能被称作是处于萌芽状态的“准旅游”。

任务2　世界旅游的产生和发展

世界旅游历史的发展，是一个漫长而曲折的过程。参照世界历史的分期，可将世界旅游历史发展大体分为古代旅行游览、近代旅游和现代旅游这三个时期。

一、古代旅行游览的发展及其特征（1841年以前）

旅行作为一种经济活动，产生于原始社会末期，它是伴随商业活动的兴起而产生的。在早期人类历史上，有三次社会大分工。第一次是畜牧业与农业的分离，第二次是手工业从农业、畜牧业中分离出来，第三次是原始社会末期和奴隶社会早期，商业从农业、畜牧业和手工业中分离出来。商业的发展，促使商人到处奔走，旅行活动由此开始。

旅游是社会生产力发展到一定阶段的产物。所以，人类的旅行游览活动首先在古埃及、古巴比伦、古印度、古中国、古希腊和古罗马等这些最早进入文明时代的国家兴起。随着社会的发展进步，参加旅行游览的阶层和人数逐渐扩大，空间也逐步拓展。世界上曾出现过古地中海沿岸、古埃及、古希腊、古罗马帝国、波斯帝国、阿拉伯帝国、西欧封建城市、新航路的开辟、大游学等旅游兴盛时期。

一般认为，早在公元前3000年就在地中海和爱琴海上进行通商贸易的腓尼基人是世界上最早的旅行者，其旅行目的在于贸易。

古埃及的宗教旅行很发达，大规模兴建金字塔和神庙，吸引了无数前来旅行的人。每年都要举行几次宗教节日集会活动，其中规模最大的是隆重的“巴布提斯市的阿尔铁米司祭”，前往参加盛会的男男女女，乘坐大型游艇，妇女打着手板，男子吹着笛子，还有些人唱歌和拍手，途经临河镇、市，都要靠岸表演，到达巴布提斯时，供上丰盛的祭品。

公元前8世纪以后，希腊、罗马兴起。罗马时代曾经是世界古代旅行的全盛时期。在古代西方，古罗马帝国以罗马为中心，修建了很多的公路网，它们分别由当地部门管理，并由军队保护，社会治安也逐渐好转。由于这些空间移动的基本条件越来越完备，在一部分特权阶层中开始出现了以寻求乐趣为目的的闲暇性旅行，旅行超越了商务、宗教信仰，出现了疗养、游览庙宇、欣赏建筑、游览古迹等各种目的的旅行。这一时期还出现了最早的自然观光旅行，例如英国的湖泊，希腊的河谷，以及作为文化标志的尼罗河、莱茵河蜿蜒曲折的河流，都成为极富魅力的旅游胜地。而罗马人到希腊、埃及去参观庙宇，朝拜宗教圣迹，观赏宏伟建筑艺术的旅行游览活动也十分活跃。

公元7世纪兴起、8世纪已达极盛时期的地跨亚、非、欧三洲的阿拉伯帝国，以首都巴格达为中心的驿道四通八达，交通住宿十分方便。由于伊斯兰教的朝觐规定，每一个有能力的穆斯林（伊斯兰教徒）平生都必须到麦加（伊斯兰教圣地）朝拜一次。因此，朝觐期间，各地的旅行团云集麦加，参加朝拜典礼，商贾也云游于此做生意或献艺。驿站局还编写了许多旅行指南，对穆斯林、旅客、商贾有很大的用处，出现了不少著名旅行家。穆罕默德曾说："学问虽远在中国，亦当求之。"如阿拉伯商人兼旅行家苏拉曼，就曾经到中国、印度等地经商和考察旅行。

世界历史发展到中世纪，封建制度逐步形成，在公元10世纪到11世纪，西欧城市陆续出现，如威尼斯、热那亚已成为从事国际贸易的商业城市，客栈、旅馆也随之兴起。随着东西方相互交往的增多，先后出现了一批著名旅行家。1275年，马可·波罗随父亲和叔叔经两河流域，越伊朗高原和帕米尔高原来到东方，至上都，得到元世祖忽必烈的信任。1280年，忽必烈曾安排他到中国各地和一些邻近国家进行游览和访问。1292年，他离开中国，从海路经苏门答腊、印度等地，于1295年回到威尼斯。3年后，他在战争中被俘。马可·波罗口述游历的见闻，由同狱比萨人记录下来，这就是著名的《马可·波罗游记》。此书对研究中世纪时期的中西交通及中意友好关系史等，具有重要的历史价值，而且对新航线的开辟和航海事业的发展有很大的影响。他盛赞东方的富庶，激发了欧洲人探索东方的热情，驱使欧洲商人、航海家和封建领主从事远洋航行，对后来新航线的开辟和航海业的发展都产生了积极的影响。例如著名航海家哥伦布屡次向葡萄牙国王建议向西环海航行以探索通往印度和中国的海上航线，但未被采纳。后移居西班牙，1492年奉西班牙统治者之命，携带致中国皇帝的国书，横渡大西洋，到达巴哈马群岛和古巴、海地等地。在以后的三次航行中，又到达了中、美大陆沿岸地带，发现了新大陆，开辟了由欧洲到美洲的新航线。1498年，葡萄牙人瓦斯科·达·伽马发现了绕过非洲南端的好望角通往印度的新航线。1519—1522年麦哲伦绕地球一周，证明了地圆说，对科学的发展及人们对宇宙的观念都具有重大意义。这一时期的航海旅行，兼有探险、考察旅行的性质。

随着资本主义生产力的大发展，火车、轮船的出现，使得空间移动更加方便，参加旅行的人数和阶层逐渐扩大。特别是随着文学艺术中浪漫主义的出现，欧洲贵族、作家和诗人，为了扩展见闻、丰富知识，盛行游览各国的活动。由此可见，真正有着明确目标和自我意识的旅游活动是从18世纪后半叶至19世纪上半叶的所谓大旅游时代才开始的。

如上所述，可见世界古代旅行游览具有如下特征。

（1）古代旅行游览的动机更多的与物质功利、宗教以及政治目的相联系，与通商贸易、宗教旅行以及奴隶主、封建帝王的巡游活动相结合。其中宗教朝圣在远行游历中占有了较大比重。

（2）以欧洲人为代表的探险、考察旅行相对发达，但具有物质占有和殖民文化倾向。

（3）参加者多为帝王、官僚、贵族等统治阶级及其附庸阶级。他们人数不多，在人口中所占比重很小，因此，此时的旅游活动不具有普遍的社会意义。

二、近代旅游的兴盛与旅游业的诞生（1841年至第二次世界大战）

在欧洲，18世纪中后叶发生了产业革命。产业革命给人类社会带来了一系列的变化，其中对旅游的发展也有重大的影响和促进。对旅游的影响主要表现在以下几个方面。

第一，产业革命加速城市化的进程，并且使人们工作和生活的重心从农村转移到工业城市。工作和生活地点的变化对产业革命后的旅游发展是一种新的刺激。

第二，产业革命改变了人们的工作性质。随着大量人口涌入城市，原先那种多样性的农村劳动被重复、单调的工业劳动所取代，人们有改变工作环境的强烈需要，旅游的异地性满足了人们的这种需求。

第三，产业革命也带来了阶级关系的新变化。产业革命的发生造就了新的阶级关系——资产阶级和工人阶级的对立，改变了过去只有地主和贵族有时间和金钱从事非经济目的消遣旅游活动的状况，这两大阶级成为旅游活动的新生力量。

第四，科技的进步。蒸汽技术在交通工具运输中应用，出现了蒸汽动力的轮船、火车等新式交通工具。低廉、速度快、运载力大的轮船或火车逐渐替代了马车，使人们外出活动的半径得以增加，大规模的人群流动成为可能。

旅行游览活动在历史上一直是以个人为单位的个体消费活动。到了19世纪中叶，世界旅游业伴随着群体性旅游活动的发展而兴起。在托马斯·库克的倡导下，近代旅游业开始成为一项世界性经济产业。

小知识

托马斯·库克与近代旅游的发展

托马斯·库克于1808年出生于英国，幼年家境贫寒，刚满10岁就被迫辍学去学艺谋生，曾为一个花园管理员做助手，并从他那里学到许多人情世故。该管理员嗜酒如命，由于饮酒过量而猝死。此后，他又跟姑父学木工，姑父也是暴饮之徒，因酒精中毒而死亡。17岁时，他进入拉特兰教会当巡回教士，这项工作使他云游四方，激发了他对旅游的兴趣。当时，由于社会经济落后，人们生活贫乏，嗜酒如命的酒徒很多，他们精神苦闷，意志消沉。眼看哥哥、姑父和自幼拜师学艺的园艺师傅都因嗜酒而断送了生命，库克对酒产生了强烈的憎恶感。

为了帮助人们摆脱这种精神状态，他首先创办了一个戒酒会。1841年，在基督教的宣传和组织下，禁酒大会即将召开，库克对此事十分积极。为了壮大这次戒酒会的声势，他在莱斯特城张贴广告、招徕游客。为了给禁酒大会的乘客打折优惠，1841年7月5日他包租了一列火车，运送570名游客从英国中部的莱斯特前往洛赫伯勒去参加禁酒大会。往返行程22英里，团体收费每人1先令，免费提供带火腿肉的午餐及小吃，还有一个唱赞美诗的乐队跟随。

这次活动标志着近代旅游及旅游业的开端，原因有四点：第一，这次的团体旅游是非商业性的“业余活动”，活动的根本目的是参加禁酒大会，不是单纯的消遣旅游。第二，参加的人数众多，具有较为广泛的公众性。第三，库克不仅发起、筹备和组织了这次旅游，而且自始至终随团陪同和照顾，是现代旅行社全程陪同的最早体现。第四，这次活动规模巨大，成绩突出，增加了库克对组织旅游活动的兴趣和信心，为他在以后创办旅行社奠定了基础并提供了经验。

1845年托马斯·库克旅行社（即现今的通济隆旅行社）在莱斯特正式诞生，“为一切旅游公众服务”是它的服务宗旨。库克自任领队，组织了350人的消遣观光团去利物浦旅游，历时一周。这次活动的特点有：第一，旅行社为每个成员发了一份活动日程表，还为旅行团配置了向导，编发了导游手册，这是世界上第一次有商业性导游陪同的、以观光消遣为目的的旅游活动。第二，这次旅游活动从考察线路、组织产品、宣传组团到配有陪同和导游，都体现了当今旅行社的基本业务，所以说这次活动开创了旅行社业务的基本模式。第三，编写并出版了世界上第一本旅游指南《利物浦之行手册》，内容包括行程中日程安排和有关事项要求等。第四，这次旅游活动在廉价宾馆、游览地点及沿途停留地点等方面，事先都有周密的组织和安排，库克自己担任陪同和导游的同时还聘请当地人为旅行团解说和导游。

此后，库克组织报价出国旅游活动——去巴黎参观世博会，发放代金券，组织环球旅游等，使其成为旅游的代名词。库克的旅游活动说明，在近代，国外的旅游需求已日渐成熟。托马斯·库克旅行社的问世标志着近代旅游业的诞生。

近代西方旅游的兴盛与旅游业的问世，主要得益于产业革命的成果。它构成了对近代旅游的四大刺激因素。

第一，技术因素。它是方便旅游和克服对远程旅行的恐惧心理障碍的首要条件。产业革命的成功，促使新的交通工具和新的交通方式的产生。廉价的交通费用和不断缩减的旅途时间，使得平民百姓有可能加入旅游行列，从而导致旅游规模的不断扩大。

第二，经济因素。它是一个人能否成为旅游者的决定条件之一。资本家依靠剥削工人的剩余劳动价值而获得巨额财富，因而，最有条件成为旅游的生力军；工人阶级也通过各种方式的不懈斗争，争取工资的增加和带薪假期的逐渐增多，从而也有机会参加旅游活动。

第三，社会因素。它是刺激人们外出旅游的“推”“拉”因素。产业革命带来的社会生产方式的变革导致社会结构和生活方式发生相应变化。机器化大生产的刻板的时间程序和严格的规章制度必然造成人们的心理压力，形成对人的身心健康的一种不利因素，这是人们希望排除或逃避的，因而具有“推”的刺激作用，成为人们离开原来的生活圈子的原因。因此，能够使人们暂时摆脱日常生活的羁绊而充分展现个性的旅游活动，自然地越来越受到人们的青睐。物质文明的高度发展和生产效率的迅速提高，使社会已具备了大力发展旅游的财力、物力和人力条件。在商业利益驱动下，对旅游资源的开发，风景名胜区和旅游服务配套设施的建设，成为一种新的投资热点。于是，各种旅游服务机构和服务企业相继出现，提高了旅游综合服务接待能力。无疑，这将增强和扩大对旅游者的吸引力，即具有“拉”动人们去旅游的作用。

第四，价值因素。它是人们旅游需要的产生和旅游动机的确立的核心因素。产业革命的成功不但给社会带来物质财富，同时，也促使人们价值观念发生变化。在生存条件得到保障、无虑于温饱的前提下，人们就会产生享受、欣赏、娱乐乃至进一步发展自己的各种需要。因此，诸如社交活动、跨文化交流和不同价值观的沟通等社会活动就会被作为增长见闻、丰富知识以及得到社会认同和尊重的有效途径而受到人们的重视。于是，具有综合功能的旅游活动对于人们就越来越具有吸引魅力了。

近代旅游的兴起与旅游业的诞生，是人类旅游历史上一个新的里程碑。它标志着人类的旅游活动已初见“平民化”时代的曙光，其特征可归纳如下。

（1）旅游者人员构成的多层次。新兴的资产阶级和一部分先富起来的阶层成为旅游活动的生力军，从而结束了历史上少数权贵对旅游的“垄断”。

（2）旅游动机的多元化。消遣娱乐的成分增多，改变了古代旅行游览这种与享乐、具体功利目的和事务相结合的传统模式，非功利目的的纯享乐旅游开始兴盛。

（3）旅游活动空间的不断拓展。跨国、跨洲旅游成为时尚，从而使旅游成为跨文化交流与不同价值观沟通的重要方式。

（4）旅游保障全面推进。有组织的群体性旅游活动开始盛行，成为第二次世界大战后形成的“大众旅游”运动模式的基础。

（5）旅游业刚刚诞生就显示出强大的生命力，并产生了一定的关联带动效应，但在整个世界经济中的地位还不突出。

三、现代旅游与旅游业的迅速发展（第二次世界大战以后）

现代旅游是指第二次世界大战以后的旅游。由于世界经济得到迅速恢复和发展，人民生活水平普遍提高，旅游作为大众性的活动普遍开展起来，从而促进了现代旅游业的腾飞，并形成一个完整独立的旅游经济体系，成为国民经济中一个重要的组成部分。

第二次世界大战后，世界旅游迅速发展的原因是多方面的，归纳起来，有两大决定因素：一个是相对持续的和平大环境，另一个是现代科学技术革命的成功。前者是现代旅游业迅速发展的先决保证条件，后者是现代旅游业迅速发展的根本原因。

主要表现在以下几个方面。

第一，社会生产力水平的提高，为现代旅游和旅游业的发展提供了客观条件。社会生产力水平的提高和发展，意味着国民收入的增加和人们工作时间的缩短，人民的生活得到大幅度的改善。当人们的物质生活水平提高，无虑于温饱，就必然要求有更高层次的精神文化生活，于是，能够综合满足人们精神文化消费心理需求的旅游活动，就会成为人们业余生活的最佳选择。

第二，社会生产力水平的提高，为现代旅游的迅速发展提供了物质条件。第二次世界大战后，由于社会生产力水平的提高，促进现代交通运输业的高度发达，尤其是高速公路的发展，大大地改变了欧美发达国家人士的旅行方式，使高速汽车成为80%以上的人们在假日里进行短途旅游活动的交通工具。而高速列车的出现，超音速客机的使用，相对地缩小了世界的空间距离，缩短了人们进行国内、国际旅游的旅行时间，延伸了旅游路线，甚至可把旅游者送到遥远而偏僻的角落，使现代旅游比历史上任何时代的旅游都能获得更广阔的空间。

第三，科学技术的发展，提高了旅游宣传效益和旅游组织工作效率，使现代化的旅游得以顺利开展。第二次世界大战以后，交通和通信得到快速发展，旅游经营者可以通过能迅速传递信息的网络、电视、电影、广播、报纸、杂志等途径向世人展现世界各地的风景名胜、历史古迹、风土人情，激发人们“想去看一看”的兴趣与动机，消除了旅游产品无法让作为消费者的旅游者预先“看一看”的特殊性而造成的心理障碍，大大地提高了旅游宣传的效果。

旅游业发达国家的企业普遍采用网上宣传、网上接受预订和电子汇款等方式来替代传统的旅游销售模式。而发展中国家的旅游组织机构和企业，也普遍重视与国际接轨，把国际互联网的建设和完善作为步入信息化时代的战略重点，以增强自身在“全球化销售”中的竞争能力。

随着社会经济的发展，旅游总是与现代化、社会化大生产紧密联系，并与信息化时代相适应。尤其是现代生产的高度社会化，现代国际旅游发展也呈现出新的特点。

1. 游客的大众性

所谓大众性主要表现在三个方面：一是指旅游者范围扩大到社会各个阶层，尤其是普通民众，成为现代旅游的主力军，使旅游从贵族化向平民化发展，旅游活动已经不是某个阶层的特有活动；二是指旅游者数量增多，规模化和群体化趋势明显，即参加旅游的人数越来越多；三是指提供给旅游者服务的标准化和规范性增加。

2. 地区的广泛性

旅游的发展有赖于社会生产力水平的提高。所以，近代旅游和旅游业首先在西方经济发达国家兴起。第二次世界大战以后，随着世界经济的普遍快速发展，人民生活水平的提高，许多发展中国家的人民也逐渐有条件参加旅游活动，先是国内，再到国外。由于世界各国各地区旅游业的普遍发展，使得现代的旅游者几乎可以无处不到，区域或边远地区旅游的局限性正在逐渐消失。

3. 发展的不平衡性

现代旅游与旅游业的发展，虽然具有地区的广泛性，但同时也严重地存在着地区间发展的不平衡性。纵观第二次世界大战后国际旅游的发展，无论从旅游者的输出，还是旅游接待，欧美地区都一直占着绝对优势，即欧美地区既产生了80%左右的国际旅游者，同时又接待了80%左右的国际旅游者；而东亚太平洋地区以及非洲、中东和南亚地区仅占20%左右的份额。国际旅游发展的不平衡性在各国的国内旅游发展上也同样存在。

4. 增长的持续性

第二次世界大战后世界经济的发展经历了许多曲折和起伏兴衰的变化过程，尤其是西方资本主义国家的经济都经历了多次经济危机的冲击，唯独旅游业一枝独秀、经久不衰，至今发展方兴未艾。

5. 影响的双重性

现代旅游和旅游业的普遍快速发展，不但创造了旅游经济的奇迹，而且对于促进不同文化的交流和不同价值观的沟通与谅解等方面也做出了突出贡献；与此同时，对生态环境的污染、破坏，以及对社会文化、伦理道德等方面的负面影响也不可低估。因此，如何才能使旅游和旅游业持续健康地发展，以造福后代，将是人类面临的一个严峻的共同课题。

6. 运作的综合性

现代旅游与为旅游提供全方位一体化服务的旅游业已发展成众多产业部门、政府机构、社会民众参与并具有特定经济、文化功能的市场综合体。任何一个国家或地区（城市）都无法独立地发展国际或国内旅游业。因此，现代旅游业将是由旅游者与旅游服务提供者构成的一个相互依赖和影响的统一体。由此说明，现代旅游业又具有高度开放性和交叉性特征。

小知识

豪华邮轮——泰坦尼克号

泰坦尼克号（Titanic），又译作铁达尼号，是英国白星航运公司管辖下的一艘奥林匹克级邮轮，于1909年3月31日在北爱尔兰贝尔法斯特港的哈兰德与沃尔夫造船厂动工建造，1911年5月31日下水，1912年4月2日完工试航。泰坦尼克号全长269.06米（882英尺9英寸），宽28.19米（92英尺6英寸），从龙骨到船桥顶部的高度为31.69米（104英尺），吃水10.5米（34英尺7英寸），吃水线到甲板的高度为18.3米（60英尺）。泰坦尼克号是当时世界上体积最庞大、内部设施最豪华的客运轮船，有“永不沉没”的美誉。船上配有室内游泳池、健身房、土耳其浴室、图书馆、电梯和壁球室。头等舱的公共休息室由精细的木质镶板装饰，配有高级家具以及其他各种高级装饰，并竭尽全力提供了以前从未见过的服务水平。1912年4月14日23时40分左右，泰坦尼克号与一座冰山相撞，造成右舷船艏至船中部破裂，五间水密舱进水。次日凌晨2时20分左右，泰坦尼克号船体断裂成两截后沉入大西洋底3700米处。泰坦尼克号海难为和平时期死伤人数最为惨重的海难之一，同时也是最为人所知的海上事故之一。电影《泰坦尼克号》就是根据这一真实的故事拍摄的。

任务3　中国旅游的产生和发展

中国是具有五千多年发展历史的文明古国，中华民族历来热爱旅行游览，在先秦古书中就有关于华夏先民的旅行游览传说。随着朝代的更迭，社会经济、政治和科技文化的发展变化，旅游活动也经历着兴衰起伏的发展变化过程。中国旅游业的发展阶段大致可以分为古代旅行阶段、近代旅游阶段和现代旅游阶段。

一、中国古代旅行的产生和发展（原始社会末期—1840年）

中国是世界文明古国，也是旅行游览发生最早的国家之一。中国第一部诗歌总集《诗经》、古籍《山海经》以及《史记》中都有关于我国先民旅行游览活动的记载。

中国古代旅行游览历史的发展，大体可分为三个时期，即神话传说时期、奴隶社会时期和封建社会时期。

（一）神话传说时期

传说中的中华民族始祖黄帝，是一位喜好远游、足迹遍天下的古代帝王，他“披山通道，未尝宁居”“迁徙往来无常处”的旅行活动传说在《史记·五帝本纪》中已有记载。尽管神话传说不能完全据为信史，古代先民为了谋取生活资料，或因其他原因的迁徙与旅行和现代意义的旅游也有本质区别，但它却开启了中华民族旅游历史。

（二）奴隶社会时期

我国奴隶制社会在夏、商、西周时期蓬勃发展，历经1300多年，政治上的超稳定、大统一和农业生产技术的不断发展为旅行的发展奠定了良好的基础。

在文化艺术方面，音乐舞蹈不仅供奴隶主贵族享受，也为奴隶在生产劳动时所使用。乐器和乐舞的产生，不仅丰富了人们的娱乐生活，而且为日后的旅游活动奠定了基础。文字的发展拓展了人们的社会生活领域，为人们思想的交流、情感的表达、社会的文明立下了不朽的功勋，也为旅游的发展铺平了道路。

春秋战国时期，中国已经有了传递和邮驿制度，由当时的各国在主要交通道路上设立传递，道路平坦宽阔，交通工具日趋完善，还安排膳食住宿，管理十分有序。除了迎送宾客使节之外，还可以负责传递公文信件。交通道路和交通工具在客观上促进了商旅活动的发展。

商旅频繁的交往活动，促进了城市的建设和旅馆的兴起。比如赵国的邯郸、齐国的临淄、东周的洛阳等形成的货物交易集散中心。城市的发达、商业的昌盛、人口的密集，使旅行的大发展成为必然。

中国奴隶制社会旅行的产生比西方社会要早得多，最早出现在殷商时代。这个时期主要是帝王巡游、政治旅行和商旅活动。

1. 帝王巡游

历代帝王大都有巡游活动，有的是出于政治、军事等目的，有的则是纯游览性的。周穆王是最早出游的帝王之一，其行迹在我国西北地区。《穆天子传》又称《周穆王游行记》，共六卷，书中所记行程至今仍可找到线索。据《穆天子传》卷四结尾处统计里数的记述，“自春山以西，至于赤乌氏春山三百里；东北还至于群玉之山，截春山以北；自群玉之山以西，至于西王母之邦三千里”，穆王西巡往返行程达数千米，这是在中国古代旅行史上具有开拓性的旅行活动，也是我国最早的一部以记述游历我国西北地区为主要内容的著作。秦始皇在公元前220年到公元前210年的10年中，五次巡游，游历了大半个中国。他们的巡游除了政治上的因素外，在交通、建筑、园林、游览对象等方面，也都产生了深刻的影响。

2. 政治旅行

在奴隶制社会，尤其是到了春秋时期周室衰微，诸侯恣行，礼废乐崩。大批的文人游历于各个国家，出现了诗人政治、游说旅行的高潮。如中国古代思想家、教育家，儒家学派创始人孔子（公元前551—公元前479年）的思想成就同他的旅游活动是分不开的。他游历了宋、卫、陈、蔡、齐、楚等诸侯国，广泛收集文献资料，体察民情，为后人留下了《春秋》等传世之作。继孔子之后，著名的游说之客还有墨子、孟子、苏秦、张仪、商鞅、李斯等。而苏秦与张仪的游说之旅最具有代表性，一个是身佩六国相印，另一个是在秦国为相。春秋战国时期屈原的放逐之旅是痛苦而悲壮的，他的《离骚》《九歌》《天问》等作品记录了他被放逐的行旅生活。

3. 商旅活动

中国真正的商旅是从商朝逐步发展起来的，也是该时期比较活跃的旅行形式。商代不仅有了货币，而且交换活动已成为一种专门行业，一些人从生产部门和需求者中间游离出来，专门从事此业。社会分工使城市交通条件大大改善，与周边各国的交通贸易日益发达。商品流通逐步扩大，流入市场的产品日益增多。

（三）封建社会时期

中国封建社会长达两千多年，在各个朝代统一时期，社会比较稳定，生产技术和社会经济较之前都有很大的发展。

秦汉时期，沿海的齐、燕等诸侯国已出现寻仙求药的“方士”阶层。秦始皇统一中国之后，也迷上“长生术”。为了求长生不老之药，他不但派出许多方士和大臣四处考察，前往名山大川举行祭祀活动，而且多次亲自巡狩，五次出巡，周游全国，成为中国封建社会帝王巡游的一个重要代表。

到了汉武帝时代，由于少数民族匈奴长期进犯，战事不断，人民渴望和平的愿望强烈，因此，汉武帝在加强中央集权统治的同时，三次攻打匈奴，两次派遣张骞出使西域。张骞（公元前164—公元前114年）受汉武帝之命，于公元前139年出使西域，这一活动虽是一种政治性活动，但同时也是一次探险性旅行。张骞在西域13年，经多方努力与大月氏等西域国家建立了友好关系。由于张骞的西域之行，“丝绸之路”也就随之开通。丝绸之路东起长安，西抵西欧和中东。由于东西大道的开通，中国丝绸源源不断地输往西方。因此，西方国家把这一通道称之为“丝绸之路”。“丝绸之路”对东西方的经济、政治、文化的交流，对旅游活动的开展，起了不可估量的作用。

许多矢志求学之士，既“读万卷书”，又“行万里路”，拓展视野，增广见闻，解放思想，施展才华，使这一时期的科学技术、史学、文学获得较大成就。西汉时代的伟大史学家、文学家司马迁在他20岁至40岁的近20年中，游览考察了江、浙、皖、湘、鲁、鄂等地，收集了大量的历史、地理以及文献资料等，为他以后编写《史记》奠定了基础。探险旅行、学术考察和封禅活动扩展了这一时期旅游活动的领域，加深了对自然山水的认识，提高了对社会的评价能力。

魏晋南北朝时期，对于中国山水诗歌、游记等旅游文学创作的兴起和中国旅游历史都有着特殊的意义。西晋末年是中国封建社会的大分裂和民族大融合时期。残酷的政治权力斗争，使一些上层人物不得不考虑保全自身、远离是非的问题。大部分知识分子无心仕途，把注意力转向自然，走上寄情山水，饱览自然风光，追求适意娱情的漫游道路。中国第一位田园诗人陶渊明主动辞官而退隐田园，并写出《桃花源记》；南朝谢灵运被罢官以后也“壮志郁不用”“泄为山水诗”，从此愤然遨游山水，并注重对山水作审美评价，对我国山水诗的兴起做出开拓性的贡献。

隋唐时期，是中国封建社会的鼎盛时期，中国经济、文化的发展已居于世界前茅。大运河的开凿，成为南北水路交通大动脉；陆路以首都为中心，形成四通八达的交通网。繁荣的经济、发达的交通为这一时期的国内外旅游活动的兴盛奠定了物质基础。科举制度的实行，极大地调动了中下层知识分子从政的热情，士人远游成风，出现了像李白、杜甫、岑参等杰出的诗人和旅行家。这些人在漫游中触景生情，写下了许多不朽的作品。如李白的《黄鹤楼送孟浩然之广陵》：“故人西辞黄鹤楼，烟花三月下扬州。孤帆远影碧空尽，唯见长江天际流。”又如李白的《望庐山瀑布》：“日照香炉生紫烟，遥看瀑布挂前川。飞流直下三千尺，疑是银河落九天。”这些都是流芳百世的旅游佳作。

宗教活动得到朝廷的重视和资助，因而道教、佛教都有很大的发展。尤其是佛教，从北魏奉佛教为国教以后，至隋唐已进入鼎盛阶段，先后出现了像玄奘和鉴真这样杰出的宗教旅行家。玄奘（602—664年）、鉴真（688—763年）是宗教旅行家最著名的代表。玄奘于贞观元年（627年），从长安（今西安）出发，西出玉门关和阳关去印度，历时18年，行程5万余里，在贞观十九年（645年）回到长安。根据他的口述和记载，其弟子写成了《大唐西域记》。该书记述了他在28个国家的所见所闻。鉴真于唐玄宗天宝元年东渡日本，历尽艰辛，前5次均遭失败。天宝十二年（753年）与弟子34人第六次东渡日本，终获成功，于第二年抵达日本奈良。他不仅将佛教传入日本，同时也将中国的文化、艺术、建筑等传入日本。总之，士人漫游成风，宗教旅行盛行，国际旅游活跃和旅游文学创作的繁荣是这一时期的旅游特点。

宋元时期，是中国封建社会继续发展时期，科学技术、文学、医学都取得显著的成就。尤其是指南针的发明并应用于航海，对促进各国航海事业的发展和以后的“海上丝绸之路”的开辟，加强与西方各国的贸易、旅游交往都做出了重大贡献。在旅游文学和旅游理论方面，出现了许多著名旅行家，如范仲淹、苏轼、陆游和范成大等，《岳阳楼记》《石钟山记》《赤壁赋》和《入蜀记》等都是千古流传的旅游名著。

鸦片战争以前的明清时期，是中国封建社会走向衰落、资本主义萌芽的时期。但旅游活动却兴旺不衰、持续发展，普遍重视对自然山水景观的鉴赏和旅游经验的总结，尤其是明朝的国内科学考察旅行极盛，学术著作成就不凡。最杰出的旅行家郑和、徐霞客，医药学家李时珍分别留下宝贵的航海资料以及千古不朽的旅游和医药名著。

徐霞客（1587—1641年）是明代的伟大旅行家，自幼喜爱地理，青年时代就投身于祖国的地理考察事业。从22岁开始旅行考察，直到辞世，三十多年行游四方，足迹遍及江苏、浙江、云南、贵州、河北、山西、陕西等地。他所至之处，从经济到文化、从生物到植物、从地质到地貌以及从河流到山岳等，进行细心观察思索，白天旅行考察，晚上挑灯整理写作。徐霞客对我国石灰岩地貌的研究取得重大成果。集30多年的风雨路途和灯下的撰写，他写成了《徐霞客游记》这本名著，该书不仅是一部地理学名著，同时也是一部文学著作。

由于西方资本主义国家的经济侵略，清朝闭关锁国的格局被打破，西方文化的渗透使中国人的旅游观念逐渐发生深刻的变化，旅游的空间也得到进一步的拓展。

二、中国近代旅游发展阶段（1840—1949年）

中国的近代社会是由封建社会逐步演变成半殖民地半封建社会，在政治、经济、社会的各个方面都发生了深刻的变化。在旅游活动方面，随着中国封建社会的大门被打开，国际性的经济、政治、文化思想的交流不断开展起来。国际和国内的交通发展，也为这种国际交流提供了方便条件。中国近代的旅游业就是在这样的背景下形成的。

近代中国在鸦片战争失败以后，被迫与外国签订了一系列的不平等条约，使中国成为外国冒险家的乐园。西方的商人、传教士、学者们随着古老中国的锁国大门被打开而纷纷来到中国。与此同时，中国的一些爱国志士，为寻求救国救民的真理，也纷纷出国考察旅行和求学。康有为、严复、孙中山等就是杰出的代表人物，兼之19世纪70年代的洋务运动，使中国出现了“留学热”。随后，到英、法、德、日等国的官派和自费留学生日渐增多。到1906年，各种出国留学人数达到8000多人，标志着大规模修学旅游的开始。正是这种出入中国门户的国际性旅行和旅游活动日益频繁的情况，导致了近代中国旅游业的产生。

随着帝国主义对中国的经济和文化侵略，20世纪初，西方一些旅游企业，如英国“通济隆”、美国“运通”旅行社也陆续占领中国市场，主要是为外国来华旅游者服务。在国外旅行社蓬勃发展、旅游企业入侵中国市场的情况下，上海商业储蓄银行的陈光甫为了扩大生财之道，于1923年，在该行内部率先设立了“旅行部”，专门为中国人办理出国手续和代订车船票，组织国内和出国旅游活动。此旅行部一经成立，便受到国内外人士的热烈欢迎。1924年春，旅行部组织了第一批国内旅游团，由上海赴杭州游览。1925年春，旅行部开始承办出国旅游业务，第一次就组织了20余人赴日本的“观樱旅行团”。

为了加强对祖国丰富独特的旅游资源的宣传，扩大在世界上的影响力，旅行部于1927年出版了我国第一本《旅行杂志》，专门宣传祖国的风景名胜、秀丽风光。同年，经上海银行董事会批准，旅行部从银行独立出来，并正式更名为“中国旅行社”。1928年，南京国民政府交通部核准了中国旅行社的“元号旅行业执照”，这也是国内第一家拿到旅行业执照的旅行社，并在国内各主要城市设立20多家分支机构，还在新加坡、马尼拉、仰光等东南亚诸国中设立办事处，组织机构不断扩大，这也就是日后的中国旅行社的前身，近代中国旅游业由此萌芽。

1949年新中国成立之前，由于经济落后，人民生活水平低，各种社会基础差，中国的近代旅游发展是十分缓慢的，以游览消闲、娱乐为目的的旅游活动，仍然是社会少数人的事。社会上的大多数人，都疲于生活上的奔波，无能力也无暇参与旅游活动。旅游作为一种产业，虽说也已形成，但它的规模小、水平低，对国民经济的作用十分有限。

作为1927年成立的中国第一家旅行社，它并不是独立机构而是设在了银行下面。而从时间上看，这已经是英国人托马斯·库克在1845年创立世界第一家旅行社之后近80年的事了。

三、中国现代旅游发展阶段（1949年—至今）

中国的现代旅游是指新中国建立以来的旅游历史。新中国旅游业的发展经历了外事接待阶段、改革振兴阶段和全面发展阶段。具体地说，中国的现代旅游业起始于20世纪50年代，迅速发展于20世纪80年代，全面发展于20世纪90年代。

（一）外事接待阶段（1949—1977年）

新中国成立之初，我国生产力水平低下、经济落后，社会市场需求不足；同时受国际政治环境的影响，我国旅游部门的工作以外交工作为核心，主要负责完成来华国际友人的接待任务。所以，该阶段旅游接待多为单纯政治接待，不计成本，不讲效益，经济性特征并不明显。该阶段重要的标志就是华侨服务社、中国国际旅行社的成立和中国旅行游览事业管理局的建立。

1. 华侨服务社

出于巩固政权、扩大统一战线和贯彻侨务工作的需要，1949年11月成立了厦门华侨服务社（即后来的厦门中国旅行社），是新中国的第一家旅行社。其后，在重点侨乡广东省、福建省和许多中心城市相继成立华侨服务社。1957年4月，“华侨旅行服务社总社”在北京成立，统筹全国各地华侨旅行服务社的工作，标志着全国的华侨旅行服务网络形成。1974年，周恩来总理提议，保留“华侨旅行服务社总社”，同时加用“中国旅行社总社”名称。该社负责接待海外华侨、外籍华人、香港、澳门及台湾同胞，属于政府的侨务系统。在体制方面，名义上定为“国营企业”，实际运作中都是行政或事业单位而不是企业。

2. 中国国际旅行社

1952年，“亚洲及太平洋区域和平会议”在我国召开。受这次会议的影响，此后，来华公务和旅游的外宾越来越多。为了满足接待的需要，1954年4月，在周恩来总理的亲自关怀下，中国国际旅行社总社在北京正式成立。同年，在上海、天津、广州等12个城市成立了分支社。成立之初，国旅总社是隶属国务院的外事接待单位。当时，全国还没有专门管理旅游业的行政机构，国旅总社实际上代行了政府管理职能。1957年底，国旅在全国各主要大中城市设立19个分支社，国旅的接待业务网络初步形成。在这一时期主要以政治接待为主，并根据当时我国调整中央和地方的关系，决定国旅各地分支社一律划归当地省（市）人民政府直接领导，国旅总社对分支社由原来垂直领导关系变为业务指导关系。到1958年底发展到35个分支社。

3. 中国旅行游览事业管理局

为了加强对旅游工作的领导和管理，1964年7月，由第二届全国人大常委会批准在中国国际旅行社总社的基础上，设立中国旅行游览事业管理局，主要任务是接待入境旅游者，直属国务院，一开始是与中国国际旅行社合署办公，即国家旅游局和国旅总社是“两块牌子，一套人马”。对外招徕用国旅总社的牌子，对内管理行使国家旅游局的职能，其直接意义是中国旅游事业从此有了专门的领导机构，中国旅游业的管理体制进入了一个新的时期。

（二）改革振兴阶段（1978—1989年）

在中国共产党第十一届中央委员会第三次全体会议以前，我国旅游业基本实行的是一套以外事接待工作为管理对象，以行政管理为主要手段，决策权高度集中，政企合一，统负盈亏，缺乏活力的管理体制。直至1978年底中国共产党第十一届中央委员会第三次全体会议的召开，开创了中国改革开放的新局面。

1978年以后，随着国家开放政策的实施，旅游业在国民经济中的地位和作用得到应有的重视。邓小平同志连续发表了《旅游业要变成综合性的行业》《旅游事业大有文章可做》《发展旅游事业，增加国家收入》《把黄山的牌子打出去》四篇讲话，要求尽快发展旅游业。按照邓小平同志的指示，国务院成立以主管副总理为首的旅游工作领导小组，各地政府也相继成立领导小组。改革开放和高层决策推动了我国旅游业发展的步伐。1979年11月，国务院批准了国家旅游局《关于大力发展旅游事业若干问题的报告》。1980年，国家开始在一批大学里开办旅游系或旅游专业；1982年8月国务院直属机构改革，第五届全国人大常委会确定中国旅行游览事业管理总局更名为中华人民共和国国家旅游局，为国务院直属机构。这为中国旅游业走上产业化大发展的道路奠定了基础。1985年12月，国务院常务会议决定，把旅游业发展列入国家的“七五”计划，这是旅游业第一次在国家计划中出现，是我国旅游业发展史上的一个里程碑。

在一系列正确的方针政策指引下，通过不断改革，突破了我国的旅游业长期以来基本属于外事接待的模式，其作为一个综合性的经济事业的性质得到肯定，一种具有较强活力的新的发展模式逐步形成。

（三）全面发展阶段（1990年—至今）

我国的旅游业在改革振兴阶段之所以能取得举世瞩目的成就，其中一个重要的原因就是在改革开放初期，选择首先发展入境旅游作为振兴我国旅游业的头盘棋。实践证明，这种决策不仅适合中国国情，而且符合发展入境旅游市场的内、外部环境条件。因此，我国的入境旅游市场才得到健康成长、快速发展，而且在国际旅游市场上的地位迅速提升。

而我国的国内旅游是伴随着改革开放和入境旅游的发展而发展的。其间又经历了从改革开放初期的“不鼓励、不支持、不反对”，到1985年的“多方面努力提供供给，加强行政管理”，直至1993年11月中央政府提出“搞活市场、正确引导、加强管理、提高质量”的国内旅游业发展方针等发展历程，使国内旅游业的发展得到政策上的认可和法律上的保障，并于1994年首次纳入国家旅游统计范畴，使国内旅游市场的地位上升，从而进入与入境旅游共同发展的阶段，标志着我国的旅游市场结构和旅游供给结构开始了历史性的转变。这有利于国内旅游服务与国际旅游服务之间的磨合，扩大对现有的旅游基础设施和各种物质条件的利用率，使国内旅游市场与入境旅游市场日渐融合，为旅游产业更加规模化地发展创造了条件。

我国公民出境旅游是与传统的探亲旅行和边境贸易相联系的。而作为一种旅游形式，它是改革开放的产物。1983年由广东省旅游公司组织的“赴港探亲旅游团”为我国公民出境旅游打头阵，继而边境贸易旅游和公民自费出国旅游得到快速发展。自1990年10月国务院批准实施《关于组织我国公民赴东南亚三国旅游的暂行管理办法》后，又于1997年7月1日颁布《中国公民自费出国旅游管理暂行办法》，确定了有组织、有计划、有控制地适度发展的指导方针，使我国公民的出境旅游进入了规范化的轨道。

至此，我国旅游业进入三大市场——入境旅游市场、国内旅游市场、出境旅游市场共同协调发展的历史阶段，并确定了“大力发展入境旅游、规范发展出境旅游、全面提升国内旅游”的发展战略。它标志着我国旅游业发展总体模式的调整，使市场结构更加合理、供给结构日臻完善。这正是我国步入世界旅游强国所必须具备的前提条件。

综上所述，新中国的旅游业通过一系列的改革，首先摆脱了封闭式的纯政治性接待的被动局面，在较短时间内实现了从“外事接待型”向“经济创汇型”转变的重大突破。随后，国内旅游市场、出境旅游市场相继发育，如今已进入三个市场的全面协调发展阶段。而与之相对应的旅游供给也得到全面增长和改善，旅游生产力全面快速地发展，产业规模不断扩大。改革开放几十年来，无论是对旅游资源和旅游产品的规划、开发，还是旅行社、旅游交通、旅游饭店、旅游教育与培训的建设与发展的速度、规模都令世人瞩目。

截至2019年9月30日，全国旅行社总数为38433家，全国旅行社入境旅游外联290.58万人次、1144.83万人天，接待485.69万人次、1561.90万人天。国内旅游组织4930.03万人次、15758.92万人天，接待5587.22万人次、13519.81万人天。出境旅游组织1758.58万人次、8988.89万人天。全国星级饭店统计管理系统中共有星级饭店10281家，营业收入合计492.77亿元，其中餐饮收入为188.63亿元，占营业收入的38.28%；客房收入为235.54亿元，占营业收入的47.80%。全国开设旅游管理类本科专业的普通高等院校608所，开设旅游管理类高职专业的普通高等院校1086所，开设旅游相关专业的中等职业学校947所。

项目小结

1．旅游的一个最基本的特征是空间的移动，所以人类迁徙旅行活动便是旅游现象产生的前奏。在这个阶段，基于旅行活动的发展，古代旅游开始萌芽。

2．世界旅游历史的发展，是一个漫长而曲折的过程，大体经历了三个发展阶段，即古代旅行游览阶段、近代旅游阶段和现代旅游阶段。

3．中国是具有五千多年发展历史的文明古国，中华民族历来热爱旅行游览。随着朝代的更迭，社会经济、政治和科技文化的发展变化，中国旅游活动也经历着兴衰起伏的发展变化过程。改革开放以来，我国的旅游业发展很快，当前已经形成国际入境旅游、国内旅游、国际出境旅游并驾齐驱的发展格局，进入了旅游业发展的高级阶段。

自我检测

1．世界旅游历史发展大致可分为哪几个时期？近代旅游与古代旅行游览相比较，有哪些不同特征？

2．第二次世界大战后旅游迅速发展的主要因素是什么？

3．现代旅游的发展有哪些主要特征？

4．中国古代旅行游览可分为哪几个时期？各个时期有什么特点？

5．中国近代旅游业产生的背景是什么？

6．中国现代旅游业的发展大体经历哪几个阶段？试分析各阶段的特点。

7．1978年至今，我国旅游业取得了哪些突破性的进展？

项目三　旅游组织

学习指导

为了适应旅游业的发展，保证旅游业与国民经济部门之间的平衡，以及旅游业自身的规范，各类旅游管理机构和旅游组织应运而生，这些组织充分发挥其组织和协调的职能，为旅游业的可持续发展发挥了积极作用。

学习目标

1．了解不同的国家旅游管理体制和管理模式。

2．了解国家旅游行政管理机构的职能。

3．了解旅游行业组织的性质和职能。
4．了解旅游组织的类型及职能。
5．熟悉国际旅游组织的基本概况并了解其主要职能。
6．熟悉我国的旅游组织并了解其主要职能。

任务1　旅游组织的类型及职能

一、旅游组织的概念及分类

旅游组织是指为了加强对旅游行业的引导和管理，适应旅游业的健康、稳定、迅速、持续发展而建立起来的具有行政管理职能或协调发展职能的专门机构。不同类型和层次的旅游组织在地方、国家乃至世界旅游业发展的进程中都起着不可忽视的推动作用。

旅游组织有广义和狭义之分，广义的旅游组织包括专门管理协调旅游事项的旅游同业组织以及其工作部分涉及旅游事项的综合组织；狭义的旅游组织仅指专门管理协调旅游事项的旅游同业组织。

世界各国、各地区的旅游组织复杂多样，种类繁多，划分标准也不一样，通常有以下两种分类标准。

（一）按组织管理的职能不同划分

1. 旅游行政管理组织

旅游行政管理组织是由国家各级政府设立的、行使国家旅游行政管理职能的机构。它主要是运用行政命令和相关法规而履行对各级各类旅游经济组织及其活动进行组织、协调、指挥、控制、监督的职能。按照它们管理权限范围的差异，旅游行政管理组织一般又可分为世界旅游组织、国家旅游组织和地方旅游组织三个不同层次。

（1）世界旅游组织　在旅游行业组织中，世界旅游组织与其他行业组织有所不同，它是联合国规划与开发署的一个执行机构，是政府间旅游组织。它的成员是各国政府，可以召集由各国政府参加的国际会议来协调国际旅游事务，规划国际旅游业发展和制定国际性旅游公约等。

（2）国家旅游组织　包括世界各国的旅游局、旅游部、观光局、旅游促进局、旅游发展局等。我国的文化和旅游部（原国家旅游局），是国务院直属的代表国家对旅游行业管理的行政机构。

（3）地方旅游组织　地方旅游组织是指在一个国家内的某地区设立的负责管理国内特定地区的旅游事务，以促进地区旅游业发展的政府机构或组织，它是地方的旅游行政管理机构。其主要职能是：在当地政府的支持下，通过与上级旅游组织有效协调与合作，对当地旅游事业的发展进行有效的组织、协调和管理。

2. 旅游行业组织

旅游行业组织是由旅游企业、团体、个人自愿联合组成的社会性组织，是一种民间的社会团体。它们以自愿和不营利为原则，积极参与旅游活动，为按计划保证满足旅游者需要的大量经济活动和非经济活动创造良好的条件。这些类型的旅游行业组织在旅游各行业的发展过程中起着重要的协调作用，目前在一些旅游业比较发达、私人企业非常活跃的国家和地区，旅游行业组织往往带着半官方性质。

（二）按旅游组织跨区域大小划分

1. 世界性旅游组织

（1）世界性旅游行业组织　世界性旅游行业组织是指在世界上获得广泛承认，协调、处理世界范围内旅游及旅游相关事务的组织。这类旅游组织被世界上大多数国家的政府所承认，规划、研究、组织、协调全球性的旅游及旅游相关事务，组织开展世界性的旅游活动，具有较高的权威性。全球性的旅游组织主要有：世界旅游组织、世界旅游委员会、国际旅游联盟、国际旅游协会等。

（2）世界性旅游业集体会员性质的组织　这类组织是全球范围内旅游业各行业机构、各企业以会员的身份加入的旅游组织。这类组织主要组织一些行业性的活动，制定一些行业标准和行业要求，提供行业信息，协调行业内部的业务协作。这类组织主要有：国际民用航空组织、国际铁路联盟、国际汽车联合会、世界旅行社协会联合会、国际饭店与餐馆协会、国际旅馆协会、世界一流饭店组织等。

（3）世界性旅游业其他组织　针对旅游业不同人员的旅游组织主要有：妇女旅游组织国际联合会、国际旅游科学专家协会、国际青年旅舍联盟、国际学生旅游大会等。旅游经营管理、培训和学术研究活动的专业性行业组织主要有：国际旅游学会、国际旅游饭店管理研究会等。

2. 世界地区性旅游组织

世界各大洲或经济、人员往来比较多的大区域也成立有一些旅游组织，如太平洋亚洲旅游协会、美洲饭店及汽车旅馆协会、欧洲旅游委员会、欧洲运输部长会议、北欧旅游局、加勒比旅游组织等。

3. 全国性旅游组织

（1）全国旅游业行政管理组织　如中华人民共和国文化和旅游部。

（2）全国旅游行业组织　如中国旅游协会、中国旅游饭店业协会、中国旅游车船协会、中国旅行社协会、中国旅游报刊协会、中国旅游文学研究会等。

4. 国内地方旅游组织

如各省文化和旅游厅，是省级行政区域内的旅游业行政管理机构。

二、旅游组织管理模式

（一）政府在旅游业中的角色

世界旅游组织认为，政府在旅游业发展过程中将依次扮演三种角色。

（1）开拓者　在旅游业发展初期，政府负责对基础设施进行投资，并以制定旅游业发展战略和规划为工作重点。

（2）规范者　在旅游业逐步兴起乃至蓬勃发展时期，政府主要进行立法和规范旅游地管理工作，保证行业良性发展。

（3）协调者　在旅游业逐步走向成熟时，政府鼓励企业发展，保护消费者利益中心工作并协调各方面的关系。

（二）我国旅游组织的管理模式

在我国，文化和旅游部是国务院主管全国旅游业行政管理的直属机构，各省、市、县都相应成立地方旅游行政管理机构，即地方文化和旅游厅（局），形成了我国旅游行政管理网络，管理全国各级旅游行业。就国家级旅游行政管理机构的设置而言，通常有以下几种模式。

1. 旅游局模式

旅游局模式的特点是单一行使旅游管理职能，规格低于“部级”。如泰国国家旅游局。

2. 旅游部模式

旅游部模式有两个基本特点：一是管理职能单一，只负责旅游；二是机构为部级规格。采用这种模式的国家大多为发展中国家。主要原因是发展中国家对旅游创汇的期望很大，而旅游业具有较强的综合性特点，要实现这一目的，就要大力发展旅游业，这就必须借助于强有力的政府机构。

3. 混合职能模式

这一模式的特点是旅游管理部门并非单独设立，而是与一个或几个相关部门合在一起发挥职能。通常有以下几种类型。

（1）旅游与交通共同构成一个部或在交通部下设旅游局　如斯里兰卡航空旅游部、蒙古交通与旅游部等，而日本在其交通省下设观光厅。

（2）工业、商业、贸易部门下设旅游部门　如美国商务部下设旅游局，芬兰在其工商部下设旅游局。

（3）文化、体育、贸易部门与旅游部门构成一个部　如中国文化和旅游部、英国旅游与遗产部、韩国文化体育观光部、巴基斯坦文化与旅游部等。

（4）综合经济部门下设旅游部门　如荷兰经济事务部下设旅游局。

（5）野生动植物保护部门与旅游部门组成一个部　如肯尼亚旅游与野生动物部。

（6）其他部门与旅游部门组成一个部　如新西兰旅游与宣传部、澳大利亚资源、能源与旅游部，而加拿大的旅游业则归属外交与国际贸易部管理。

混合职能模式能够较好地适应旅游业综合性较强的特点，有利于旅游部门与主要相关部门之间实现有效的配合和协调。

4. 旅游委员会模式

这种模式的规格等同于一个部或比部高出半级，主要是适应旅游业综合性的特点，对旅游业的发展起协调作用。因此，在很多国家属于协调部门，而非权力机构。

三、旅游组织的职能

（一）旅游行政管理组织的职能

旅游行政管理组织通过对旅游业进行组织、领导、指导、监督和调节等一系列活动，行使管理职能，实现政府对旅游发展进行宏观管理和调控的目的。其具有以下几个方面的管理职能。

（1）制定旅游业发展的战略规划、政策和法规　拟定旅游业的方针、政策以及法律法规，制定旅游开发和服务的标准并组织实施。

（2）组织规划，制订计划　组织和参与旅游规划的制定、审批和实施，组织开展旅游资源调查、开发与保护，制订旅游人才培养计划，组织实施旅游教育，规划旅游发展的规模和方向。

（3）实施控制与监督　运用行政、法律、经济等手段，对旅游企业的数量、规模、经营活动等进行监督、审核，发放旅游企业营业执照，颁布旅游产品质量标准，进行产品质量监控。

（4）推广国家形象，进行旅游促销　进行旅游市场调查，研究旅游营销策略，实施旅游促销措施。开拓旅游市场，树立国家的整体旅游形象，将国家或地区作为旅游目的地向国际推广。

（5）开展多边合作和协调　加强与其他国家政府、有关旅游组织的协作，并作为本国旅游业的代言人，开展多边协调和合作，减少国与国之间的旅游限制，促进旅游发展。

（6）财政管理　负责国家财政资助的旅游项目的审批、监督和控制，保障财政资金的有效运作。通过政策引导，吸引资金流入，集中全社会的财力和物力，开展旅游目的地的建设活动。

（7）培养和储备旅游人才　根据旅游业发展的需要，制订旅游人才的培养计划，理顺人才培养机制，开办学校和培训机构，培训和储备旅游人才。

（二）旅游行业组织的职能

旅游行业组织一般由旅游企业、团体、个人自愿联合组成，以非营利为原则，是一种民间的社会团体。该行业组织所制定的规章、制度和章程对于非会员单位不具有约束力。旅游行业组织具有服务和管理两种功能。行业组织的管理职能不同于行政管理组织，它不带有任何行政指令性和法规性，其有效性取决于行业组织本身的权威性和凝聚力。具体而言，旅游行业组织具有以下基本职能。

（1）研究与协调行业经营管理问题和旅游发展环境。

（2）调查和协调行业发展中的关系。

（3）建立相应的行业标准，提供行业间技术指导。

（4）搜集与管理行业信息，鼓励使用新知识、新技术，搞好行业内的旅游开发和市场营销。

（5）组织专业研讨会，开办培训班，开展专业咨询，就行业内的数据统计、预测、开发等问题进行讨论。

（6）组织信息与经验交流活动，阻止行业内部的不合理竞争等。

任务2　国际旅游组织

国际旅游组织有狭义和广义之分，狭义的国际旅游组织是指其成员国来自多个国家并为多国利益工作和服务的全面性旅游组织。广义的国际旅游组织包括工作面涉及国际旅游事务的国际组织，以及专门涉及旅游事务某方面的专业性、国际性旅游的同业组织。

一、世界旅游组织

世界旅游组织（World Tourism Organization，UNWTO）是世界公认的重要国际组织，它是全球唯一的政府间国际旅游组织，也是世界上唯一全面涉及旅游事务的最高权力决策机构（图3–1）。

图3–1　世界旅游组织标志

世界旅游组织成立于1975年，总部设在西班牙首都马德里，现有158个正式会员国和6个联系成员国。世界旅游组织作为联合国下属的专门旅游机构，最早由国际官方旅游宣传组织联盟（IUOTPO）发展而来。1925年5月4日至9日在荷兰海牙召开了国际官方旅游协会大会，1934年在荷兰海牙正式成立国际官方旅游宣传组织联盟。第二次世界大战中停止活动。1946年10月1日至4日在伦敦召开了首届国家旅游组织国际大会，并成立专门委员会研究重建该联盟。1947年10月在巴黎举行的第二届国家旅游组织国际大会上决定正式成立国际官方旅游组织联盟（the International Union Office Traval Organization，IUOTO），即世界旅游组织的前身，总部设在伦敦，1951年迁至日内瓦。1975年5月该组织改为世界旅游组织，总部迁至马德里。1976年成为联合国开发计划署在旅游方面的一个执行机构。2003年11月成为联合国专门机构。为了避免混淆，从2005年起，世界旅游组织的英文缩写由原来的“WTO”改为“UNWTO”，以示与世界贸易组织（World Trade Organization，WTO）的区别。

世界旅游组织的宗旨是促进和发展旅游事业，使之有利于经济发展、国际间相互了解、和平与繁荣以及不分种族、性别、语言或宗教信仰、尊重人权和人的基本自由，并强调在贯彻这一宗旨时要特别注意发展中国家在旅游事业方面的利益。

世界旅游组织的组织机构包括全体大会、执行委员会、秘书处和地区委员会。全体大会是最高权力机构，每两年召开一次，主要是批准预算和工作方案，审议该组织重大问题。执行委员会是领导机构，由大会按照每五个正式成员国选举一个的比例选举产生，任期4年，负责处理世界旅游组织的日常行政和技术问题。秘书处负责日常工作，秘书长由执行委员会推荐，大会选举产生。地区委员会为非常设机构，共有6个地区委员会，即非洲委员会、美洲委员会、东亚和太平洋委员会、南亚委员会、欧洲委员会和中东委员会。

1971年，世界旅游组织的前身——国际官方旅游组织联盟根据非洲国家官方旅游组织的意见，提出创立世界旅游日的设想。1979年9月27日，世界旅游组织第三次代表大会正式决定将每年的这一天（9月27日）确定为世界旅游日（World Tourism Day）。1980年开始实行，它是旅游工作者和旅游者的节日。其目的在于给旅游宣传提供一个机会，引起人们对旅游的重视，促进世界旅游业的不断发展和各国在旅游领域的合作。

世界旅游组织为每年世界旅游日提出了一个宣传口号，以便突出一个旅游宣传的重点。世界各国根据这一口号的内涵，开展旅游宣传，从而推动世界旅游业的共同发展。

小知识

2000年以来的世界旅游日主题

2000年：技术和自然：21世纪旅游业的双重挑战
2001年：旅游业：和平和不同文明之间对话服务的工具
2002年：经济旅游：可持续发展的关键
2003年：旅游：消除贫困、创造就业和社会和谐的推动力
2004年：旅游拉动就业
2005年：旅游与交通：从儒勒·凡尔纳的幻想到21世纪的现实
2006年：旅游让世界受益
2007年：旅游为妇女敞开大门
2008年：旅游：应对气候变化挑战
2009年：庆祝多样性
2010年：旅游与生物多样性
2011年：旅游：连接不同文化的纽带
2012年：旅游业与可持续能源：为可持续发展提供动力
2013年：促进旅游业在保护水资源上的作用
2014年：快乐旅游，公益惠民
2015年：十亿名游客，十亿个机会
2016年：旅游促进发展，旅游促进扶贫，旅游促进和平
2017年：可持续旅游业如何促进发展
2018年：旅游数字化发展
2019年：旅游业和工作：人人享有美好未来

我国于1983年10月正式加入世界旅游组织，成为该组织的第106个正式成员。自1985年起，先后在北京、上海、重庆、成都、沈阳等城市设立主会场，并在全国各地设分会场，举办欢庆世界旅游日活动，围绕当年世界旅游组织确定的旅游活动主题开展旅游宣传活动。在世界旅游组织第十七次全体大会上，中文成功列入世界旅游组织官方语言，中国当选为世界旅游组织执委会成员。

世界旅游组织的出版刊物有《世界旅游组织消息》《旅游发展报告》《旅游统计年鉴》《旅游统计手册》和《旅游及旅游动态》。

二、世界旅行社协会联合会

世界旅行社协会联合会（United Federation of Travel Agents，Associations，UFTAA）又名世界旅行代理商协会联合会，是目前世界上最大的民间性国际旅游组织（图3-2）。它是一个专业性和技术性组织，其会员是世界各国的全国性旅行社协会，每个国家只能有一个全国性的旅行社协会代表该国参加。其前身是1919年在巴黎成立的欧洲旅行社组织和1964年在纽约成立的美洲旅行社组织，1966年10月由这两个组织合并组成，并于11月22日在意大利的罗马成立。总部设在比利时的布鲁塞尔。

图3-2　世界旅行社协会联合会标志

世界旅行社协会联合会的宗旨是团结和加强各国旅行社协会和组织，协助解决会员在专业问题上可能发生的纠纷；在国际上代表旅行社行业同旅游及有关的各组织与企业建立联系，进行合作；确保旅行社业务在经济、法律和社会领域里最大限度的得到协调，赢得信誉，受到保护和发展；向会员提供必要的物质上、业务上、技术上的指导和帮助，使其在世界旅游业中占有适当的地位。

世界旅行社协会联合会的组织机构包括全体成员大会、理事会、执行委员会和秘书处。该联合会共有近100个国家的全国性旅行社协会参加，代表1500多家旅行社和旅游企业。此外，联合会还接纳有营业执照的旅行社为“联系会员”。

1995年8月中国旅游协会正式加入世界旅行社协会联合会。

三、太平洋亚洲旅游协会

太平洋亚洲旅游协会（Pacific Asia Travel Association，PATA）是一个民间性、行业性、地区性、非政府间的国际旅游组织（图3-3）。它成立于1951年1月，原名为太平洋地区旅游协会，1986年在马来西亚召开的第35届会议上更名为太平洋亚洲旅游协会。总部设在美国旧金山，另有两个分部，一个设在菲律宾的马尼拉，负责处理东亚地区事务，另一个设在澳大利亚的悉尼，负责主管南太平洋地区事务。在我国，人们通常将太平洋亚洲旅游协会简称为亚太旅游协会。

太平洋亚洲旅游协会的宗旨是发展、促进和方便世界其他地区的游客前来太平洋地区各国旅游及太平洋地区各国居民在本地区内开展国际旅游。该协会其成员范围较广，既有国家旅游组织，也有各种旅游协会和旅游企业以及其他与旅游业有关的组织团体。

图3-3　太平洋亚洲旅游协会标志

我国于1993年3月正式加入该组织，成为其官方会员。主要目的是为了发展、促进和方便世界各国的旅游者到本地区的旅游以及本地区各国居民在本区内的旅游。

四、世界旅游城市联合会

世界旅游城市联合会（World Tourism Cities Federation，WTCF）是由北京倡导发起，携手众多世界著名旅游城市及旅游相关机构自愿结成的非政府、非营利国际组织（图3-4）。成立于2012年9月，是首个总部落户中国、落户北京的国际性旅游组织，是全球第一个以城市为主体的国际旅游组织。联合会总部和秘书处设在北京，官方语言为中文和英文。

图3-4　世界旅游城市联合会标志

世界旅游城市联合会是世界上第一个以城市为主体的全球性国际旅游组织，以“旅游让城市生活更美好”为核心理念，致力于推动会员之间的交流合作，促进旅游业持续增长。重点关注提升旅游城市作为国际旅游目的地的吸引力，提升旅游城市服务质量和效益，提升旅游城市品牌形象，促进旅游城市以及区域经济社会协调发展。

在世界旅游城市联合会成立大会上，公布了《北京宣言》。宣言提出：“城市是人类文明的结晶，旅游是和平与友谊的使者。城市是旅游的首要目的地，又是重要的客源地。”宣言明确，世界旅游城市联合会将致力于实践“旅游让城市生活更美好”的核心理念。

五、世界旅游及旅行理事会

世界旅游及旅行理事会（World Travel & Tourism Council，WTTC）成立于1990年，由美国前国务卿基辛格发起，总部设在英国伦敦，是当今世界颇具权威性的非政府国际组织（图3-5）。

世界旅游及旅行理事会的宗旨以“提升政府、公众认识旅游、旅行对经济和社会的影响力”为核心任务，通过与各国政府通力合作，推动旅游资源的开发，拓展国际旅游市场。

图3-5　世界旅游及旅行理事会标志

会员企业的业务范围涵盖了旅游业的整个产业链，拥有对旅游业的宏观视野，对世界旅游产业的走势具有一定的影响力，是全球旅游业界的引领组织。会员企业必须达到全球性的经营范围，或者被认为是行业或地区内的重要参与者，才有资格被邀请加入。北京首旅集团是目前中国内地唯一的会员单位。

六、世界旅游联盟

世界旅游联盟（World Tourism Alliance，WTA）是在民政部登记的国际性社团，由中国发起成立，是中国第一个全球性、综合性、非政府、非营利国际旅游组织（图3-6）。2017年9月，世界旅游联盟在四川成都成立。2017年12月在北

图3-6　世界旅游联盟标志

京与浙江省政府签订战略合作文件，联盟总部和秘书处正式落户在中国杭州。

世界旅游联盟的宗旨以“旅游让世界更美好”为核心理念，以旅游促进发展、旅游促进减贫、旅游促进和平为目标，加强全球旅游业界的国际交流，增进共识，分享经验，深化合作，推动全球旅游业可持续、包容性发展。

任务3　我国旅游组织

我国的旅游组织基本上可分为两大类：旅游行政管理组织和旅游行业协调组织。

一、旅游行政管理组织

旅游行政管理组织负责管理全国旅游行业的发展，分为三个层次：文化和旅游部；省、自治区和直辖市文化和旅游厅；省级以下的地方旅游行政机构。

中华人民共和国文化和旅游部，原名中华人民共和国国家旅游局，是国务院直属的主管全国旅游行业的最高行政领导机构。其前身是1964年成立的“中国旅行游览事业管理局”，直属国务院，1978年改为“中国旅行游览事业管理总局”，1982年更名为“中华人民共和国国家旅游局”，简称国家旅游局。2018年3月，根据第十三届全国人民代表大会第一次会议批准的国务院机构改革方案，设立中华人民共和国文化和旅游部，不再保留国家旅游局。

中华人民共和国文化和旅游部的主要职能如下。

（1）统筹协调旅游业发展，制定发展政策、规划和标准，起草相关法律法规草案和规章并监督实施，指导地方旅游工作。

（2）制定旅游的市场开发战略并组织实施，组织国家旅游整体形象的对外宣传和重大推广活动。

（3）组织旅游资源的普查、规划、开发和相关保护工作。监测旅游经济运行，负责旅游统计及行业信息发布。

（4）承担规范旅游市场秩序、监督管理服务质量、维护旅游消费者和经营者合法权益的责任。

（5）推动旅游国际交流与合作，承担与国际旅游组织合作的相关事务。

（6）会同有关部门制定赴港澳台旅游政策并组织实施，指导对港澳台旅游市场推广工作。

（7）制定并组织实施旅游人才规划，指导旅游培训工作。

（8）承办国务院交办的其他事项。

目前，在国内旅游资源赋存丰富、旅游业发展水平较高的地区，为了整合有效资源，加强整个区域旅游产业发展的总体谋划，成立了旅游发展委员会。如杭州市旅游发展委员会、北京市旅游发展委员会、海南旅游发展委员会等。

小知识

中国旅游的标识：马踏飞燕

“马踏飞燕”又名马超龙雀、铜奔马，为东汉青铜器，1969年出土于甘肃省武威雷台的东汉墓，现藏于甘肃省博物馆。骏马在中国古代是作战、运输和通讯中最为迅速有效的工具。东汉铜奔马身高34.5厘米，身长45厘米，宽13厘米，重7.15千克。形象矫健俊美，别具风姿。马昂首嘶鸣，躯干壮实而四肢修长，腿蹄轻捷，三足腾空，飞驰向前，一足踏飞燕。

东汉铜奔马在1983年10月被国家旅游局确定为中国旅游标志（图3–7），1986年被定为国宝级文物，2002年1月被列入《首批禁止出国（境）展览文物目录》。“马踏飞燕”的形象，象征着中国旅游业的蓬勃崛起和光辉灿烂的前景。

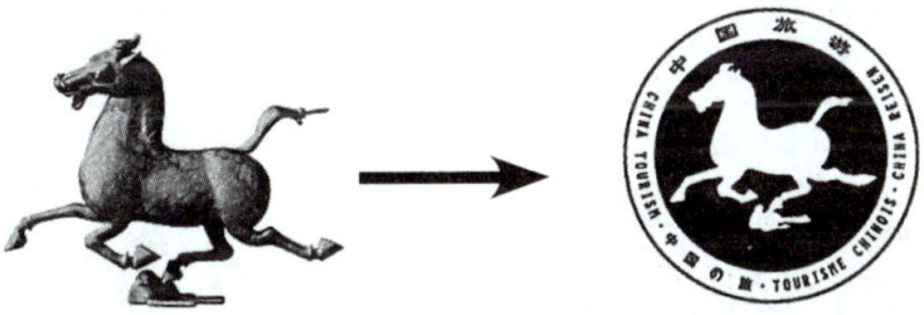

图3–7 从铜奔马到中国旅游

二、旅游行业协调组织

（一）中国旅游协会

中国旅游协会（China Tourism Association，CTA）是由中国旅游行业的有关社团组织和企事业单位在平等自愿基础上组成的全国综合性旅游行业协会，具有独立的社团法人资格（图3–8）。1986年1月30日经国务院批准正式宣布成立的第一个旅游全行业组织。

图3–8 中国旅游协会标志

中国旅游协会的宗旨是遵照国家的宪法、法律、法规和有关政策，代表和维护全行业的共同利益和会员的合法权益，开展活动，为会员服务，为行业服务，为政府服务，在政府和会员之间发挥桥梁纽带作用，促进我国旅游业的持续、快速、健康发展。

中国旅游协会的主要任务如下。

（1）对旅游业发展的战略、管理体制和有关方针政策、国内外旅游业发展态势和实践经验等进行调查研究，向国务院、国家旅游主管部门和有关方面提供建议和咨询。

（2）联系各旅游专业行业组织、旅游学术团体以及旅游企事业单位，交流情况和经验，研究有关问题，探索解决方法，促进旅游经营管理水平的提高。

（3）加强旅游经济等理论研究，开展学术交流活动。

（4）编辑出版有关刊物、资料，传播交流国内外旅游信息和研究成果。

（5）开展与国外旅游同行业组织的友好交往，促进旅游科技交流与合作。

（6）向政府有关部门反映国内外旅游者的意见和建议，承担政府和旅游主管部门交办的任务，接受旅游企事业单位委托的当办事宜等。

中国旅游协会的最高权力机构是会员代表大会，每四年召开一次会议。会员代表大会的执行机构是理事会。理事会由会员代表大会选举产生，每届任期四年。常务理事会由理事会选举产生，每年召开两次会议，设办公室作为办事机构，负责日常具体工作。

该协会主要出版物有《中国旅游报》和《时尚杂志》。协会网址：http://www.chinata.com.cn/。

小知识

中国旅游日

中国旅游日是每年的5月19日，非法定节假日，但每年的这一天我国各地都要举行隆重的旅游节庆活动。该节日起源于2001年5月19日，浙江宁海人麻绍勤以宁海徐霞客旅游俱乐部的名义，向社会发出设立“中国旅游日”的倡议，建议《徐霞客游记》首篇《游天台山日记》开篇之日（5月19日）定名为中国旅游日。2011年3月30日，国务院常务会议通过决议，中国正式设立国家旅游日，时间确定为5月19日（图3-9）。

“中国旅游日”形象宣传口号是“爱旅游、爱生活”，概括了“中国旅游日”的主题理念，倡导更多的国人走出家门，广泛参与旅游活动，提高生活品质。

设立“中国旅游日”旨在强化旅游宣传，培养国民旅游休闲意识，鼓励人民群众广泛参与旅游活动，提升国民生活质量，推动旅游业发展。旅游日具体日期的选定，将体现下列原则：与旅游有一定的纪念、宣传等关联意义；时间上适合于全民外出旅游休闲；有利于加强国民的旅游意识，发挥旅游的教育功能。

图3-9　中国旅游日标识

2011年以来的中国旅游日主题

2011年：读万卷书，行万里路

2012年：健康生活，欢乐旅游

2013年：休闲惠民，美丽中国

2014年：文明旅游，智慧旅游

2015年：新常态，新旅游

2016年：旅游促进发展、旅游促进扶贫、旅游促进和平

2017年：旅游让生活更幸福

2018年：全域旅游，美好生活

2019年：文旅融合，美好生活

（二）中国旅行社协会

中国旅行社协会（China Association of Travel Services，CATS）成立于1997年10月，是由中国境内的旅行社、各地区性旅行社协会或其他同类协会等单位，按照平等自愿的原则结成的全国旅行社行业的专业性协会，是经中华人民共和国民政部正式登记注册的全国性社团组织，具有独立的社团法人资格（图3-10）。协会会址设在中国首都北京。

图3-10　中国旅行社协会标志

中国旅行社协会的主要任务如下。

（1）宣传贯彻国家旅游业的发展方针和旅行社行业的政策法规。

（2）总结交流旅行社的工作经验，开展与旅行社行业相关的调研，为旅行社行业提出积极并切实可行的建议。

（3）向主管单位及有关单位反映会员的愿望和要求，为会员提供法律咨询服务，保护会员的共同利益，维护会员的合法权益。

（4）制定行规行约，发挥行业自律作用，市场会员单位提高经营管理水平和接待服务质量，维护旅游行业的市场经营秩序。

（5）加强会员之间的交流与合作，组织开展各项培训、学习、研讨、交流和考察等活动。

（6）加强与行业内外的有关组织、社团的联系、协调与合作。

（7）开展与海外旅行社协会及相关行业组织之间的交流与合作。

（8）编印会刊和信息资料，为会员提供信息服务。

该协会会刊为《旅行社之友》。协会网址：http://www.cats.org.cn/。

小知识

我国的三大旅行社

一、中国旅行社

中国旅行社始建于1949年11月，是新中国的第一家旅行社。中国旅行社总社作为全国旅行社的龙头企业，经过五十多年的发展，由一家以接待华侨、外籍华人、港澳同胞和台湾同胞为主的旅行社，发展成为入境游、出境游、国内游三业并举，每年接待数十万中外游客的国际旅行社。创写了中国旅游行业的多项第一：首家接待外国旅游者，首家接待台湾同胞，首家经营中国公民出境游。

二、中国国际旅行社

中国国际旅行社总社成立于1954年，于2008年3月更名为中国国际旅行社总社有限公司（简称中国国旅）。经过几代国旅人的艰苦创业，中国国旅现已发展为国内规模最大、实力最强的旅行社企业集团，累计招揽、接待海外来华旅游者1000多万人次。“CITS”已成为国内顶级、亚洲一流、世界知名的中国驰名商标，在世界60多个国家和地区通过注册。

三、中国青年旅行社

中国青年旅行社成立于1980年。凭借改革开放政策和自身优势，勇于改革，不断开拓，迅速发展起来，现已成为我国旅游行业的骨干企业。青旅总社根据青年旅游事业的发展趋势及旅游市场的激烈竞争，于1988年在我国旅游行业率先成立了中青旅集团，于1997年又作为主发起人组建了我国旅游行业第一家以完整的旅游概念上市的中青旅控股股份有限公司。时至今日，青旅总社几经改革后，体制已发生很大变化。青旅总社的职能已从经营为主转变为以管理为主。

（三）中国旅游饭店业协会

中国旅游饭店业协会（China Tourist Hotel Association，CTHA）成立于1986年2月25日，经中华人民共和国民政部登记注册，具有独立法人资格，是中国境内的饭店和地方饭店协会、饭店管理公司、饭店用品供应厂商等相关单位，按照平等自愿的原则结成的全国性的行业协会（图3-11）。

图3-11　中国旅游饭店业协会标志

该协会宗旨在于研究改善旅游饭店的经营管理，帮助提高服务质量和经济效益，促进旅游饭店业的发展。其主要任务是：维护旅游饭店的合法权益；研究和交流旅游饭店管理经验；举办专业讲座，提高旅游饭店管理人员的业务水平；开展饭店经营管理方面的咨询服务；组织与国外饭店业之间的经验交流与合作；向旅游饭店的行政管理部门提出建议及出版有关旅游饭店经营管理的刊物。

中国旅游饭店业协会成立以来，组织机构逐渐健全，会员队伍逐渐扩大，具有越来越大的凝聚力，在中国旅游饭店行业的发展和壮大中，发挥着越来越重要的作用。自2009年6月起，中国旅游饭店业协会秘书处承担全国旅游星级饭店评定委员会办公室职能。

该协会会刊是《中国旅游饭店》。官方网址：http://www.ctha.com.cn/。

（四）中国旅游车船协会

中国旅游车船协会（China Tourism Automobile And Cruise Association，CTACA）是由中国境内的旅游汽车、游船企业和旅游客车及配件生产企业、汽车租赁、汽车救援等单位，在平等自愿基础上组成的全国性的行业专业协会，是非营利性的社会组织，具有独立的社团法人资格（图3–12）。该协会于1988年10月在广西桂林成立，当时名为中国旅游汽车联合会。1989年12月更名为中国旅游车船协会。

图3–12　中国旅游车船协会标志

中国旅游车船协会的宗旨是遵守国家的宪法、法律、法规和有关政策，遵守社会道德风尚，广泛团结联系旅游车船业界人士，代表并维护会员的共同利益和合法权益，努力为会员、为政府、为行业服务，在政府和会员之间发挥桥梁和纽带作用，为把我国建设成为世界旅游强国，促进国民经济和社会发展做出积极贡献。

该协会的会刊是《中国旅游车船》。官方网址：http://www.ctaca.com/。

（五）中国旅游景区协会

中国旅游景区协会（China Tourist Attractions Association，CTAA），是由各类旅游景区及其相关企事业、社会团体在平等自愿基础上组成的全国旅游景区行业协会（图3–13）。该协会是具有独立的社团法人资格的非营利性社会团体法人组织。该协会凝聚了行业中知名度高、影响力大的4A和5A级旅游景区和在业内具有影响力服务于旅游景区的上下游知名企业。该协会接受文化和旅游部的领导、民政部的业务指导和监督管理。

图3–13　中国旅游景区协会标志

中国旅游景区协会遵照国家的宪法、法律、法规和有关政策，代表和维护景区行业的共同利益和会员的合法权益，按照协会章程的有关规定，积极开展调查研究、沟通协调、业务交流、岗位职务培训和市场开拓等活动，积极推进行业自律，努力提高景区行业服务水平和核心竞争力，竭诚为会员服务，为行业服务，为政府服务，在政府和会员之间发挥桥梁纽带作用，促进我国旅游景区行业的持续、快速、健康发展。

官方网址：https://www.chinataa.org/。

（六）中国旅游报刊协会

中国旅游报刊协会（China Association of Tourism Journals，CATJ）是由中国境内与旅游信息传播相关的报纸、期刊、大众传媒单位及相关单位报刊，按照平等自愿的原则组成的全国性的行业专业协会，是非营利性的社会组织，具有独立的社团法人资格。1993年8月在北京成立。

该协会的宗旨为遵守国家的宪法和法律，遵守国家有关旅游和新闻的法规，遵守社会道德风尚；代表和维护会员的共同利益与合法权益，努力为会员服务、为政府服务、为行业服务；在政府部门和会员之间发挥桥梁和纽带作用，团结全国各类传播旅游信息的报刊和大众媒体，为促进旅游业持续、快速、健康发展做出积极贡献。

该协会的会刊是《中国旅游报刊协会通讯》。

项目小结

1．旅游组织是指为了加强对旅游行业的引导和管理，适应旅游业的健康、稳定、迅速、持续发展而建立起来的具有行政管理职能或协调发展职能的专门机构。旅游组织按管理的职能不同划分为旅游行政管理组织、旅游行业组织；按跨区域大小划分为世界性旅游组织、世界地区性旅游组织、全国性旅游组织、国内地方旅游组织。

2．旅游组织管理模式有旅游局模式、旅游部模式、混合职能模式、旅游委员会模式。

3．国际旅游组织主要有世界旅游组织、世界旅行社协会联合会、太平洋亚洲旅游协会、世界旅游城市联合会、世界旅游及旅行理事会、世界旅游联盟等。

4．我国的旅游行政管理组织分为三个层次，分别是文化和旅游部，省、自治区和直辖市文化和旅游厅，省级以下的地方旅游行政机构；旅游行业协调组织主要有中国旅游协会、中国旅行社协会、中国旅游饭店业协会、中国旅游车船协会、中国旅游景区协会和中国旅游报刊协会等。

自我检测

1．国家旅游管理体制通常有哪几种模式？

2．旅游组织的含义及其分类标准是什么？

3．旅游行政管理组织的职能有哪些？

4．简述旅游行业组织的性质和职能。

5．“世界旅游日”和“中国旅游日”是分别由哪个组织确定的？分别在哪一天？为什么要确定在这一天？

模块二 专业模块

项目四　旅游者

学习指导

随着现代社会工作节奏加快、工作强度加大，人们需要利用更多的闲暇时间出去旅游，锻炼身体，丰富文化生活。为了满足旅游人群的需求，旅游业迅速发展。旅游者成为旅游活动的主体，没有旅游者便没有旅游活动，更不会形成旅游业，其数量和消费水平决定旅游业的发展。因此，学习旅游者的相关知识是学习旅游专业的重要组成部分，也成为旅游研究的主要对象之一。

学习目标

1．掌握旅游者的基本概念。
2．分析旅游者产生的条件。
3．掌握旅游者的旅游动机。
4．掌握旅游者的流动规律。
5．认知旅游者的权利与义务。
6．理解文明旅游的重要性。

任务1　旅游者的定义

通常认为，旅游活动是由三大基本要素构成的，即旅游主体（旅游者）、旅游客体（旅游资源）以及旅游媒介（旅游业）。在现实生活中，这三大要素相互依存、相互影响、相互制约，共同构成了旅游活动的统一整体。

“旅游者”这个名称是从英文tourist转译而来的，最早见于1811年英国《牛津词典》上，意思是“出于一种好奇心，为了得到愉快而进行旅行的人”。经过近200多年的发展，人们对旅游者的定义进行了不断的探索。多年来，指代这个群体的名词很多，如旅游者、游客、观光者、旅行者等。目前学术界用得比较多的是“旅游者”（Tourist），但是到底什么样的人才能被称为旅游者呢？大多数有关旅游者的定义都是人们从不同的学科角度，为了适应各自的工作或研究目的而提出的，因此很难达到统一。需要提出的一点是，对于旅游者的定义，目前占统治地位的不是学者们的界定，而是官方的定义。这些定义多产生于各国或地方政府部门进行的旅游统计的实际需要，因此颇具技术性。

一、国际旅游组织对旅游者的定义

关于旅游者的定义，从国际联盟、世界旅游组织乃至各国政府有关部门，都曾经为此做了大量的努力。纵观世界各种旅游组织对旅游者所下的定义，主要包括以下几种。

（一）国际联盟统计专家委员会的定义

1937年，国际联盟（League of Nations）统计专家委员会曾对“外国旅游者”（国际旅游者）的界定标准和人员范围做了解释和规定：外国旅游者就是“离开自己的居住国到另一个国家访问超过24小时的人”。

根据国际联盟的解释，可列入旅游者的人员应该包括：

（1）为了消遣、家庭事务及身体健康方面的目的而出国旅行的人；

（2）为出席会议或作为公务代表而出国旅行的人；

（3）为工商业务而出国旅行的人；

（4）在海上巡游度假过程中登岸访问的人员，即使其上岸停留时间不足24小时，也视为来访旅游者。

不能列为旅游者的人员应该包括：

（1）抵达某国就业任职（不管是否订有合同）或者在该国从事营业活动者；

（2）到国外定居的人；

（3）到国外学习，膳食住校的学生；

（4）居住在边境地区而跨越边境到邻国工作的人；

（5）临时过境而不停留的旅行者，即使在境内时间超过24小时也不算旅游者。

1950年，国际官方旅游组织（the International Union Office Travel Organization，简称IUOTO，是世界旅游组织的前身）对上述定义进行了修改，把以修学形式旅游的学生视为旅游者，同时界定了一个新的旅游者类型，即“International Excursionist”，通常翻译为“短途国际旅游者”“国际一日游游客”或者“当日往返国际旅游者”。具体地说，是指那些到国外旅游停留时间不超过24小时的人。这部分人对旅游目的地的作用和那些过夜的旅游者是不一样的。除此以外，国际官方旅游组织联盟还定义了过境旅游者，即“路过一个国家但不作法律意义上的停留的人，不管他们在该国逗留多久”。

（二）罗马会议的定义

第二次世界大战以后，经济的快速发展与和平的国际环境促使世界旅游业蓬勃发展，现代旅游活动方式在国际间更为常见。1963年，联合国在罗马召开了一次由全体成员国参加的国际性旅游会议，即罗马会议。这次会议提出了“游客”（Visitor）这一总体概念。在“游客”下划分两类，一类是过夜旅游者，称为旅游者（Tourist）；另一类是不过夜的当日往返者，称为短途游览者（Excursionist）或一日游游客（Day Tripper或Day Visitor）。

罗马会议对此所做的具体解释为：游客指除了获得报酬的职业以外，基于任何原因到一个不是自己通常居住的国家访问的人。根据这个定义，游客主要包括：

（1）过夜旅游者　即到一个国家作短期访问至少逗留24小时的游客。其访问目的可属于下列情形之一。

① 消遣（包括娱乐、度假、疗养保健、学习、宗教、体育活动等）；

② 工商业务、家庭事务、公务出差、出席会议。

（2）短途游览者或一日游游客　即到一个国家作短暂访问，停留时间不超过24小时的游客（包括海上巡游过程中的到访者）。这个定义具有以下几个基本特征。

① 清楚地说明了游客与到某个地方定居或者就业者的区别；

② 以在访问地停留时间，即是否在访问地停留过夜为标准，凡是超过24小时的游客称为"旅游者"，不超过24小时的称为"一日游游客"；

③ 根据来访者的定居或常住国，而不是根据其所属国籍，来界定其是否应纳入旅游者的范畴；

④ 根据所规定的访问目的来界定来访者是否属于应纳入旅游者统计中的游客。

可以看出，此定义更具有操作性。1968年，联合国统计委员会（United Nations Statistical Commission）和国际官方旅游组织联盟正式确认和通过了此定义（又称罗马定义）；1970年，欧洲经济与发展组织旅游委员会专家也通过了这个定义。同样，该定义也存在一些不足，该定义本身所指的仅是国际旅游者，而未将国内旅游者考虑进去。

（三）世界旅游组织的定义

世界旅游组织（World Tourism Organization，UNWTO）在1981年出版的《国内与国际旅游统计资料收集与提供方法手册》一书中，使用排除法，对国际游客的统计口径作了界定，并向全世界推荐。

根据世界旅游组织对国际旅游者的定义，应该列入国际游客的人员范围包括：

（1）为了娱乐、医疗、宗教、家庭事务、体育活动、会议、学习或过境进入另一国家者；

（2）外国轮船船员或飞机机组成员中途在某国短暂停留者；

（3）停留时间不足一年的外国商业或公务旅行者，包括为安装机械设备而到达的技术人员；

（4）负有持续时间不足一年的使命的国际团体雇员或回国进行短期访问的旅行侨民。

不应该列入国际游客的人员范围包括：

（1）意图向目的国移民或在该国谋求就业者；

（2）以外交官身份或军事人员身份进行访问的人员；

（3）任何上述各类人员的随从人员；

（4）流亡者、流浪者或边境上的工作人员；

（5）打算停留一年以上者。

根据世界旅游组织对国际旅游者的解释，国际游客又可以分为国际旅游者（International

Tourist）和短程国际旅游者（International Excursionist）。国际旅游者是指在目的国的住宿设施中至少度过一夜的游客。短程国际旅游者是指未在目的国住宿设施中过夜的游客，其中包括乘坐游船的乘客，这些乘客可能在所停靠的港口地区进行多日访问，但每天回到船上住宿。短程国际旅游者不包括正在过境途中的乘客，如降落于某个国家但未在法律上正式进入该国的航空班机过境乘客。

1984年，世界旅游组织参考国际旅游者的定义，给出了国内旅游者的定义，采用的界定标准与国际旅游者的界定标准基本一致。世界旅游组织把国内旅游者分为国内旅游者和不过夜国内旅游者。国内旅游者是指任何以消遣、闲暇、度假、体育、商务、公务、疗养、学习和宗教等为目的，而在其居住国，不论国籍如何，所进行的24小时以上的、1年之内旅行的人。不过夜国内旅游者是指基于以上任一目的并在目的地逗留不足24小时的人。

1991年，世界旅游组织在渥太华召开的国际旅行和旅游会议上，上述定义被进一步确认，指出：一日游游客（Excursionist）和过夜游客（Tourist）构成旅游的整体，保留使用“旅游者”一词，但仅指过夜游客，同时，采用“游客”（Visitor）这个词，它包括了旅游者和一日游游客，并规定“游客”是指任何一个人到他惯常环境以外的地方去旅行，连续停留时间不超过12个月，并且其旅行的目的不是通过所从事的活动从访问地获取报酬的人。这一定义成为国际旅游中的一个学术定义、基本概念和统计口径。

1993年在纽约召开的联合国统计委员会第27次会议上通过了“游客”这一定义。根据这一定义，作为游客，必须符合以下三个基本标准。

（1）离开惯常环境，即离开常住地；

（2）在访问地（目的地）的连续停留时间不超过12个月；

（3）访问目的不应是通过所从事的活动获得劳动报酬。

二、我国对旅游者的定义

与西方国家相比，我国旅游业起步较晚。1978年改革开放以后，招徕了大批海外游客，国际旅游业迅速发展。在这种形势下，1979年，国家统计局根据我国的实际情况，从统计工作的需要出发，参照国际定义，对国际旅游者和非旅游者做了如下明确规定：旅游者是指来我国境内参观、旅行、探亲、访友、休养、考察或从事贸易、业务、体育、宗教活动、参加会议等的外国人、华侨和港澳台同胞。

此后，国家旅游局结合我国旅游业发展的实际情况，对国际旅游者做了进一步解释，完善了国家统计局的规定。目前，我国对海外游客的相关解释和有关规定包括以下内容。

凡纳入我国旅游统计的来华旅游入境人员统称为海外游客。

海外游客是指来我国大陆观光、度假、探亲访友、就医疗养、购物、参加会议或从事经济、文化、体育、宗教交流活动的外国人、华侨、港澳台同胞。其中外国人是指属于外国国籍的人，包括加入外国国籍的中国血统华人；华侨是指持有中国护照，但侨居外国的中国同胞；港澳台同胞是指居住在我国香港地区、澳门地区和台湾地区的中国同胞。

按照在我国大陆访问期间停留时间的长短，海外游客可以划分为海外旅游者（过夜游客）和海外一日游游客（不过夜游客）。

海外旅游者（过夜游客）是指到一个国家作短暂访问至少逗留24小时的游客。其旅行目的可分为以下两个方面的内容：一是消遣目的，包括娱乐、度假、疗养保健、学习、宗教、体育活动；二是商务目的、家庭事务、公务出差、出席会议。

海外一日游游客（不过夜游客）是指到一个国家作短暂访问逗留不足24小时的游客（包括海上巡游旅行者）。那些在法律意义上并未进入所在国的过境旅客（如没有离开机场中转区域的航空旅客）不能被视为旅游者。

同时还规定，海外游客不包括以下八种人。

（1）应邀来华访问的政府部长以上官员及其随行人员；

（2）外国驻华领事馆人员；

（3）常驻我国一年以上的外国专家、留学生、记者、商务机构人员等；

（4）乘坐国际航班过境，不需要通过护照检查进入我国口岸的中转旅客；

（5）边境地区（因日常工作和生活而入出境）往来的边民；

（6）归国定居的华侨、港澳台同胞；

（7）已在我国大陆定居的外国人和原已出境又返回我国大陆定居的外国侨民；

（8）归国或出国工作人员。

在现实生活中，人们不会把“游客”和“旅游者”两个词区别开来使用。而且，人们习惯把两者统称为“旅游者”。但是，随着我国旅游业与国际接轨，“游客”这一专业术语逐步用于旅游统计中。1999年6月国家旅游局和统计局所制定的《旅游统计调查制度》又进一步明确了“游客”的概念：游客是指任何为休闲、娱乐、观光、度假、探亲访友、就医疗养、购物、参加会议或从事经济、文化、体育、宗教活动，离开常住国（常住地）到其他国家（或地方），其连续停留时间不超过12个月，而且在其他国家（或地方）的主要目的不是通过所从事的活动获取报酬的人。

游客按出游地分为国际游客（海外游客）和国内游客。按出游时间分为旅游者（过夜游客）和一日游游客。

在我国的国内旅游统计中，对纳入国内旅游统计范围的人员统称为国内游客。国家统计局为了统计的需要，对国内游客作出了相关规定。国内游客是指任何因休闲、娱乐、观光、度假、探亲访友、就医疗养、购物、参加会议或从事经济、文化、体育、宗教活动而离开常住地到我国境内其他地方访问，连续停留时间不超过6个月，并且访问的主要目的不是通过所从事的活动获取报酬的人。在这一定义中，所谓的“常住地”是指一个人在近一年的大部分时间内所居住的城镇（乡村），或者虽然在这个城镇（乡村）只居住了较短的时期，但在12个月内仍将返回的这个城镇（乡村）。根据这个解释，国内游客应该包括那些在我国大陆境内住满一年之后，离开其常住地到我国大陆境内其他地方去旅游和访问的外国人、华侨和港澳台同胞。

国内游客分为两类，即国内旅游者和国内一日游游客。

国内旅游者是指我国大陆居民离开常住地到境内其他地方的旅游住宿设施内至少停留一夜，最长不超过6个月的国内游客。

国内一日游游客是指我国大陆居民离开常住地10千米以上，出游时间超过6小时，但不超过24小时，并未在境内其他地方的旅游住宿设施内过夜的国内游客。

同时还规定，以下人员不在国内游客统计之列。

（1）到各地巡视工作的部级以上领导；

（2）驻外地办事机构的临时工作人员；

（3）调遣的武装人员；

（4）到外地学习的学生；

（5）到基层锻炼的干部；

（6）到境内其他地区定居的人员；

（7）无固定居住地的无业游民。

出境游客是指我国（大陆）公民因公或因私出境前往其他国家或地区观光、度假、探亲访友、就医疗养、购物、参加会议或从事经济、文化、体育、宗教活动的人。

按照我国对旅游者的定义，应该把握旅游者的以下特征。

（1）异地性　即旅游者必须是离开常住地，去异国他乡参观访问的人。

（2）短暂性　旅游者前往异国他乡进行参观访问具有暂时性的特点，不可导致永久性居留（国际通用统计方法是访问时间在12个月之内的属于旅游者）。

（3）娱乐性　旅游者外出旅游，主要动机是为了获得精神上的满足。

基于以上对旅游定义的探讨以及世界各国对旅游者定义的回顾，我国对旅游者的定义为：旅游者是指暂时离开常住地（不超过24个小时），通过游览、消遣等活动，以获得精神上的愉快感受为主要目的的人。

旅游者根据其活动范围，划分为国际旅游者和国内旅游者，其中国际旅游者又可根据其流向的不同而分为国际入境旅游者和国际出境旅游者；另外，根据旅游者外出游览时间的长短，又可分为过夜旅游者和一日游游客。

任务2　旅游者产生的条件

在人类社会早期，社会发展水平低下，不存在旅游活动和旅游者。只有社会生产力发展到一定水平之后，才逐步出现了旅游活动，产生了旅游者。一般说来，一个人要实现其旅游活动，成为旅游者需要具备一些条件。因此，要成为旅游者，经济收入水平、闲暇时间以及其他一些客观因素是人们外出旅游的外在条件，而人们主观上具有外出旅游的动机是旅游活动产生，旅游者形成的内在驱动力。两者相辅相成，缺一不可。只有同时具备了这两个条件，旅游者才能产生。

一、旅游者产生的客观条件

（一）可自由支配收入

旅游活动是一种高级消费活动，旅游者在旅游的过程中，食、住、行、游、购、娱都需要以一定的经济收入作为基础。因此，要实现旅游的首要条件是必须具备一定的经济实力。旅游消费与一般商品的消费不同，它属于享受性消费或发展性消费的一种。因为旅游消费不是用于满足人们基本生理需要而进行的消费，而是人们在物质生活领域、精神生活领域谋求舒适、惬意和满足而作出的支付选择。因此，一个人要成为旅游者，就必须在生存性需要得到满足后还有剩余的足够自由支付的货币，只有这样才可能产生旅游需要。

第二次世界大战之后，世界旅游之所以得到迅速发展，与客观经济条件的改善是分不开的。经济的发展使许多国家的人均收入迅速增加，那些经济基础较为雄厚的西方国家更是如此。人们收入水平的提高对旅游的迅速发展和普及无疑起到了极其重要的作用。国际上有这样的经验统计：当一个国家人均国民生产总值达到800美元时，就会产生旅游动机，如表4-1所示。

表4-1　人均国民生产总值与出游动机的关系

人均国民生产总值范围（美元）	800~1000	4000~10000	≥10000
出游动机范围	国内旅游动机	出国旅游动机	全球旅游动机

资料来源：吴忠军.旅游概论[M].北京：中国财政经济出版社，2005。

人们能否进行旅游活动、如何选择旅游目的地和旅游消费水平的高低，在很大程度上取决于旅游的经济条件，所以，经济条件对旅游者的旅游活动具有决定性意义。一般而言，旅游者的旅游活动与旅游者的经济条件是成正比的。但是一个人或家庭的收入并非全部用于旅游，所以，一个人能否成为旅游者的决定条件之一是可自由支配收入。也就是说人们只有在满足衣、食、住、行的基本生活需要之后，才能进行各种选择，其中包括旅游活动的选择。

与旅游者产生有关系的经济条件，主要是指收入水平，尤其是指可随意支配的收入。所谓可支配收入（Disposable Income）指的是除全部纳税后的收入。在可支配收入中，又分为必须支配收入和可自由支配收入两个部分。必须支配收入包括日常生活消费（衣食住行）、社会消费（健康和人寿保险、老年退休金和失业补贴的预支等）、一般的家庭耐用品等。可自由支配收入（Discretionary Income）指的是在一定时期内个人的全部收入扣除全部纳税、社会花费、日常生活必须消费部分以及预防意外开支的储蓄后的余下的收入部分。这一部分收入可供人们自由选择它们的用途，因而个人收入中可用于旅游活动的是可自由支配收入部分。

很多研究表明，当一个家庭的收入尚不足购买基本必需品时，该家庭很少会外出旅游。然而一旦这个家庭的收入超过这一临界点，该家庭用于旅游的消费便会迅速增加。因此，可自由支配收入意味着人们可随意选择其用途，也就是一个家庭真正可用于旅游活动的收入部分。一个人或一个家庭的可自由支配收入越多，旅游的可能性就越大。可以看出，可自由支配收入是旅游者产生的最重要的客观条件。

一个人或家庭的可自由支配收入水平可以通过恩格尔系数进行相对衡量。恩格尔系数越低，则表明可自由支配收入水平越高。

小知识

恩格尔系数

1857年，世界著名的德国统计学家恩格尔阐明了一个定律：随着家庭和个人收入的增加，收入中用于食品方面的支出比例将逐渐减小，这一定律被称为恩格尔定律，反映这一定律的系数被称为恩格尔系数。其公式表示为：

恩格尔系数（%）=食品支出总额/家庭或个人消费支出总额×100%

恩格尔定律主要表述的是食品支出占总消费支出的比例随收入变化而变化的一定趋势。揭示了居民收入和食品支出之间的相关关系，用食品支出占总消费支出的比例来说明经济发展、收入增加对生活消费的影响程度。根据联合国粮食和农业组织提出的标准，恩格尔系数在59%以上为贫困，50%～59%为温饱，40%～49%为小康，30%～39%为富裕，低于30%为最富裕。

收入水平意味着支付能力，而可自由支配收入的水平则决定着他们的旅游支付能力，它从以下方面影响着旅游者的产生。

（1）影响着一个人能不能成为旅游者；

（2）影响着旅游者对旅游目的地即旅游活动范围的选择；

（3）影响着旅游方式的选择；

（4）影响着旅游者外出逗留时间的长短；

（5）影响着旅游者的消费水平和消费结构等。

旅游者的出现与人们物质生活条件的改善和收入水平的提高有极为密切的关系，特别是可自由支配收入是影响旅游需求的最重要的物质基础。

（二）足够的闲暇时间

一个人即使具备了足够的可自由支配收入，也不一定能称为旅游者。因为，旅游者必须离开常住地前往旅游目的地游览，需要旅游者拥有足够的闲暇时间。因此，拥有足够的闲暇时间也就构成了一个人产生和实现旅游需求所具备的又一个基本条件。

何为闲暇时间？一般情况下，人的全部活动时间可以分为谋生活动时间、满足生理需要的生活时间、必需的社交活动时间和闲暇时间四大部分。谋生活动时间是指人们为了维持生存外出工作以赚取货币的时间，包括法定的就业工作时间和必要的附加工作时间。生活时间是为了满足人们的生理需要（如吃饭、睡觉等）以及处理日常琐事（如家庭事务、必要的社交活动等）而花费的时间。必需的社交活动时间是指必须与社会交往而付出的时间。闲暇时间也可以称为自由时间或可自由支配的时间，是指个人在扣除用于劳动、满足生理需要、参加必要的社会交往活动等之后剩下的可由自己自由支配的时间。换句话说，闲暇时间是指个人拥有的不受其他条件限制、完全可以根据自己的意愿去从事消遣娱乐或其他感兴趣的事情的时间。在闲暇时间里，人们可以通过一些休闲娱乐活动达到放松身心的目的，有助于再投入工作进行生产。所以，从社会角度来看，闲暇时间是以时间形态存在的宝贵的社会财富。

个人闲暇时间增多是社会发展的结果，这是因为社会生产力水平的提高，使社会化必要劳动时间缩短，从而缩短了个人谋生的时间和家务劳动的时间，个人闲暇时间就会相应延长。闲暇时间虽然是产生和实现个人旅游需求的必要条件，但是并不是说任何闲暇时间都可以用于参与或完成旅游活动，一个人只有拥有足够的闲暇时间才有可能实现外出旅游。

在现代社会，闲暇时间分为四种，即每日闲暇、每周闲暇、公共假日和带薪假期。

1. 每日闲暇

每日闲暇是每天工作、学习、家务、社交等必需的时间之外的其他时间。这部分时间不是很集中，而是零散地分布在一天的几个时间段，可以用来开展一些休闲和娱乐活动，如看电视、听音乐、聊天等，但却很难用于外出旅游。

2. 每周闲暇

每周闲暇通常指周末休息时间或每周轮休时间。自1995年5月1日起我国开始实行每周5天工作制，全年累计周末休息时间104天，人们的闲暇时间大大增加。这为我国居民，尤其是城市居民外出开展近距离旅游活动创造了条件，大大地刺激了城市周边景区的发展。但是由于时间较短，人们难以开展远距离的旅游活动。

3. 公共假日

公共假日即通常说的法定节假日。由于各国不同的历史文化和宗教信仰等方面的原因，其传统节日也各不相同，因此不同国家公共假日的次数和时间也有差别。西方国家最典型的公共假日是圣诞节和复活节。若与每周闲暇时间连在一起，这段时间往往是家庭或结伴外出短期旅游的最高期。2007年12月，国务院采取世界各国公共假日重视传统节日、实行带薪休假的普遍做法，对我国假日制度进行了综合配套改革，对《全国年节及纪念日放假办法》进行了第二次修订，保留春节和国庆节的3天假期，将劳动节改为1天，元旦1天不变，增加清明、端午和中秋各1天法定假日。至此，全国法定公共假日为11天。各地政府也常常把元旦、清明、劳动节、端午节、中秋节的前或后一个双休日合并在一起，这些节日各自为3天，为人们开展外出旅游提供了小长假。事实证明，公共假日闲暇时间往往是家人或亲朋好友团聚的大好时机，也是人们外出探亲访友或旅游度假的高峰时间。

近年来，我国出现的异常火爆的“黄金周”（春节、国庆节）旅游现象，就是人们对闲暇时间的利用。“黄金周”旅游已经取得了显著的经济效益和社会效益，它有力地带动了交通、商业、餐饮等行业的发展，使之成为假日经济中的龙头和亮点。

4. 带薪假期

带薪假期是对就业员工实行的一种带薪休假制度。目前，世界上许多国家都实行了带薪休假制度。这是产业革命后，工人阶级不断斗争的结果。每个国家实行的带薪休假的情况各有不同。法国是第一个以立法形式规定员工享有带薪假期的国家，它在1936年规定每年每个劳动者享有6天的带薪假期。此后，各国的带薪假期普遍有所增加，例如瑞典员工享有的带薪假期是每年5~8周；美国的带薪假期是每年2~4周；西欧各国的带薪假期是平均每年4周。这是人们开展远程旅游活动的绝好机会。目前我国接待的欧美游客中，大部分人都是利用自己的带薪假期来华旅游的。

我国新出台的《职工带薪年休假条例》规定“职工累计工作已满1年不满10年的，年休假5天；已满10年不满20年的，年休假10天；已满20年的，年休假15天”。从目前我国旅游的发展状况来看，主要是通过“黄金周”“小长假”和周末闲暇时间来拉动旅游，带薪假期制度还未完全发展起来。享受带薪假期的人只是少数，如教师、公务员等，然而这部分人利用假期进行旅游度假的也是少数。当然我国一些企业也有实行“奖励旅游”假期的，这实际上是带薪假期的另一种形式，但是大部分领域还没有实现带薪休假。随着社会的进步，我国带薪假期也会逐步实行。

综上所述，在四种闲暇时间中，公共假日与带薪假期对人们出游具有更重要的现实意义。闲暇时间不仅决定着潜在的旅游者能否成为现实的旅游者，而且也影响着旅游者的旅游方式和旅游活动的内容，以及在旅游目的地逗留时间的长短。总而言之，旅游活动的开展需要足够的闲暇时间。而对于就业人员来说，必须拥有一定数量而且相对集中的闲暇时间，特别是带薪假期，才能实现外出旅游。

（三）其他客观条件

除了可自由支配收入和足够的闲暇时间这两大基本的客观条件外，一个人能否成为旅游者还会受其他客观因素的制约。主要体现在以下几个方面。

1. 个人因素

年龄、性别、身体状况、家庭人口结构及受教育程度等都有可能影响一个人的旅游活动的实现。但其中有两个因素更为重要，一是个人身体健康状况。一个人要出去旅游就必须具备较好的身体条件。根据国家旅游局对来我国大陆的国际旅游者的统计，年龄在50岁以下者占旅游总人数的80%左右。但是随着人们生活水平的提高和医疗保健技术的发展，人类的平均寿命也在不断地增长。20世纪90年代以来，老年人参加旅游的比例逐步增大，已经充分显示出其巨大的发展潜力。因此，“夕阳红”队伍已经逐渐成为旅游市场上的主力军之一。二是家庭状况。很多调查表明，45岁以下的未婚成年人由于身体好、无牵无挂、加之收入等因素的影响，外出旅游的可能性最大。有4岁以下婴幼儿家庭，因小孩拖累，外出旅游的可能性较小。此外，男性比女性在家务负担方面少些，商务旅游多一些。受教育程度高的人，他们对世界各地信息了解比较多，探求新知的欲望比较强，外出参与旅游活动的可能性较大。

2. 社会因素

社会因素主要包括社会经济发展水平、政治制度、社会治安环境、科学技术水平等方面内容。

一个国家社会经济发展水平决定了该国公民的收入水平和闲暇时间的多少；一个国家的外交政策决定了公民旅游的权利；社会环境稳定、政治制度相近的国家和地区能吸引更多的旅游者；科学技术水平尤其是现代交通运输技术的迅猛发展为人类大规模远行提供了可能。

3. 旅游业发达程度因素

它包括旅游目的地的社会条件、可进入性和旅游产品的推陈出新等方面。一个旅游目的地的社会、经济、治安都处于较稳定的状态，旅游者就愿意前往；相反如果一个旅游目的地社会动荡、治安条件相对较差，即使该旅游目的地景点很有吸引力，旅游者也不会前往。旅游目的地的可进入性指的是旅游者进入目的地的难易程度。具体包括客源地与目的地之间的空间距离、旅游目的地的交通状况以及国际旅游中出入境的相关手续等。为了促使更多的人成为旅游者，就要求旅游活动能有文化的吸引、丰富的内容乃至冒险的趣味，通过旅游增长见识，丰富阅历。

二、旅游者产生的主观条件

一个人能否成为旅游者，除了受上述客观因素的影响外，还需要具备主观旅游的愿望，否则旅游活动也不能实现。因此，旅游者的产生还必须有促成旅游活动的心理因素——旅游动机。

（一）旅游动机

动机是什么？动机就是激励人们行动的主观因素。动机是需要的表现形式，一个人的行为动机总是为满足自己的某种需要而产生的，有什么样的需要就会以什么样的动机表现出来。

旅游动机是指一个人为了满足自己的某种需要而决定外出旅游的内在驱动力，即促使一个人有意于旅游以及确定到何处去并进行何种旅游的内在驱动力。旅游动机研究的理论基础是人类需求层次学说。旅游不是个人与生俱来的需要，而是社会发展到一定阶段的产物。旅游所满足的是一种心理需要，是旅游者或潜在旅游者对旅游环境中某种目标的渴求或欲望。

美国著名心理学家亚伯拉罕·马斯洛在1943年出版的《调动人的积极性理论》一书中，提出了“需求层次理论”。这种理论认为，人的需要是有层次之分的，这些需要层次是由低层次、基本需要向高层次、专项需要递进发展，由物质需求向精神需求发展。他把人的需要由低到高划分为5个层次。主要包括以下内容。

（1）生理的需要　即衣、食、住、行的需要；

（2）安全的需要　即生活有保障、免受伤害、免于失业的需要；

（3）社交的需要　即感情的需要、爱的需要、归属感的需要；

（4）受尊重的需要　即在社交活动中受人尊敬，取得一定社会地位、荣誉和权力的需要；

（5）自我实现的需要　即最大限度地发挥一个人的潜力的需要。

既然旅游的需要是人的需要的一个组成部分，那么用马斯洛需要层次理论来解释，旅游需要应该属于哪一个层次呢？旅游的需要实际上是一种较高层次的心理需要，一般认为，一个人不会为了满足生理需要和安全需要而外出旅游。旅游出于社交的需要，旅游活动有助于人与人之间，乃至民族与民族之间、地区与地区之间、国家与国家之间的交往和了解。旅游也可以出于受尊重的需要。受尊重的需要包括两个方面的内容，即在他人心目中受到尊重、重视或赏识以及成就、地位和自信心等自身的感受。旅游还可以出于自我实现的需要，旅游者可以是为了进行某项研究而外出旅游，进行实地考察；也可以是为了显示自己的勇气和能力而前往那些常人不敢去的地方进行探险。一般来说，人们外出消遣或度假旅游主要是为了满足精神需要。虽然人们在外出旅游期间也需要满足生理等方面的需要，但是这些需要的满足是为了保证精神需要的满足派生出来的，不能形成外出旅游的目的。

（二）旅游动机的种类

不同的需要会产生不同的动机，即使是同一个需要也可能因为人的民族、性别、年龄、职业和文化程度等因素的影响而以不同的动机表现出来。现今，随着人们生活需要的多样化和复杂化，旅游需要也日益丰富多彩，因此也导致了旅游动机的多样化。

美国著名的旅游学教授罗伯特·麦金托什在他的著作《旅游学要素、实践、基本原理》一书中，把由旅游需要产生的旅游动机划分为四种基本类型。

1. 身体方面的动机

身体方面的动机是为了身体健康而产生的动机，也就是说通过与身体健康有关的旅游活动来消除身体疲劳、心理紧张，以达到摆脱污染环境、调节生活节奏、恢复或保持身心健康的目的。这方面的动机包括度假休息、参加体育运动、娱乐消遣、温泉疗养等。

2. 文化方面的动机

文化方面的动机是人们为了了解自己的生活环境和知识范围以外的事物而产生的动机，希望寻找异域文化知识，通过了解和欣赏异国他乡的情况，包括音乐、艺术、民俗、舞蹈、绘画及宗教等增长见识。

3. 人际（社会交往）方面的动机

人际（社会交往）方面的动机是为结交新友、接触社会环境而产生的动机。基于这方面动机出游的旅游者，往往是通过探亲访友、接触他乡人民或摆脱日常事务等进行社会交往、保持与异域人群接触的需要而产生的一种旅游动机。

4. 地位和声望方面的动机

地位和声望方面的动机是为了社会地位和声望方面而产生的动机，希望通过事务旅游、会议、考察研究、追求业余爱好和求学求知等旅游活动，使旅游者实现自己受人尊重、引人注意、被人赏识、获得好名声的愿望。

旅游活动是一种综合性的活动，能够满足人们多方面的需要。因此，人们的旅游往往是多种动机共同作用的结果，只是有时是某一动机为主，其他动机为辅。

综上所述，认识旅游者产生的主客观条件对于研究旅游业十分重要。客观条件满足与否，是旅游经营者细分市场以及选择旅游目标市场时需要重点考虑的因素，了解旅游者的旅游动机类型即旅游者希望获得满足的需要，根据需要进行有针对性的规划与开发，并在宣传和促销时找准自己的卖点，激发人们的兴趣，促使人们产生旅游动机，吸引更多的人外出旅游。

任务3　旅游者的类型及其需求特点

第二次世界大战以后，世界经济振兴，随着旅游业的蓬勃发展，参加旅游活动的人越来越多。人们在出游时，由于各自在旅游目的、旅游方式、交通工具、旅游目的地距离等方面都有着不同的要求，而且研究角度和研究目的也不同，因此划分的标准难免有差异。

一、旅游者的类型

旅游者的分类，常见的划分标准有以下几种。

（1）按旅游范围划分　有国内旅游者、国际旅游者、洲际旅游者、环球旅游者等。

（2）按组织形式划分　有团体旅游者、散客旅游者、包价旅游者等。

（3）按费用来源划分　有自费旅游者、公费旅游者、奖励旅游者等。

（4）按消费水平划分　有经济型旅游者、大众型旅游者、豪华型旅游者等。

（5）按交通工具划分　有飞机旅游者、火车旅游者、汽车旅游者、自行车旅游者、徒步旅游者等。

（6）按出行目的划分　有观光型旅游者、娱乐消遣型旅游者、个人及家庭事务型旅游者、文化知识型旅游者、医疗保健型旅游者、商务型旅游者、生态/探险型旅游者、宗教型旅游者等。

二、旅游者的行为特征

无论运用哪种标准来划分旅游者的类型，都可以发现不同类型的旅游者所表现出的特点皆有共性，但差异也很大。下面仅对按出行目的划分的各种类型的旅游者的特点作简要说明。

（一）观光型旅游者

观光型旅游者是以参观、欣赏自然景观、名胜古迹、风土人情等为主要目的，同时还可以与购物、娱乐、考察、公务等相结合，观光旅游产品是旅游业发展的最初阶段产品，它的发展与旅游资源密切相关。它是世界上最古老、最常见、最基本的旅游者类型，也是目前我国旅游者类型的主体。

其特点是：喜欢到知名度高的地方旅游，希望通过观赏游览异国他乡的自然景观和人文景观，增长见识、开阔视野、陶冶情操，获得新、奇、异、美、特的感受；在旅游地逗留时间短、重游率低、花费较少，对旅游景点特色和价格比较敏感。

（二）娱乐消遣型旅游者

这种类型的旅游者在全部外出旅游人数中所占比例最大。娱乐消遣型旅游者是为了改变环境，调剂生活，以松弛精神、享受临时变换环境所带来的欢娱为主要目的。由于娱乐消遣型旅游能够调节人们的生活节奏，摆脱日常紧张工作带来的烦恼，该种类型的旅游者日趋增多。

娱乐活动是旅游活动中不可或缺的重要组成部分。随着大众观光旅游逐渐向休闲度假旅游、主题旅游过渡，“娱”作为传统观光旅游“六要素”中弹性最大的要素，将占有越来越重要的地位，成为旅游花费支出的主要部分之一。

其特点是：追求娱乐、参与、消遣、刺激和享受；对旅游产品的质量、旅游安全和价格比较敏感；外出季节性较强，几乎都会选择旅游目的地最好的季节，利用带薪假期外出旅游；对旅游目的地和旅行方式的选择自由度大；重游率较高，出游和停留时间较长。

（三）商务型旅游者

这种类型的旅游者是旅游业的另一重要市场。商务型旅游者是根据工作需要，以贸易合作、商务洽谈、出席会议、举办展览、科学文化交流等为主要目的，包括公务旅游者、会议旅游者等，他们在完成公务的前提下进行参观游览等活动。

其特点是：有一定的身份地位，对旅游产品和服务质量要求较高；公务在身，对旅游目的地和旅游时间没有太多选择余地，一般以就近短途和短时为多；人数相对较少，但出行次数较多，季节性不强。

（四）个人及家庭事务型旅游者

这类旅游者的需求比较复杂。他们在需要方面不同于娱乐消遣型旅游者和商务型旅游者，但又兼具两者的某些特点。个人及家庭事务型旅游者是出于探亲访友、健康医疗、出席婚礼、参加开学典礼、购物和解决其他事务及个人事务而出行的旅游者。

其特点是：出行季节性较差；对旅游价格比较敏感；没有选择旅游目的地的自由。

（五）医疗保健型旅游者

医疗保健型旅游主要有疗养旅游、休闲度假旅游、温泉旅游、森林旅游、体育保健旅游、气功专修旅游等形式。医疗保健型旅游者主要是为了通过参加有益于身体和心理健康的旅游活动，达到治疗某些慢性疾病、消除日常工作疲劳、减少疾病、增进身体健康的目的。

其特点是：有明确的目的性，以保健为主、娱乐为辅，是旅游与健身的有机结合；喜欢到环境质量好的地方；有较高的收入、较多的闲暇时间；保持健康或恢复健康的欲望较强；对旅游项目中保健、康体、医疗等功能比较敏感；中老年人比重较大，停留时间较长；近距离旅游者为多。

（六）文化知识型旅游者

文化知识型旅游是一种旨在观察社会、体验民族民俗民风、丰富历史文化积累、增长知识的旅游形式。文化知识型旅游者的主要目的是通过文化知识旅游达到积极的休息和娱乐，同时获得知识的启迪和充实。

其特点是：具有较高的文化素养，较强的求知欲；具有某种专长或特殊兴趣，乐于与人切磋交流；对导游的文化知识基础有较高的要求，对旅游日程安排的周密性和旅游线路的科学性比较敏感。

（七）生态/探险型旅游者

生态/探险型旅游是目前国际国内旅游市场新兴起的一种高级旅游形式，它强调观光旅游、自然保护与文化保存相结合，是一种肩负环境责任、具备环境伦理的旅游新项目。生态/探险型旅游者的主要目的是通过旅游达到接触大自然、了解大自然、宣传和保护大自然，同时获得知识的启迪和充实。

其特点是：具有较高自然科学、社会科学综合知识和生态意识，较强的求知欲；具有某种专长或特殊兴趣，乐于与当地居民交流；一般经过专门的培训，有基本生存本领；对接待设施和服务内容相对较宽容，但对旅游日程安排的周密性和旅游线路的科学性比较敏感。

（八）宗教型旅游者

宗教型旅游是指以宗教朝圣、拜佛、求法、祈福、取经、考察等为主要目的而进行的旅游形式。它是世界上最古老和稳定的旅游形式，并且一直延续到现代。宗教型旅游者的主要目的是通过旅游达到宗教交流、陶冶身心、祈求平安。

其特点是：旅游目的地很明确；具有宗教信仰、知识或出于兴趣；注重宗教景点场所的原真性和接待形式的规范性，强调灵验性和归宿感；具有很高的市场稳定性和重游率，且出游时间比较固定。

任务4　旅游者的流动规律

一、旅游流的含义

旅游流是指旅游者借助交通工具从出发地到旅游目的地移动形成的客流。研究旅游流可以分析旅游客源地的旅游人数情况和旅游的需求，为旅游目的地吸引更多旅游者提供可靠依据；可以反映旅游者的流动规律，为分析和研究旅游市场动态变化提供重要依据。旅游流是由旅游者流向、旅游流流量和旅游流时序三个重要指标组成。

（1）旅游者流向　是指一定时期内旅游者流动的具体方向，即一定时期内旅游者根据自己的旅游动机与经济能力及其他客观条件因素所选择的目的地。由于社会经济、历史文化、地理位置、外交关系等各种复杂因素的影响，使旅游目的地和旅游客源地时间有很大的差异性，从而在一定时期内的旅游客流流向呈现出一定倾向。

（2）旅游流流量　是指流向同一目的地国家或地区的旅游者数量。旅游流流量可以反映旅游客源地一定时期内出游人数的数量和规模，还反映旅游目的地一定时期内接待来自各地旅游者的数量。

（3）旅游流时序 是指旅游活动发生和持续时间的长短，可以反映旅游客流的时间集中性和流速。旅游流的流速反映旅游者在旅游地停留时间的长短，决定旅游者旅游消费支出的多少，对旅游目的地的经济收入有相应的影响。

二、旅游者的流动规律

旅游者的流动规律是指旅游者在一定时期内，在流向和流量方面呈现的一定的规律性，研究旅游者流动规律，有助于我们更好地做好旅游规划，开拓旅游市场。旅游者流动规律具体表现在以下几方面。

（一）近距离旅游者流动多，远距离旅游者流动少

在世界旅游市场中，无论国内旅游还是国际旅游，无论是旅游人次还是旅游收入，都主要取决于旅游距离的远近。近距离旅游占绝对优势，其流动量最大。国际旅游由于受旅游市场距离和国际交通条件的影响，大多数国际旅游客流限于洲际内的短程旅游。例如，欧洲是世界旅游业最发达的地区，它每年接待的国际旅游者约占全世界国际旅游总人数的70%，而绝大部分是本地区产生的旅游者，约占72%。从日本出国旅游的传统目的地看，主要是与其邻近的夏威夷，以及韩国、中国香港地区、中国台湾地区、泰国等东亚、东南亚国家和地区。另外，美国是一个主要的旅游产生国，每年去加拿大和南美等邻近国家旅游的游客人数占其出国旅游总人数的2/3以上。随着世界经济的发展、科学技术的进步，特别是大型客机、高速列车等现代化交通工具的迅速发展和互联网等信息技术的革命，世界远距离旅游的比重在不断增加。

旅游者的旅游活动之所以集中在邻近国家和地区，主要有以下几方面的原因。

（1）省钱 由于距离近，因而能够节约一笔数目可观的交通费用。

（2）省时 闲暇时间是旅游者外出旅游的必要条件之一，而很多人则由于工作忙，带薪假期有限，很难在旅游方面花费大量宝贵时间。因此，邻近国家和地区就成了他们的首选目的地。

（3）方便 邻近国家和地区往往具有相同的语言、类似的文化，因而对于旅游者来说，在食、住、行、游、购等方面可以获得很大的便利。另外，邻近国家之间为了发展经济不仅互免签证，还可以自己驾车旅行，既方便，又自由、省时，一天之内可以穿越好几个国家和地区，这也使得近距离旅游人数增加。

（二）流向风景名胜地区和文化特色显著区

吸引旅游者取决于旅游供给方提供旅游产品的特色。只有集景、意、境、情、美为一体的风景名胜区和特色显著区才能吸引旅游者，实现其对自然美、社会美和艺术美的追求。因此，旅游者总是从世界各地（包括其他风景名胜地区和非风景名胜地区）流向风景名胜地区和文化特色显著区。这是旅游者最普遍的流动规律。

（三）从经济发达国家（地区）流向经济不发达国家（地区）

经济发达的国家（地区），人们的平均收入水平比较高，从而为人们外出旅游提供了必要的经济条件。因此，发达国家（地区）就自然而然地成为旅游输出国和地区。而在经济不发达的国

家（地区），除了基本的食宿需求以外，人们能够用于旅游活动的可自由支配的收入非常有限，所以外出旅游很难成行。因此，这些国家（地区）在世界旅游业中只能充当旅游接待国（地区）的角色，凭借其美丽的山川湖泊、海洋、沙滩和阳光以及独特悠久而又丰富多彩的文化资源吸引经济发达国家（地区）的人们前来观光、游览，从而导致旅游者从经济发达的国家（地区）流向经济不发达的国家（地区）。

（四）从一个经济发达的国家（地区）流向另一个经济发达的国家（地区）

发达国家（地区）本身也有独特的旅游资源吸引来自其他发达国家（地区）的旅游者前来观光、游览。除了美丽的自然景色以外，它们往往还有迷人的城市风光和独特的现代文化，因而，也吸引着大量的旅游者。另外，经济发达的国家（地区）之间，经济联系较为密切，商业往来频繁，因而，商务旅游者人数非常多，这就使得旅游者在经济发达的国家（地区）之间的流动成为现实。

（五）从严寒地区流向温暖地区及反方向的流动

气候对旅游者的流向有着重要影响。在寒冷的冬季，人们为了避寒，往往要到温暖的国家和地区旅游，而在炎热的夏季，旅游者为了消暑，则又选择天气凉爽的国家和地区作为目的地。以夏威夷为例，每年的12月至次年4月，正是夏威夷的旅游旺季，而此时北美地区的旅游者就大批向这里移动。而我国的哈尔滨在隆冬时节，则依靠其“千里冰封，万里雪飘”的北国风光和迷人的冰灯游园会吸引着大批来自中国香港等温暖地区的旅游者。因此，旅游者在严寒地区和温暖地区之间的流动是可逆的。

（六）流向政治、经济和文化中心

一般而言，一个国家（地区）的政治、经济、文化中心都是大城市。它们或是国家首都、地区首府，或是经济中心城市，全面反映出该国（地区）的物质条件、经济实力、交通设施等方面的水平，成为国家（地区）的象征，能够使旅游者在政治、经济、文化等方面获得多种满足，因此受到旅游者的青睐，也往往成为某一地区的旅游集散地。

三、影响旅游者流动的因素

以上是旅游者带有普遍性的流动规律。除此而外，在一定时期旅游者的流动还要受到诸多因素的影响。

（一）旅游设施的接待能力和旅游业服务质量

旅游设施的接待能力是制约旅游业发展的一个主要因素。在我国旅游业发展的前十年，由于饭店数量严重不足，交通运输能力有限，致使很多海外游客望而却步。进入20世纪90年代，交通运输及住宿设施得到极大改善，但服务质量问题又成为制约我国旅游业进一步发展的突出问题。现如今，随着对外开放的加深和旅游业的发展，我国旅游业的服务质量已得到较大提高。

（二）汇率

汇率是一国货币对另一国货币的比价，它反映一国货币相对于另一个国家货币的购买力情况。汇率的变化将直接影响国际旅游者的流向与流量。一国货币相对于另一国货币币值的上升，将使来该国的另一国旅游者人数减少，流向发生变化；相反，一国货币相对于另一国货币币值的下跌，则会导致赴该国旅游的另一国旅游者人数增加。例如，2007年由美国次贷危机引发的金融危机，使得美元相对于人民币持续贬值。而始于2010年的欧洲主权债务危机，也使欧元开始贬值。与此同时，人民币则依靠中国强劲的经济发展动力，持续升值。美元和欧元的相继贬值，不仅影响了国际旅游者的流量，也使游客的流向发生变化。

（三）价格

旅游产品的价格直接影响旅游者消费支出的多少，因此，它对旅游者的流动有着重要影响。一般来说，一个国家旅游费用的上升将使来该国旅游的旅游者人数减少，游客流向发生转移。相反，旅游费用的下降，则会吸引更多的国际旅游者赴该国旅行。

（四）促销

现代社会是一个信息社会，旅游者处于各种旅游广告、宣传和推销活动的包围之中。虽然旅游者对一些夸大其词的宣传常常产生反感情绪，却又无法抵御强大的旅游宣传活动对他们的影响。在选择旅游目的地，做出旅游决策时，旅游接待国企业和政府的宣传活动仍然对旅游者的决策起着指导作用，甚至是决定性的影响。

（五）政策

旅游者的流动还受到各国发展旅游业的政策影响。很多国家为了发展旅游业，制定了很多优惠政策。还有一些国家则纷纷开放边境，互免旅游签证，提高了去该国旅游的可进入性，以方便旅游者前来观光游览。

（六）军事

战争一向是发展旅游业的天敌。旅游者外出旅游是以人身、财物的安全为前提条件的。军事行动将会使旅游者望而却步，从而改道前往其他安全的国家（地区）。例如，20世纪90年代，南斯拉夫各国之间连绵不断的战争，不但使该地区人民的生命和财产遭受损失，同时也扼杀了当地的旅游业。

（七）政治

国与国之间政治关系的变化也会影响两国旅游业的发展，使旅游者的流向发生变化。另外，具有一定政治目的的恐怖活动也会影响旅游者的流向与流量。例如，中东恐怖分子对欧美游客的袭击就严重地影响了这些国家和地区旅游业的发展。

（八）社会环境

稳定的社会环境、热情好客的人民能够吸引外国旅游者前来观光游览。相反，对外国旅游者不友好的态度，充满敌意的言行会把旅游者吓跑。例如，西藏发生的多起打砸抢伤事件，使得许多旅游者纷纷取消了去西藏旅游的计划。

由于影响旅游者流动的这些因素是不断变化的，因此，旅游者的流向和流量本身也是处在不断变化之中的，是一个动态的概念。

任务5 旅游者的权利和义务

随着旅游在各国人民生活中的重要性不断提高，它对各国社会、经济、文化、教育领域所产生的直接和积极的影响也在不断扩大，在这种背景下，世界旅游组织第六次一般性全体大会于1985年9月17日至26日在保加利亚首都索非亚召开。这次大会回顾了《联合国宪章》《马尼拉世界旅游宣言》《世界人权宣言》和《国际经济、社会和文化权利公约》等的精神，并庄严重申：正如人们有工作的权利一样，每个人的基本权利自然也包括在居住国或海外享有休息、娱乐和带薪假期的权利，以享受旅游带来的好处。

根据大会所提出的《旅游权利法案和旅游者守则》，规定了旅游者在旅游活动中的权利和义务。

一、旅游者的权利

（1）世界各国承认，每个人有休息和娱乐的权利，有合理限定工时的权利，定期带薪休假的权利，并在法律范围内不加限制地自由往来的权利。

（2）旅游者在本国或外国，应能自由地进入旅游景点和旅游地；在过境地和逗留地，除现有规定和限制之外，应能自由往来。

（3）在进入旅游景点、旅游地，以及在过境地和在某地逗留时，旅游者应该享有以下方面的权利：

① 官方旅游机构和旅游服务供应商向旅游者客观、准确和完整地提供关于他们在旅行和逗留期间所有条件和设施的信息；

② 旅游者人身和财产的安全，以及保护消费者合法的权利；

③ 令人满意的公共卫生，尤其在住宿、食品和交通等方面，并提供关于如何有效地预防传染病和事故的信息以及随时使用健康服务设施；

④ 能够使用迅速有效的国内或国际公共通信设施；

⑤ 为保护旅游者权利所必要的行政和法律程序及保证；

⑥ 有权进行宗教活动，并为此目标使用现有的设施；

⑦ 有关政府放宽对旅游者的行政和金融控制。

（4）每个人都有权让立法代表和公共当局了解自己的需要，从而行使自己休息和娱乐的权利，这是为了在最佳条件下享受旅游带来的益处，并尽可能在法律的范围内使之与其他人相联系。

二、旅游者的义务

旅游者在参加旅游活动的过程中，应通过他们的行为，在国家和国际范围内促进各国人民的理解和友好关系，从而对持久的和平做出贡献。

（1）旅游者必须尊重过境地和逗留地在政治、社会、道义和宗教方面已确立的秩序，并遵守所实行的条法和规定。

（2）对东道国的习俗、信仰和行为显示出最大的理解，并对其自然和文化遗产显示出最大的尊重。

（3）不过分强调存在于旅游者和当地人之间的经济、社会和文化差异。

（4）对东道国的文化应持接受的态度，因为这是构成人类共同遗产的一个组成部分。

（5）不能从事娼妓和赌博活动。

（6）不能买卖、携带和使用麻醉品和其他被禁毒品。

我国国家旅游局于2013年9月10日公布的《旅游者的主要权利和义务指南》指出：旅游者还应该履行文明旅游义务，包括遵守社会公共秩序和社会公德，尊重当地的风俗习惯、文化传统和宗教信仰，爱护旅游资源，保护生态环境，遵守旅游文明行为规范。

任务6 旅游者的素质修养

旅游活动是旅游者在不同国家（地区）之间的流动，它不仅是一种经济现象，而且是一种社会和文化现象。旅游活动和旅游行为不仅会影响旅游目的地国家（地区）的文化，同时，也会反映旅游者的素质，体现旅游客源地国家（地区）的文化和文明程度。因此，发展旅游业必须加强对旅游者的文明、礼貌教育，不断提高旅游者的素质。

一、旅游者的不文明行为

近年来，我国出境旅游发展十分迅猛，这一方面反映了我国的经济发展水平，扩大了中国的国际影响，值得国人引以为自豪。但同时一些旅游者在国外旅游目的地的所作所为，却有损国格和人格，与我国文明古国的文化背景格格不入，已经严重损害了国人的国际形象，引起旅游目的地居民的反感。

中国游客常见不文明行为包括以下几个方面。

（1）不修边幅，行为不检　夏天光着臂膀招摇过市，卷起裤管，跷起二郎腿。在酒店大堂蹲在地上。在自助餐厅吃饱之后，还拿走餐厅的食物，致使一些酒店餐厅拒绝接待中国游客。

（2）高声喧哗，旁若无人　喧哗吵闹也是中国旅行团的特色，在酒店大堂高声呼唤和交谈；在餐厅里面，把中国敬酒的习俗搬出国门，大声轮番敬酒，猜拳行令，把餐厅内其他客人都吓走；在不打折的商店不守规矩高声讲价；在其他公共场所三五成群，叽叽喳喳，大声喧哗。

（3）争先恐后，不自觉排队　办理出入境手续时，总有人从“蛇形”通道的栏杆下钻来钻去，找熟人插队。在旅游景点拍照和购物时争先恐后，不自觉排队的现象也很常见。

（4）不讲卫生，随地吐痰　乱抛垃圾，随地吐口香糖，触犯国外卫生条例。有的甚至随地小便。为了防止中国游客在街道、花坛、草丛随地吐痰，一些导游煞有介事地说：“毒蛇会从中蹿出来咬你的！”

（5）大摇大摆，扎堆吸烟　虽然导游三令五申，不能以为在户外就可以吸烟，而且特别强调，到处都有监控的摄像头，违规者罚款上千元人民币。但是，仍有部分游客在禁烟区内吸烟的情况发生。

（6）不遵守公共秩序，爱占小便宜　在机场办理手续和进行安检的时候，践踏黄线；在飞机上，抢夺行李箱空位；不按机乘人员指示处理手提行李的摆放位置；和机乘人员争吵，导致整班飞机延误，甚至被驱逐离开飞机；顺手牵羊，偷走飞机厕所的牙膏、剃须水、纸巾，偷走酒店的毛巾、烟灰缸。

（7）在景点乱涂乱刻，损毁文物　在景点、文物上写上“某某到此一游”等字句；站立在公园的长凳或者桌面上拍照，弄毁公物。

（8）不爱护环境和公共设施，践踏草坪　在一些明确告知“不得入内”的地方，中国游客照样进入，摆弄风姿，大拍其照。国外的公园、草坪大都未设置栏杆，中国游客则无拘无束，进进出出。

二、提升旅游者文明旅游行为的途径

（一）做好文明教育

公民素质的提高必须从教育入手，从学校抓起，从家庭抓起，把公德建设、文明建设作为重要教学内容。文明是一种习惯，而习惯则要从小养成。因此，对青少年来说尤为重要，把怎样做人、怎样与人和自然相处，做到自强、自爱、自律作为训练的重要内容，使其养成自觉遵守社会道德和行为规范等良好的道德品质与行为习惯。儿童、青少年的文明行为，反过来会影响和教育其父母和成人的行为举止，从而使全社会公民的文明素质得以提高。

（二）出游前对游客进行文明旅游行为教育

无论是国内游还是境外游，旅行社在组团出游之前，都要专门进行出行前告知或培训。告知内容主要包括旅游目的地的法律法规、风俗习惯、礼仪规范、民族禁忌及行为方式等。告知方式要多样化和生动化，可举办旅行社出团说明会，举办文明礼仪培训，进行旅游目的地法律法规和文化习俗、民族禁忌的专题讲座，播放专门的文明礼仪教育片等。必要时还可以采取组织文明旅游考试，签订相关的“文明旅游承诺书”。

（三）强化旅行社管理

加强旅行社管理是文明旅游建设的重要环节和内容，而旅行社管理中又必须以加强导游管理和领队管理为重点。

要进一步把文明旅游建设中专门针对旅行社、导游和领队等人员的相关规定及措施形成制度，进行相关考核，纳入日常管理。要抓好旅游企业文明规范服务工作，在旅游过程中，旅行社、导游和领队要有意识地及时提醒和制止游客的不文明行为。要抓好导游和领队文明示范工作，建立相关奖惩制度，对旅游行为中做得好的旅行社、导游和领队要进行宣传、表彰和物质奖励。要抓好文明旅游的监督和考核工作，对不履行职责、造成不良影响的旅游企业和有关人员，要进行通报批评；对出现严重问题的旅行社和旅游从业人员要取消其从业资格。

（四）加强景区管理，培养文明意识

景区是游客的旅游目的地，加强景区管理是约束游客行为，培养文明旅游意识的重要场所。旅游景区应当以适当的形式设置引人注目的标语牌、宣传画和公益广告，使旅游文明行为潜移默

化、深入人心。在印制的门票和导游图上加印提醒游客文明行为的提示语句，使游客一进入景区就开始接受旅游文明教育和提示。

景区内的各种指示牌、垃圾桶以及厕所等的设置要方便、科学、合理，设计要有美感、有艺术性。要创造温馨美好的旅游环境，让游客身在其中感受文明的氛围，使文明旅游成为游客的自觉行动和行为规范。

（五）加强公众宣传，曝光不文明旅游行为

充分利用报纸、广播、电视、网络、宣传栏等大众传媒以及电视宣传片、文学创作、卡通、漫画、摄影、话剧、公益歌曲、公益广告等艺术形式，进行文明旅游宣传，同时揭露不良陋习，生动活泼地曝光和鞭挞不文明行为，促进全体公民的文明素质提高。

（六）培育旅游者的国民意识

在文明旅游建设中，必须全面培育国民意识。在出境游中，到旅游目的地所在国的时候，每个游客都在一定程度上代表了自己国家的形象，都是国家的“形象大使”，自己具体的一言一行，在很大程度上影响甚至改变着目的地所在国家的人民对中国的看法。因此，每个游客都有义务在“以热爱祖国为荣、以危害祖国为耻”思想指导下，树立国民意识，尊重他国的法律法规、风俗习惯，主动维护旅游客源国的国际形象。

（七）建立惩罚长效机制

一方面要对游客加强宣传教育，另一方面要有惩罚措施。有些陋习单靠教育是不能改变的，必须有罚款和硬性的制裁。对有令不行、有禁不止、多次犯规的游客要给予处罚，有效制止游客的不文明行为。同时，对文明行为的游客也可制定必要的奖励制度。

三、中国公民旅游文明行为公约

为提高公民文明素质，塑造中国公民良好国际形象，中央文明办、国家旅游局联合颁布了《中国公民出境旅游文明行为指南》和《中国公民国内旅游文明行为公约》。

（一）《中国公民出境旅游文明行为指南》

外交部领事司谨提醒每位公民出境旅游时要努力践行《中国公民出境旅游文明行为指南》，克服旅游陋习，提倡文明旅游行为。该指南内容如下。

中国公民，出境旅游，注重礼仪，保持尊严。

讲究卫生，爱护环境；衣着得体，请勿喧哗。

尊老爱幼，助人为乐；女士优先，礼貌谦让。

出行办事，遵守时间；排队有序，不越黄线。

文明住宿，不损用品；安静用餐，请勿浪费。

健康娱乐，有益身心；赌博色情，坚决拒绝。

参观游览，遵守规定；习俗禁忌，切勿冒犯。

遇有疑难，问使领馆；文明出行，一路平安。

（二）《中国公民国内旅游文明行为公约》

由中央文明办、国家旅游局颁布的《中国公民国内旅游文明行为公约》内容如下。

营造文明、和谐的旅游环境，关系到每位游客的切身利益。做文明游客是我们大家的义务，请遵守以下公约。

（1）维护环境卫生　不随地吐痰和口香糖，不乱扔废弃物，不在禁烟场所吸烟。

（2）遵守公共秩序　不喧哗吵闹，排队守秩序，不并行挡道，不在公众场所高声交谈。

（3）保护生态环境　不踩踏绿地，不摘折花木和果实，不追捉、投打、乱喂动物。

（4）保护文物古迹　不在文物古迹上涂刻，不攀爬触摸文物，拍照摄像遵守规定。

（5）爱惜公共设施　不污损客房用品，不损坏公用设施，不贪占小便宜，节约用水用电，用餐不浪费。

（6）尊重别人权利　不强行和外宾合影，不对着别人打喷嚏，不长期占用公共设施，尊重服务人员的劳动，尊重各民族宗教习俗。

（7）讲究以礼待人　衣着整洁得体，不在公共场所袒胸赤膊；礼让老幼病残，礼让女士；不讲粗话。

（8）提倡健康娱乐　抵制封建迷信活动，拒绝黄、赌、毒。

项目小结

1．有关旅游者的定义是人们从不同的学科角度，为了适应各自的工作或研究目的而提出的，因此很难达到统一。但是对于旅游者的定义，目前占统治地位的不是学者们的界定，而是官方的定义。

2．要成为旅游者，经济收入水平、闲暇时间以及其他一些客观因素是人们外出旅游的外在条件，而人们主观上具有外出旅游的动机是旅游活动产生、旅游者形成的内在驱动力。两者相辅相成，缺一不可。只有同时具备了主观和客观这两个条件，旅游者才能产生。

3．无论运用哪种标准来划分旅游者的类型，都可以发现不同类型的旅游者所表现出的特点都有共性，但差异也很大。

4．旅游者的流动规律是指旅游者在一定时期内，在流向和流量方面呈现的一定的规律性，研究旅游者流动规律，有助于我们更好地做好旅游规划，开拓旅游市场。

5．旅游者的权利和义务是进行文明旅游必须遵守的依据。

6．旅游活动是旅游者在不同国家（地区）之间的流动，它不仅是一种经济现象，而且是一种社会和文化现象。旅游活动和旅游行为不仅会影响旅游目的地国家（地区）的文化，同时，也会反映旅游者的素质，体现旅游客源地国家（地区）的文化和文明程度。因此，发展旅游业必须加强对旅游者的文明、礼貌教育，不断提高旅游者的素质。

自我检测

1．什么样的人属于“旅游者”？
2．旅游者产生的条件有哪些？
3．旅游者的旅游动机有哪些类型？
4．试述旅游者的流动规律。
5．在现代社会，旅游者有哪些基本的权利和义务？
6．常见游客的不文明行为有哪些？如何对游客的不文明行为加强管理？

项目五　旅游资源

学习指导

旅游资源是资源的一种，是旅游者外出旅游的核心吸引物，也是旅游业赖以生存、发展的基础，合理开发旅游资源是旅游业发展的前提条件，正确理解旅游资源的定义、特点，处理好旅游资源开发与保护的关系，对发展旅游业具有十分重要的意义。

学习目标

1．理解旅游资源的含义及特点。
2．熟悉旅游资源的分类。
3．掌握旅游资源开发的主要内容。
4．掌握旅游资源开发的原则。
5．掌握旅游资源的保护措施。

任务1　旅游资源的内涵

旅游资源是旅游的三大基本构成要素之一，是旅游活动的客体，也是旅游的吸引物，更是一个国家或地区发展旅游业的前提条件。事实证明，一个国家或地区的旅游业发展是否成功，在一定程度上取决于旅游资源的丰富程度和资源开发价值的大小。

一、旅游资源的含义

资源在自然界和社会界中是客观存在的。资源是多种多样的，如自然界中的煤炭资源、水力资源、森林资源、土地资源等；社会界中的人力资源、技术资源、资本资源等。

旅游资源是资源中的一种，是一个内涵十分丰富的概念。随着旅游需求的不断发展和多样化，旅游资源的内涵也在不断延伸。因而，人们对它的定义各有不同，各有侧重。

（一）外国学者对旅游资源的理解

西方国家将旅游资源称为旅游吸引物（tourist attractions），它不仅包括旅游地的旅游资源，而且还包括接待设施和优良的服务因素，甚至还包括舒适快捷的交通条件。

（二）我国学者对旅游资源的理解

在我国，从20世纪70年代末开始，一大批经济学家、地理学家和社会学家等相继转入对旅游学科的研究，并从不同的角度对旅游资源下了定义，其中比较具有影响力和代表性的如表5-1所示。

表5-1　旅游资源的定义

定义	作者	出处
自然界和人类社会凡能对旅游者产生吸引力，可以为旅游业开发利用，并可产生经济效益、社会效益和环境效益的各种事物现象和因素，均称为旅游资源	国家旅游局	《旅游规划通则》
旅游资源是指对旅游者具有吸引力的自然存在和历史文化遗产，以及直接用于旅游目的的人工创造物	保继刚	《旅游学概论》
凡是足以构成吸引旅游者的自然和社会因素，也即旅游者的旅游对象或目的物都是旅游资源	邓观利	《旅游概论》
从现代旅游业来看，凡是能激发旅游者旅游动机，为旅游业所利用，并由此产生经济价值的因素和条件即旅游资源	邢道隆	《谈谈旅游资源》

综上所述，旅游资源主要包含了以下四个方面的含义。

（1）旅游资源是客观存在的　旅游资源可以包括自然界和人类社会中的各种事物和因素，甚至包括为旅游业所利用的物质和环境，范围十分广泛。

（2）旅游资源对旅游者有吸引力　与其他资源相比较，旅游资源最大的特点就是能激发旅游者的旅游动机和使旅游者产生旅游行为，吸引游客到异地进行旅游观光、消遣、度假、探险、文化交流等活动。任何一项旅游资源具有吸引的定向性，主要是由人们旅游需求的多样性所决定。

（3）旅游资源必然为旅游业多利用　虽然有许多事物和现象对旅游者具有吸引力，激发旅游者的旅游动机，但因为条件限制未能为旅游业所利用，只能称其为“潜在的旅游资源”。

（4）旅游资源能够产生经济、社会和环境效益　旅游资源是一种特殊的资源，不仅要用经济效益来衡量，还应注意其社会效益和环境效益。

因此，国家旅游局和中国科学院地理研究所制定的《中国旅游资源普查规范》中，对旅游资源的定义比较确切和规范：“所谓旅游资源是指：自然界和人类社会，凡能对旅游者有吸引力、能激发旅游者的旅游动机，具备一定旅游功能和价值，可以为旅游业开发利用，并能产生经济效益、社会效益和环境效益的事物和因素”。

二、旅游资源的特点

作为一种资源，旅游资源既有其他各种资源一样的共同性质，同时作为一种特殊的资源，旅游资源又具有自己的特性。旅游资源作为旅游业的客体和旅游者参观游览的对象物，具有以下基本特点。

（一）吸引性

世界各地由于地表自然条件的差异，各种自然要素的不同组合，必然构成千差万别的自然景色和环境。同样，世界各地由于民族风貌、历史沿革的不同和经济、政治、文化等方面不同程度的发展，各国各地的文物古迹、历史遗存、时代风貌也就各不相同。对于旅游活动的主体旅游者来讲，旅游目的地具有较大的选择性，同时，又具有不可替代性。因此，旅游资源必须具有吸引旅游者的功能，才具有社会意义和经济价值。旅游活动最主要、最基本的内容就是“游”，游本身就是对事物的欣赏。无论是名山大川、奇峰异洞还是风土人情、美味佳肴等，因为他们在某种特性上具有很大的吸引力，因此才成为重要的旅游资源。可以说，旅游者的旅游动机一定程度上取决于最具有吸引力的旅游资源，吸引力越大，客流量越大。

（二）地域性

俗话说“一方水土，养一方人”，旅游资源也是如此。旅游资源的地域性又可称为垄断性。旅游资源的存在本身就需要依托特定的地域环境，在其形成过程中还受到该特定地域地理环境要素的影响和制约，因此，地理环境的区域不同必然导致其各地域赋存资源的差异化，才能满足人们的不同需要。独特的旅游资源具有特殊的使用价值，故而旅游资源的区域差异是客观存在的，旅游资源都会反映一定地理环境的特点，呈现出地域性的特点，形成了别具一格的地方特色。如埃及的金字塔，我国的万里长城、秦始皇兵马俑，以及一些唯我独有或独存的动植物，都成为最珍贵的旅游资源而吸引五洲宾客。正如许多游客讲的那样，“到了中国，没有去北京，等于没有去中国，到了北京，不去游长城，等于没有到北京”。

（三）时间性

旅游资源的旅游功能价值的发挥具有明显的时间性特征。由于具体的旅游资源地总是分布在地球的不同角落，处在不同的地理位置，这就必然受到诸如地形地貌、气候和社会文化等因素的影响和制约，主要表现为以下三个方面。

（1）时间的季节性　是指同一地理环境随季节的变化或在某一特定季节出现的某些特殊景观或特别的体验感受适合于旅游的现象。以自然景观为主的旅游资源，其季节性更为显著。

（2）时间特定性或周期性　旅游景观和事物在某一特定时间周期性地出现或发生。诸如传统的节庆，第二次世界大战后每四年举办一届的奥运会；珠海市每两年举办一次的航展，欧美国家一年一度的狂欢节；每年农历八月十六钱塘江观潮；日出日落等。

（3）时代的变异性　所谓变异性，就是它产生时并非具有旅游属性，在后来因时代的变迁或某种原因，使它发生了质的变化，形成了旅游资源，如红色旅游地、历史遗迹、名人故居等。

（四）多样性

旅游资源在内容上呈现多样性，既有自然的，又有人文的；既有景观性的，又有文化性的；既有古代遗存的，又有现代新建的；既有实物性的，又有体察性的。中国是世界上旅游资源最丰富的国家之一，资源种类繁多，类型多样，具备各种功能。中国拥有类型多样、富有美感性的、不同尺度的风景地貌景观。从海平面以下155米处的吐鲁番盆地的艾丁湖底，到海拔8848.13米的世界第一高峰——珠穆朗玛峰，绝对高差达9003米。中国不仅有纬向地带性的多样气候带变化，还有鲜明的立体气候效应，尤其在横断山脉地区，即所谓“一山有四季，十里不同天”。中国不论南北东西都有繁花似锦的美景，不仅有类型多样的海滨、山地、高原、高纬度地区的避暑胜地，而且还有银装素裹的冰雪世界，以及避寒休闲度假胜地海南岛。多样的风景地貌和多功能的气候资源，为生物界提供了优越的生存栖息环境，使自然景观更加多姿多彩。

（五）永续性和不可再生性

旅游资源和一般资源在利用上有所不同，如矿产、森林等自然资源会在人类的不断开采过程中被消耗掉了，而旅游资源在旅游者的参观游览过程中所带走的只是印象和观感，而非旅游资源本身，因此，旅游资源具有可重复使用的特点。当然也有极少数的旅游资源在旅游活动中被消耗掉，如植物的采集、美味佳肴的品尝等。从另一个角度讲，旅游资源具有不可再生性，如果旅游资源因利用或保护不当而被破坏，它可能会长期甚至永远地无法再被利用，特别是那些具有垄断性的旅游资源。因此，这就需要在开发利用旅游资源的同时，注重对旅游资源的保护。

任务2　旅游资源的类型

旅游资源多种多样，既有具体的、物态的，也有抽象的、非物质性的。由于人们所处角度不同,因此出现了多种划分方式。目前常见的划分方式有以下几种。

一、按照旅游资源本身的属性和成因分类

按照旅游资源本身的属性和成因进行分类是目前最常见的一种分类方法，它将旅游资源划分为自然旅游资源和人文旅游资源两大类。

（一）自然旅游资源

自然旅游资源是指凡能使人们产生美感或兴趣的、由各种地理环境或生物构成的自然景观。自然旅游资源的形成有一定的地质学条件，它们通常是在某种主导因素的作用和其他因素的参与下，经长期的发育演变而形成。自然旅游资源分为以下四大类。

1. 地貌旅游资源

地球经过了一个漫长的演变进程，其结构、构造、物质成分等都处于不断的运动和变化中，形成了丰富多彩的地貌景观。地貌景观是指地球内、外力综合作用于地球岩石圈而形成的各种现象和事物的总成。地貌是构成自然景观的基本条件，是自然景观存在的地域基础。

（1）登山旅游景观　一般是指海拔在5000米以上的极高山。这些山体峰高坡陡，终年积雪，人迹罕至，特别适合开展登山活动和山地科学考察活动。我国的这类旅游资源主要分布于青藏高原及其周围地区的喜马拉雅山脉、喀喇昆仑山脉、祁连山脉、昆仑山脉等。

（2）风景名山旅游资源　构成风景名山必须具备“景、僧、史、宝”四个特征中的一个或几个。景，是指风景优美，这是构成名山的基础性和决定性因素；僧，是指名山应该是宗教活动中心，所谓“天下名山僧占多”“山无寺不名”，说的就是这个道理；史，是指名山要与重大历史事件和著名历史人物有一定的联系；宝，是指名山中要藏有宝藏或名贵物产。如我国的五岳（东岳泰山、西岳华山、北岳恒山、中岳嵩山、南岳衡山）、四大佛教名山（山西五台山、四川峨眉山、安徽九华山、浙江普陀山）、玉龙雪山等。

（3）岩溶地貌旅游资源　岩溶地貌也称为喀斯特地貌，指可溶性的碳酸盐岩类在含有二氧化碳的水的溶蚀、侵蚀作用下形成的各种地形。岩溶地貌的发育程度因气候和岩性条件不同而差异很大。在我国，该类地貌以广西、贵州、云南与湘西、鄂西等少数民族聚居地区发育最完善。以石林、峰林和溶洞三种类型最有观赏意义。

（4）火山地貌旅游资源　包括现代火山喷发时的壮丽景观和历史上的火山喷发后留下来的遗迹。在我国，该类地貌主要有位于延边朝鲜族自治州与朝鲜边境上的长白山天池、云南腾冲火山群遗迹等。

（5）风沙地貌旅游资源　包括风蚀地貌和风沙地貌两种旅游资源。前者包括风蚀蘑菇、风蚀城堡、风蚀柱等，如新疆风蚀“魔鬼城”、罗布泊“雅丹”地貌；后者是指风沙堆积作用形成的沙丘和戈壁，如月牙泉鸣沙山、宁夏沙坡头等。

（6）海岸地貌　包括海蚀地貌、海积地貌、珊瑚礁海岸、红树林海岸、岩岸、沙岸等，如台湾野柳、海南东寨港红树林等。

2. 水体旅游资源

地球有71%的表面被水所覆盖，水具有形、影、声、色、甘、奇六个方面的美学特色，水文是自然地理环境的重要组成部分，更重要的是，水与山体、水与生物、水与气候、水与建筑等，通过相互结合、交融渗透，形成许多奇妙、雅致的水文旅游资源。水文旅游资源主要包括以下四种。

（1）滨海旅游资源　滨海是由海滩及其相连的海域构成，利用海洋、海滩发展旅游业是许多国家开发旅游资源的一个重点。我国有着漫长的海岸线，有众多的海滩、岛屿，滨海旅游资源十分丰富，如海南三亚、厦门鼓浪屿、涠洲岛、普陀山、青岛等。

（2）江河旅游资源　江河的形成主要是由于水流陆地地表线形凹地的经常性或周期性运动。其中，规模大的称为江或河，规模小的称为溪或涧。长江、黄河、多瑙河、莱茵河等均是非常具有代表性的江河旅游资源。

（3）湖泊旅游资源　陆地上洼地积水形成的水域宽阔、水量交换相对缓慢的水体称为湖泊。湖泊旅游资源是在地壳构造运动、冰川作用、河流冲击等地质作用下，地表便形成许多凹地，积水成湖而形成。一般由天然湖泊和人工水库构成，如西湖、太湖、千岛湖、贝加尔湖等。

（4）瀑布和泉　瀑布是从河谷纵剖面岩坎上倾泻下来的水流，大多是山水结合，多分布于山区河流的中上游，瀑布以形、声、色三态之美先声夺人，其大小主要取决于地势落差和水量。如我国三大瀑布景区是黄果树瀑布景区、壶口瀑布景区和吊水楼瀑布景区。

泉是地下水的天然露头，是含水层或含水通道与地面相交处产生地下水涌出地表的现象。泉水常常是河流的源泉。从出水的温度划分，低于20℃为冷水泉，20~37℃为温泉，38℃以上为热泉或高热泉。我国著名的冷水泉有济南趵突泉、杭州虎跑泉；温泉有黑龙江的五大连池、广东从化温泉等。还有些泉具有很高的观赏价值，如云南的蝴蝶泉、甘肃的月牙泉等。

3. 气象气候旅游资源

气象气候旅游资源包括因天气变化而形成的各种景色，及不同气候条件下形成的各类旅游胜地。前者称为气象旅游资源，后者称为气候旅游资源。

（1）气象旅游资源　是指日月星辰在天幕上有规律的运动现象，通常发生在大气层外。目前的天文现象主要有日出、日落、日食、月食、流星、极光、极昼、极夜、彗星、陨石等景观。

（2）天气和气候景观　天气通常指一个较短时间，且具有多变性；而气候则是指一定地理环境内长时间的天气状况的综合反应。常见的天气与气候旅游资源有云海、雾凇雨凇、烟雨、避暑气候地、避寒气候区等。如黄山云海、吉林雾凇等。

4. 生物旅游资源

生物是地球表面有生命的物体的总称，由植物、动物和微生物三类组成。地球上的植物大约有30多万种，动物大约有150多万种。多种多样的生物不仅维持了自然界的持续发展，而且是人类赖以生存和发展的基础。生物旅游资源包括植物旅游资源和动物旅游资源。

（1）植物旅游资源　植物是自然环境特征的重要标志，它构成了一个地区的主要风光特色。植物旅游资源有森林景观、草原景观、古树名木、植物园、珍稀花卉和草类等。如洛阳的牡丹花、广州的木棉花、南京的梅花等都已成为当地著名的旅游名片。

同时，通过利用当地森林资源发展森林旅游也成为旅游发展的趋势。很多国家都建立了森林公园，供人们游览、休息、疗养，如张家界国家森林公园、蜀南竹海等。

（2）动物旅游资源　自然界动物种群、种类最为复杂。动物旅游资源主要包括珍稀动物、动物园、野生动物园、狩猎场等。

（二）人文旅游资源

人文旅游资源是人类历史文化的结晶，是民族风俗风貌的集中展现，反映了不同时代、不同民族政治、经济、文化和社会风俗的状况。人文旅游资源又可分为以下几种类型。

1. 历史文物古迹

在我国，文物古迹是旅游资源的重要组成部分。他们拥有丰富的历史内涵、深厚的文化底蕴和优美的外观造型，吸引着无数旅游者为之倾倒。文物古迹旅游资源主要包括古遗址、古建筑、古墓葬、石窟寺与石刻、近现代重要史迹及代表性建筑等，如长城、帝王陵墓、敦煌莫高窟、都江堰水利工程等。

2. 民族文化及有关载体

由于不同地方、不同民族的人们在长期的生产和生活活动中往往会形成特殊风俗习惯，这些都是重要的旅游吸引物。民族文化及有关载体是指民族历史、民族艺术、民族工艺、风俗习惯以及节日庆典活动等。如苗族的长桌宴、彝族的火把节、蒙古族的那达慕大会等。

3. 宗教文化资源

宗教文化指一切与宗教直接有关的文化现象。宗教文化能激发旅游者的旅游动机，对旅游者有很强的吸引力，是重要的人文旅游资源。宗教旅游资源主要包括宗教建筑、宗教艺术、宗教活动。如寺庙、道观、雕塑、壁画、碑刻等。

4. 国际性体育和文化盛事

国际性体育和文化盛事也称重大节事活动，这类重大国际盛会往往能在短时期引来大量的国际游客，也是主办国扩大旅游宣传的极好时机，如国际奥林匹克运动会、世界博览会、世界杯足球赛、国际性的音乐节、电影节、戏剧节等。

5. 城乡风貌和纪念地

城乡风貌是世界各地城市和乡村的历史与现实、社会经济文化的整体展示。一般包括古都名城、现代城市、特色城市、各镇风貌、乡村景观，如中国六大古都、凤凰古城、周庄等。

纪念地也是多种多样的，有的是历史上的革命纪念地，有的是名人诞生地，有的是军事上的主战场，有的则是曾经的自然灾害发生地，这些都可能成为重要的旅游资源。近年来，在我国蓬勃发展的“红色旅游”，就是利用革命纪念地来发展旅游的典范，如井冈山革命根据地、遵义会址、毛泽东故居等。

二、按照旅游资源的管理级别分类

按照管理级别的高低，我国旅游资源可以分为世界级、国家级、省级和市（县）级四种类型。这实际反映了旅游资源价值的大小和品位的高低。

（一）世界级旅游资源

世界级旅游资源包括经联合国教科文组织批准分别列入《世界遗产名录》的名胜古迹、列入《世界地质公园》的自然景观和列入联合国“人与生物圈”保护区网络的自然保护区。这些资源具有世界级的品位和知名度，具有全球性的艺术观赏、历史文化以及科学研究价值，是众多海内外游客所向往的旅游对象。目前，我国被列入《世界遗产名录》的旅游资源已达55项，其中世界文化遗产37项、世界文化与自然双重遗产4项、世界自然遗产14项，与意大利并列为拥有世界遗产最多的国家（表5-2）。

表5-2　我国被列入《世界遗产名录》的旅游资源（截至2019年）

类型	名称	所属省、自治区、直辖市、特别行政区	列入时间（年）
文化遗产	长城（山海关、八达岭、慕田峪、嘉峪关）	黑龙江、吉林、辽宁、河北、天津、北京、山东、河南、山西、陕西、甘肃、宁夏、青海、内蒙古、新疆	1987
	敦煌莫高窟	甘肃	1987
	北京故宫 沈阳故宫	北京 辽宁	1987 2004
	秦始皇陵及兵马俑坑	陕西	1987
	周口店北京人遗址	北京	1987
	拉萨布达拉宫历史建筑群（大昭寺、罗布林卡）	西藏	1994
	承德避暑山庄及其周围寺庙	河北	1994
	曲阜孔庙、孔林和孔府	山东	1994
	武当山古建筑群	湖北	1994
	庐山国家公园	江西	1996
	丽江古城	云南	1997
	平遥古城	山西	1997
	苏州古典园林	江苏	1997
	北京皇家祭坛—天坛	北京	1998
	北京皇家园林—颐和园	北京	1998
	大足石刻	重庆	1999
	洛阳龙门石窟	河南	2000
	明清皇家陵寝：明显陵、清东陵、清西陵 明孝陵、明十三陵 盛京三陵	湖北、河北、河北 江苏、北京 辽宁	2000 2003 2004

续表

类型	名称	所属省、自治区、直辖市、特别行政区	列入时间（年）
	青城山—都江堰	四川	2000
文化遗产	皖南古村落：西递、宏村	安徽	2000
	云冈石窟	山西	2001
	高句丽王城、王陵及贵族墓葬	吉林、辽宁	2004
	澳门历史城区	澳门	2005
	安阳殷墟	河南	2006
	开平碉楼与村落	广东	2007
	福建土楼	福建	2008
	五台山	山西	2009
	登封天地之中古建筑群	河南	2010
	杭州西湖文化景观	浙江	2011
	元上都遗址	内蒙古	2012
	红河哈尼梯田文化景观	云南	2013
	中国大运河	北京、天津、河北、山东、河南、安徽、江苏、浙江	2014
	丝绸之路：起始段和天山廊道的路网	河南、陕西、甘肃、新疆	2014
	土司遗址	湖南、湖北、贵州	2015
	左江花山岩画文化景观	广西	2016
	鼓浪屿：历史国际社区	福建	2017
	良渚古城遗址	浙江	2019
自然遗产	黄龙风景名胜区	四川	1992
	九寨沟风景名胜区	四川	1992
	武陵源风景名胜区	湖南	1992
	云南三江并流保护区	云南	2003
	四川大熊猫栖息地	四川	2006
	中国南方喀斯特 中国南方喀斯特二期	云南、贵州、重庆、广西 广西、贵州、重庆	2007 2014
	三清山国家公园	江西	2008
	中国丹霞	贵州、福建、湖南、广东、江西、浙江	2010
	澄江化石遗址	云南	2012
	新疆天山	新疆	2013
	湖北神农架	湖北	2016
	青海可可西里	青海	2017
	梵净山	贵州	2018
	中国黄（渤）海候鸟栖息地（第一期）	江苏	2019
文化与自然双重遗产	泰山	山东	1987
	黄山	安徽	1990
	峨眉山—乐山大佛	四川	1996
	武夷山	福建 江西	1999 2017

资料来源：网络资料整理。

（二）国家级旅游资源

国家级旅游资源主要包括由国务院审定公布的国家重点风景名胜区、国家历史文化名城和国家重点文物保护单位，由林业部批准设立的国家森林公园和国家级自然保护区，由国家旅游局评定的国家级旅游区，由水利部公布的国家水利风景区，以及由国土资源部评定的国家地质公园。它们都是我国壮丽山河的精粹和中华文化的瑰宝，具有重要的艺术欣赏、历史文化和科学研究价值，具有全国性的知名度。

（三）省级旅游资源

省级旅游资源主要包括省级风景名胜区、省级历史文化名城或名镇、省级文物保护单位、省级森林公园、省级自然保护区和省级地质公园等。它们体现着该省、直辖市或自治区有代表性的旅游资源特色，具有较为重要的艺术欣赏、历史文化和科学研究价值以及浓郁的地方特色，在省内外均有较大影响。

（四）市（县）级旅游资源

市（县）级旅游资源主要包括市（县）级风景名胜区和市（县）级文物保护单位。它们具有一定艺术欣赏、历史文化和科学研究价值，为本地居民所熟知，是邻近地区或本地游客的主要游览对象。

三、按照旅游资源的利用程度分类

（一）现实旅游资源

现实旅游资源是指已经客观存在的，其配套的基础设施和服务设施已经比较完善，已经成为当地旅游业发展的载体的旅游资源，即不仅本身具有魅力，而且已经有条件并且正在接待大批游客前来访问的旅游资源。那些已经通过可行性论证,对其开发价值取得认可，已经列入规划即将开发的旅游资源也可称为现实旅游资源。

（二）潜在旅游资源

潜在旅游资源是指那些本身具有潜在吸引力，但由于不具备交通及其他接待条件，或者是由于缺乏宣传还不为外人所知，目前还没有吸引大量游客前来的、尚未被开发的旅游资源。

四、按照旅游资源是否具备可再生性分类

在考虑旅游资源开发和旅游景点建设所应遵循的原则时，人们往往会根据有关旅游资源是否可再生的情况，将其划分为可再生性旅游资源和不可再生性旅游资源。

（一）可再生性旅游资源

可再生性旅游资源是指那些在使用过程中出现耗损过大或遭受毁坏的情况下，可通过适当途径进行自然恢复或人工再造的旅游资源。通常情况下，可再生性旅游资源是指那些没有重要历史价值或重大文化意义的当代人造旅游景点。这类人造旅游景点可在任何时间、任何地点加以仿造或重建，因此被称为可再生性旅游资源。各类主题公园便是可再生性旅游资源中的典型，如迪士尼主题乐园、广州长隆主题乐园、深圳锦绣中华等。当然也有一些自然资源也属于这一类，如垂

钓资源，如果游客的垂钓活动不会导致该地鱼类资源的减少，就算减少但也能通过一些管理措施使其得以恢复，那么该垂钓资源属于可再生性旅游资源。

（二）不可再生性旅游资源

不可再生性旅游资源通常是指那些在漫长的历史过程中形成，保留至今并被用作旅游资源的自然遗存和文化遗存。这类资源一旦因使用过度或管理不善而遭到破坏，其损失将无法挽回。纵然设法采取人工措施进行补救，也无法通过重新再造使其真正复原，这些遗产性旅游资源本身固有的成因特点和历史文化意义使其不可任意仿制。因此，对于这类不可再生的旅游资源，如某典型的生态环境、古建筑、古墓葬和古文化遗址等，尤其应当注意在保护的前提下进行合理开发和利用。

五、按照旅游活动内容分类

（一）游览鉴赏型旅游资源

游览鉴赏型旅游资源主要包括优美的自然风光、著名古代建筑、遗址及园林、现代城镇景观、山水田园、宗教寺庙等。这类旅游资源能使旅游者从中获得高度的视觉审美享受，陶冶性情，观赏后得到心智历练，能让邻人和朋友羡慕。

（二）体验型旅游资源

体验型旅游资源以民风民俗、社会时尚、节庆活动、风味饮食、宗教仪式等为主。体验型的旅游者会切身体验不同的地域文化，或深入当地家庭，或游逛集市，或徒步大街小巷置身其中参与活动，与当地居民进行接触，交流感情、猎奇寻源。

（三）知识型旅游资源

知识型旅游资源以文物古迹、博物展览、科学技术、自然奇观、精湛的文学艺术作品等为主。知识型的旅游者通过旅游活动可以丰富知识、开阔视野、增长阅历。这类旅游资源从视觉美感的角度并不吸引普通旅游者，主要是吸引那些要增长知识、开阔视野和对科学考察有着特殊需求的知识阶层、学生，或由于从事某种专业而产生兴趣的专业人士。

（四）康乐型旅游资源

康乐型旅游资源以文体活动、度假疗养、康复保健、人造乐园等为主。康乐型的旅游者利用这些旅游资源远离尘嚣，消闲避暑，或在运动中增进身心健康，寻求快乐。此类旅游资源投资大，易于模仿，因而要不断更新项目内容，力求表现出自己的特色。

六、按照国家标准分类

中华人民共和国国家质量监督检验检疫总局发布的国家标准《旅游资源分类、调查与评价》（GB/T18972—2003），将旅游资源分为主类、亚类、基本类型三类。其中，主类包括地文景观、水域风光、生物景观、天象与气候景观、遗址遗迹、建筑与设施、旅游商品、人文活动8个，亚类31个，基本类型155个。其中地文景观、水域风光、生物景观、天象与气候景观属于自然旅游资源类；遗址遗迹、建筑与设施、旅游商品、人文活动属于人文旅游资源类（表5–3）。

表5-3　旅游资源分类表

主类	亚类	基本类型
A地文景观	AA综合自然旅游地	AAA山丘型旅游地　AAB谷地型旅游地　AAC沙砾石地型旅游地　AAD滩地型旅游地　AAE奇异自然现象　AAF自然标志地　AAG垂直自然地带
	AB沉积与构造	ABA断层景观　ABB褶曲景观　ABC节理景观　ABD地层剖面　ABE钙华与泉华　ABF矿点矿脉与矿石积聚地　ABG生物化石点
	AC地质地貌过程形迹	ACA凸峰　ACB独峰　ACC峰丛　ACD石（土）林　ACE奇特与象形山石　ACF岩壁与岩缝　ACG峡谷段落　ACH沟壑地　ACI丹霞　ACJ雅丹　ACK堆石洞　ACL岩石洞与岩穴　ACM沙丘地　ACN岸滩
	AD自然变动遗迹	ADA重力堆积体　ADB泥石流堆积　ADC地震遗迹　ADD陷落地　ADE火山与熔岩　ADF冰川堆积体　ADG冰川侵蚀遗迹
	AE岛礁	AEA岛区　AEB岩礁
B水域风光	BA河段	BAA观光游憩河段　BAB暗河河段　BAC古河道段落
	BB天然湖泊与池沼	BBA观光游憩湖区　BBB沼泽与湿地　BBC潭池
	BC瀑布	BCA悬瀑　BCB跌水
	BD泉	BDA冷泉　BDB地热与温泉
	BE河口与海面	BEA观光游憩海域　BEB涌潮现象　BEC击浪现象
	BF冰雪地	BFA冰川观光地　BFB常年积雪地
C生物景观	CA树木	CAA林地　CAB丛树　CAC独树
	CB草原与草地	CBA草地　CBB疏林草地
	CC花卉地	CCA草场花卉地　CCB林间花卉地
	CD野生动物栖息地	CDA水生动物栖息地　CDB陆地动物栖息地　CDC鸟类栖息地　CDD蝶类栖息地
D天象与气候景观	DA光现象	DAA日月星辰观察地　DAB光环现象观察地　DAC海市蜃楼现象多发地
	DB天气与气候现象	DBA云雾多发区　DBB避暑气候地　DBC避寒气候地　DBD极端与特殊气候显示地　DBE物候景观
E遗址遗迹	EA史前人类活动场所	EAA人类活动遗址　EAB文化层　EAC文物散落地　EAD原始聚落
	EB社会经济文化活动遗址遗迹	EBA历史事件发生地　EBB军事遗址与古战场　EBC废弃寺庙　EBD废弃生产地　EBE交通遗迹　EBF废城与聚落遗迹　EBG长城遗迹　EBH烽燧
F建筑与设施	FA综合人文旅游地	FAA教学科研实验场所　FAB康体游乐休闲度假地　FAC宗教与祭祀活动场所　FAD园林游憩区域　FAE文化活动场所　FAF建设工程与生产地　FAG社会与商贸活动场所　FAH动物与植物展示地　FAI军事观光地　FAJ边境口岸　FAK景物观赏点
	FB单体活动场馆	FBA聚会接待厅堂（室）　FBB祭拜场馆　FBC展示演示场馆　FBD体育健身场馆　FBE歌舞游乐场馆
	FC景观建筑与附属型建筑	FCA佛塔　FCB塔形建筑物　FCC楼阁　FCD石窟　FCE长城段落　FCF城（堡）　FCG摩崖字画　FCH碑碣（林）　FCI广场　FCJ人工洞穴　FCK建筑小品
	FD居住地与社区	FDA传统与乡土建筑　FDB特色街巷　FDC特色社区　FDD名人故居与历史纪念建筑　FDE书院　FDF会馆　FDG特色店铺　FDH特色市场
	FE归葬地	FEA陵区陵园　FEB墓（群）　FEC悬棺
	FF交通建筑	FFA桥　FFB车站　FFC港口渡口与码头　FFD航空港　FFE栈道
	FG水工建筑	FGA水库观光游憩区段　FGB水井　FGC运河与渠道段落　FGD堤坝段落　FGE灌区　FGF提水设施

续表

主类	亚类	基本类型
G旅游商品	GA地方旅游商品	GAA菜品饮食 GAB农林畜产品与制品 GAC水产品与制品 GAD中草药材及制品 GAE传统手工产品与工艺品 GAF日用工业品 GAG其他物品
H人文活动	HA人事记录	HAA人物 HAB事件
	HB艺术	HBA文艺团体 HBB文学艺术作品
	HC民间习俗	HCA地方风俗与民间礼仪 HCB民间节庆 HCC民间演艺 HCD民间健身活动与赛事 HCE宗教活动 HCF庙会与民间集会 HCG饮食习俗 HCH特色服饰
	HD现代节庆	HDA旅游节 HDB文化节 HDC商贸农事节 HDD体育节
数量统计		
8主类	31亚类	155基本类型

任务3 旅游资源的开发与保护

一、旅游资源的开发

（一）旅游资源开发的含义

所谓开发，一般是指人们对资源及其相关方面进行综合利用的过程。旅游资源是旅游业发展的基础，未经开发的旅游资源无法为旅游业所利用。

旅游资源开发是对自然界和社会界客观存在的资源，通过一定的经济技术活动，使之可以为旅游业所利用，并对旅游者形成吸引力的一种过程。具体来说，旅游资源开发是指以发展旅游业为前提，以市场需求为导向，以旅游资源为核心，以发挥、改善和提高旅游资源对游客的吸引力为着力点，有组织有计划地通过适当方式，把旅游资源改造成为能为旅游业所利用的旅游吸引物的经济技术系统工程。旅游资源开发，不仅仅是将旅游资源本身开发成对游客具有吸引力的吸引物，还需要为其提供满足旅游活动需要的其他条件，如交通、住宿、饮食、休息、购物等。

（二）旅游资源开发的基本条件

旅游资源开发需要许多条件，其中最基本的条件如下。

1. 基本的自然条件

基本的自然条件是能够保证旅游者旅游活动的气候条件、安全条件等。气候条件是指应能使一般旅游者能承受的气候状况。安全条件是在正常的情况下，不损害旅游者健康、不威胁旅游者生命的条件。如果不具备这些自然条件，该旅游资源则不宜开发。

2. 交通条件

旅游交通是发展旅游的前提。旅游者在选择旅游地时往往会考虑交通便捷程度，若是通往旅游地的交通条件差，其可进入性便差，旅游者很难进入旅游地，这类旅游资源是不宜开发的。换个思维来看，开发旅游资源本身也意味着改善通往旅游资源地的交通条件，旅游资源的开发和旅游地交通条件的改善是相互促进、相互影响的。

3. 旅游地的社会基础设施条件

旅游地是旅游者集中的地方，旅游者抵达目的地后，在进行旅游活动的同时还需要满足住宿、饮食、购物、娱乐等方面的需要。因此，在开发旅游资源时不仅仅是将旅游资源本身开发成对游客具有吸引力的吸引物，还需要为旅游者提供满足旅游活动需要的其他条件，如食宿、休闲娱乐等。此外，在旅游资源开发过程中，也需要一定的社会经济条件，如供水排水条件、电力条件、通信条件、劳动力条件等。没有这些社会基础条件，旅游资源开发也难以进行。

（三）旅游资源开发的内容

1. 开发和建设旅游景区景点

对旅游资源本身进行开发，或者说开发和建设旅游景区景点，是一个目的地旅游开发工作所围绕展开的核心。这方面的工作既可以是对该地潜在的吸引事物进行初始开发，即有关新景区景点的创建，也可以是对该地目前已有的旅游景区景点进行更新或完善。

2. 提高旅游资源所在地的可进入性

可进入性是指旅游资源所在地同外界的交通联系以及该地内部交通条件的通畅和便利程度。在旅游开发中，旅游资源所在地同外界的交通联系及其内部交通条件是非常重要的，不合理的交通往往会成为一个地方旅游业发展的“瓶颈”。如果旅游资源所在地交通条件恶劣，可进入性差，即使旅游资源自身的品质再好，品位再高，也会影响游客选择到该地旅游的概率，其作为旅游吸引物和旅游对象物的市场价值也将难以实现。因此，解决进出交通的便利、快捷与舒适是旅游开发首要的基础工作。景区内部交通便利与否同样重要，通常要求做到“进得来、出得去、散得开”。

3. 建设和完善旅游配套设施

一定的设施是旅游活动得以进行的必要条件，也是旅游开发的重要环节。旅游学中一般把旅游配套设施按服务对象分为旅游基础设施和旅游上层设施。

（1）旅游基础设施　旅游基础设施是指主要使用者是当地居民，但也必须向旅游者提供或旅游者也必须依赖的有关设施。这些设施是旅游地社会生活必不可少的，如果没有这些设施，旅游地也难以有客源，因为旅游者无论自觉与否都会使用这些设施。旅游基础设施包括两类：一是一般公用事业设施，如供水系统、排污系统、供电系统、通信系统、道路系统等，以及与此有关的配套设施，如机场、港口码头、车站、停车场、夜间照明设施等。二是满足现代社会生活所需要的基本设施，如银行、商店、医院、公园、食品店、治安管理机构等。

对于大多数旅游接待地区来说，在该地决定发展旅游业之前，上述方面的基础设施已经存在。不过，这些原有的基础设施在供给能力上以及在空间布局上通常都是基于当地人口的需求规模和需求格局进行规划和建造。随着旅游业的开发和大量外来游客的涌入，这些设施很可能会出现供应能力不足的问题，因而需要进一步增建和扩建。

（2）旅游上层设施　旅游上层设施是指那些虽然也供当地居民使用，但主要是供外来旅游者使用的旅游服务接待设施。换言之，如果没有旅游者，这些设施也就失去了存在的必要。旅游上层设施主要包括宾馆饭店、旅游咨询中心、旅游商店、某些娱乐场所等。由于这些设施主要使用者是外来旅游者，所以要根据旅游者的需求、生活标准和价值观念来进行设计和建造。对于大多数旅游接待地来说，这些设施都有某种程度上的基础，但随着该地旅游资源的不断开发和外来游客的大量涌入，这些设施也会出现供应不足的问题，需要进行进一步的增建和扩建。

总之，旅游配套设施的建设和完善，既要配合旅游资源的开发，满足旅游者多方位的需要，又要使旅游资源的开发与区域经济密切联系，得到有力的支持。但由于旅游配套设施建设一般投资大、周期长，因此对其建设规模、布局、数量必须进行严格论证和审批，做到适度超前发展，避免设施的不足和浪费，从而为旅游地创造良好的投资环境和开发条件。

4. 培训具备专业水准的旅游服务人员

旅游专业人才是旅游开发的人力资源保障。旅游服务质量的高低在一定程度上会起到增加或减少旅游资源吸引力的作用，因此，要不断加强和完善旅游服务，并培训能够提供专业服务的人员。世界各地在开发旅游业方面的经验和教训告诉我们，对旅游目的地来说，虽然其吸引力的本源在于所拥有的旅游资源，但旅游服务工作的水平或质量高低，也会相应地增强或削弱该地对客源市场的吸引力。特别是在周边地区有同类竞争者存在的情况下，旅游工作人员的专业能力和服务水平将构成影响目的地竞争力的关键因素。这里强调培训具备专业水准的旅游服务人员，并不意味着否定或忽视对旅游管理人员的培训，而主要是基于这样的事实：一方面就旅游者自身产生的效果而言，一个目的地旅游接待工作的专业水准和服务水平的高低，更多地是由与旅游者直接打交道的一线服务人员来体现的。另一方面，对于所需要的管理人员，特别是一些关键岗位的管理人员，必要时还可以通过引进的方式加以解决，对于大量的一线服务人员，无论如何都需要由当地自己解决，否则对于该地来说，旅游开发将会失去其经济意义。

（四）旅游资源开发的原则

1. 特色原则

求异是旅游者产生旅游动机的主要原因之一，旅游资源开发应该保持和发扬旅游资源特色。特色原则是旅游资源开发的生命，富有个性的旅游景点会对人们产生更大的吸引力，在同等条件下能够取得更好的经济效益和社会效益。在开发旅游资源时，不仅应使旅游资源原有的特色得以保持，同时，还应该使其原有特色更加鲜明，且有所创新和发展；在开发过程中还要避免雷同和模仿；要突出地方特色，发挥地方优势，突出时代特色、历史特色、艺术审美特色等。

2. 协调原则

协调是旅游资源开发的理性要求。协调发展就是要求旅游资源正确处理现实与未来、经济发展与环境保护、旅游业与其他产业的关系，要求旅游资源开发必须强调整体效益。关注生态环境，注重社会效益，全面协调和处理好经济效益、社会效益和环境效益的复杂关系，使旅游业得以全面发展。协调原则主要表现为三个方面，即各有关单位和部门的协调；旅游资源与周围环境的协调；区间的协调，区间之间注意联合，互相补充，互为客源。

3. 市场导向原则

市场原则是旅游资源开发的动力。所谓市场导向，是指旅游资源在开发前必须对旅游客源市场进行调研和预测，了解旅游者的需求，根据旅游者的需求再来设计和开发相应的旅游资源。旅游客源市场是发展变化的，旅游者的兴趣、爱好等也是发展变化的。一定时期某些旅游资源对旅游者有较大的吸引力，能吸引较多的游客前来，但是，经过一定时期以后，它们对游客的吸引力减弱，所能吸引前来的游客也就减少了。在这种情况下，再开发这些类型的旅游资源，就不符合市场导向原则了，或不完全符合市场导向原则了。再进行旅游规划就要充分地研究经济上的可行性，研究投资风险及预期效益，要遵循市场发展的供求规律，确定开发的层次、规模和方向。因此，作为旅游资源开发单位和开发的主持人，一定要随时研究客源市场动向，熟悉和掌握旅游市场信息，从而制定旅游资源开发的正确决策。

4. 美观原则

美观原则是旅游资源开发的基础。旅游资源开发就是发现美、展现美、创造美的过程。在开发过程中充分运用美学原理，将自然美、艺术美及观念美有机融合，高起点、高标准、高档次的开发旅游资源，创造一种诗意的旅游环境，让游客置身其中，得到全方位的美的享受与精神的愉悦。

5. 文化原则

文化是旅游资源开发的灵魂。旅游资源开发后能否吸引旅游者主要在于其所展现出来的文化能否给旅游者带来美的享受与愉悦。人文旅游资源的开发要以文化为核心，自然旅游资源的开发也要求提升其文化品位。在开发过程中，要挖掘资源本身的文化内涵，丰富资源的文化内容，增强旅游区的文化氛围，提高经典的观赏、教育和启示功能，塑造能震撼人心的高品质的旅游文化。

6. 保护原则

旅游资源的开发，要注意处理好开发与保护的关系，特别是对于自然旅游资源和以文物古迹为主的人文旅游资源而言，更是如此。不要因开发而破坏山体、水体、植被、树木、水质、空气等。作为世界自然遗产的日本富士山的旅游开发，对我们很有启发。日本富士山海拔3776米，比我国泰山、黄山、庐山高得多，但公路只修到2000米的高度，再往上连台阶也不开，不适合登山的季节就不开放，仍保持其自然和神圣，也节省了开发和维护的成本。

二、旅游资源的保护

（一）旅游资源遭受破坏的主要原因

1. 自然因素

旅游资源无论是自然的还是人文的都是大自然的一部分，大自然的发展变化都会影响旅游资源的变化。自然因素主要包括三个方面：一是突发性的天灾，如地震、泥石流、海啸、洪水、火山等，往往会使受灾地区旅游资源遭受严重破坏甚至损毁。如2008年的汶川大地震，四川很多旅游资源遭到了破坏。二是自然风化作用，如风蚀、水蚀、日照等都是其中较为常见的因素。三是动物破坏，一些动物，如鸟类和白蚁等也会对旅游资源的安全造成威胁。

2. 人为因素

旅游资源的人为破坏是多方面的，大多是超过了自然风化的破坏程度，有的甚至是毁灭性的。主要包括五个方面：一是游客的不当行为，如乱刻乱画、乱丢弃废物、违规触摸攀爬及使用闪光灯拍照等。二是当地居民的不当行为，甚至是违法行为，如挖取长城的砖石作为建房材料，滥砍滥伐、盗墓、偷猎稀有动物等。三是工业污染，如滨海地区工业废水的排放、工业其他的排放。四是规划不当。五是管理和使用不当。

（二）旅游资源的保护措施

1. 提高旅游资源保护的意识，加强宣传工作

通过媒体的正确引导与反面教育、导游员的讲解、派发宣传资料等方式，向当地居民、旅游者、政府管理部门等进行宣传，让人们认识到人类所处的环境和每个人的经济利益有密切的联系，提高旅游资源保护的意识。

2. 制定各种旅游资源保护法规，使旅游资源的保护做到有法可依

不少旅游资源的破坏都是由于法制的不健全，因为人为原因造成的，所以为了旅游业的可持续发展，必须通过立法手段来加强对资源的保护，对破坏行为实行强制干涉和惩罚。我国与旅游资源保护相关的法律目前主要有《中华人民共和国环境保护法》《中华人民共和国文物保护法》《风景名胜区管理暂行条例》《中华人民共和国森林法》《中华人民共和国野生动物保护法》等。此外，各地方立法机构和人民政府根据国家法律法规，结合当地具体情况出台了地方性法律法规。

3. 建立健全旅游相关的管理机构

国家应健全和成立专门的旅游资源保护管理机构，加强风景区及其环境的保护。我国已经建立了一些管理机构，如各级文物管理单位、各级风景名胜区管理单位等，这些机构对国家自然保护区、国家风景名胜区、历史文化和历史文化名城的环境保护进行一流的规划和管理。

4. 减缓旅游资源自然风化破坏

旅游资源自然风化的起因是自然界由于大气中光、热、水环境的变化而引起的，出露于地表的旅游资源要完全杜绝自然风化是不可能的，但根据实际情况，采取必要的和可能的技术工程保护措施，在一定范围内改变环境条件使之风化过程减缓是完全可能的。

项目小结

1. 旅游资源是指一切能够吸引旅游者前来参观、游览的自然和人文因素。旅游资源是发展旅游业的基础。旅游资源具有地域性、吸引性等特点，同时，旅游资源也是可以创造的，是不断发展变化的，具有一定的周期性。

2．按照旅游资源本身的属性和成因划分，旅游资源可分为自然旅游资源和人文旅游资源两大类；按照旅游资源的管理级别可划分为世界级旅游资源、国家级旅游资源、省级旅游资源、市（县）级旅游资源；按照旅游资源的利用程度可分为现实旅游资源和潜在旅游资源；按照是否具备可再生性可分为可再生性旅游资源和不可再生性旅游资源；按照旅游活动内容可划分为游览鉴赏型旅游资源、体验型旅游资源、知识型旅游资源、康乐型旅游资源。

3．旅游资源开发的基本条件包括基本的自然条件、交通条件、旅游地的社会基础设施条件。旅游资源开发的内容主要包括开发和建设旅游景区景点、提高旅游资源所在地的可进入性、建设和完善旅游配套设施、培训具备专业水准的旅游服务人员。对旅游资源进行开发要遵循特色原则、协调原则、市场导向原则、美观原则、文化原则和保护原则。旅游资源遭受破坏的原因主要包括自然因素和人为因素两个方面。

自我检测

1．什么是旅游资源？旅游资源如何分类？

2．旅游资源开发应遵循哪些原则？

3．旅游资源开发包括哪些内容？

4．如何判断某个地理事物或现象是否是旅游资源？

5．哪些因素会使旅游资源遭到破坏？应该如何保护旅游资源？

项目六　旅游业

学习指导

旅游业作为旅游活动的三大要素之一，在旅游者和旅游资源之间起着桥梁的作用。旅游业是一种综合性的行业，也是当今世界最大的经济产业，它由旅行社、旅游交通、旅游饭店、旅游景区、旅游娱乐及旅游购物等构成，这些部门之间相互依存、相互促进、相互影响，形成产业链条。本项目重点介绍了旅游业及旅游业各构成部门的相关内容。

学习目标

1．了解旅游业的基本概念，掌握旅游业的性质特点。

2．掌握旅游产品及服务的特点。

3．掌握旅行社的分类、职能作用、业务及其产品类型。

4．掌握旅游饭店的类型、地位和作用；掌握饭店等级的划分与评定。

5．掌握旅游交通的含义、作用；熟悉现代旅游交通体系；掌握旅游者选择交通工具的影响因素。

6．掌握旅游景区的类型；熟悉对旅游景区的各项要求。

7．掌握旅游购物品的类型与特点、开发与销售渠道。

任务1 旅游业概述

随着我国经济快速发展、城乡居民收入不断提高和闲暇时间不断增多，我国旅游业正进入快速发展的“黄金时期”。旅游业是一个极具发展潜力的朝阳产业和无烟产业，是一种新兴的经济产业，它是人类社会经济发展到一定历史阶段的产物。旅行社的出现，标志着旅游作为一个行业的产生。

一、旅游业的概念

旅游业，国际上称为旅游产业，是凭借旅游资源和设施，专门或者主要从事招徕、接待游客，为其提供交通、游览、住宿、餐饮、购物、文娱等六个环节的综合性行业。由于国家不同，社会制度各异，人们对旅游业的认识也不尽相同。因此，对于旅游业的定义，不同学者、不同机构都有不同的看法。

近代旅游业创始人托马斯·库克认为“旅游业是让旅行者获得最大情趣，举办人尽最大责任的事业”。

联合国贸易发展会议（1971年）认为“从广义上可表达为生产全部或主要由外国游客或国内旅游者消费的产品服务的工业和商业活动总和的体现”。

日本学者前田勇在《观光概论》中提出“旅游也就是为适应旅游者的需要，由许多不同的独立旅游部门开展的多种多样的经营活动”。

谢彦君在《基础旅游学》中提出旅游产业即旅游业，有广义和狭义之分。广义的旅游业指各种提供能满足旅游者需求的产品的企业所构成的集合；狭义的旅游业是指各个提供核心旅游产品以满足旅游者的旅游需求的旅游企业所构成的集合。

李天元在《旅游学》中的界定，认为旅游业是以旅游消费者为服务对象，为其旅游活动的开展创造便利条件，并提供其所需产品和服务的综合性经济产业。

综上所述，旅游业的概念为：旅游业是以旅游者为对象，以旅游资源为依托，以旅游设施为条件，通过为旅游者直接提供旅游产品和服务来满足旅游者各种旅游需要的综合性行业。

二、旅游业的构成

旅游业是由共同为旅游者服务的一系列相关行业组成的，所以旅游业不是一个单一产业，而是一个产业群，由多种产业组成。关于旅游业的构成，中国旅游界一直有一种看法，旅游业是“食、住、行、游、购、娱”六大要素的集合，这六大要素体现了旅游者旅游活动的全过程。

目前关于旅游业构成最常见的有两种说法。

一是“三大支柱说”。根据联合国《国际产业划分标准》，将旅游业划分为三个部分，即旅行社部门、交通客运部门、以旅馆为代表的住宿业。

二是“五大部门说”。从国家的旅游发展角度出发，将旅游业划分为五个部分，即旅行社部门、交通客运部门、住宿业、以旅游景点为代表的游览场所经营部门、各级旅游管理组织。

按目前旅游业的发展状况，我国旅游业的构成应包括的企业有：旅行社、以饭店为代表的住宿业、餐饮业、交通客运业、游览娱乐业、旅游用品和纪念品销售行业。各级旅游管理机构和旅游行业组织虽然不营利，但也应该纳入旅游业的构成之中。

三、旅游业的性质

旅游业属于第三产业（服务业）的范畴，第三产业主要由流通部门、为生活和生产服务的部门、为提高科学文化水平和居民素质服务的部门以及国家政权机构四个部分组成。旅游业同金融业、保险业、房地产管理业、公用事业、社区服务业等并列属于第三产业中为生活和生产服务的部门。

（一）文化性

旅游是一种高级消费，在旅游活动中，无论是自然旅游资源还是人文旅游资源，主要都是满足旅游者精神文化的需求，而旅游设施和各种服务的提供也是为了帮助旅游者实现其旅游愿望，旅游消费本身也是为了满足文化和精神需要而进行的消费活动。因而旅游业具有明显的文化性质，即旅游业提供给旅游者的主要是精神文化消费资料，只是这种精神文化消费资料是以产品的形式出售给旅游者。

（二）经济性

旅游业作为一项经济产业，是以营利为目的的经济组织，无论是广义的旅游业还是狭义的旅游业，都说明旅游业首先是一个重要的经济行业。

首先，从其产生来看，旅游业是社会经济发展到一定阶段的产物，是建立在一定的经济发展水平之上的。没有一定的经济发展水平做保证，就不可能产生旅游需求和旅游供给。其次，旅游业作为一个产业，生产旅游商品，并通过出售这些商品而取得经济收益。再次，旅游业可以促进和带动与旅游有关的其他经济行业的发展，进而带动地区经济的发展。最后旅游业可以增加外汇收入和促使货币的回笼。

从主观上讲，旅游业并非以谋求经济收益为唯一目标，而旅游业作为一项产业，其根本目的在于通过为来访旅游者的活动创造便利条件，并通过为其提供所需的产品和服务，去获取经济收益，这说明，旅游业从根本上来说是一项经济性产业。

四、旅游业的特点

旅游业作为一个新兴的产业，具有许多不同于其他产业的特点。

（一）旅游业的综合性

旅游业的综合性是由旅游活动的综合性所决定的。旅游者的旅游活动包括食、住、行、游、购、娱等几个环节，活动内容多样，而且旅游者大都来自五湖四海，在性别、年龄、职业、兴趣、爱好上都存在一定的差异，因此旅游者的需求在每个方面都是各不相同的。为了满足旅游者的不同需求，就需要旅游各行业紧密联系在一起，为旅游者提供不同类型的产品和服务。旅游业的发展需要得到这些行业的协作配合与支持。总之，旅游业的综合性这一特点对旅游业乃至整个国民经济的发展具有重要意义。

（二）旅游业的文化性

广义的文化是指人类在社会发展过程中所创造的全部物质财富和精神财富的总和。旅游业所依赖的人文旅游资源和自然旅游资源，一般都具有丰富的文化内涵，这也是吸引旅游者的重要因素。旅游消费本身也是为满足文化和精神需要而进行的消费活动，因此，旅游业具有一定的文化性。

（三）旅游业的“双重性”

旅游业具有劳动密集型和资金密集型的双重特点。根据国际旅游业发展的现状，旅游部门每增加1名服务人员，社会上就要增加5名间接服务人员相配套。尤其是在当今生产力高度发达的社会，旅游已成为一种生活方式而遍及世界各地，从而需要越来越多的人从事旅游服务工作，从这个意义上讲，旅游业属于劳动密集型产业。但是，如果把旅游业仅仅看作是以旅游资源为基础，由旅游各大行业组成，旅游业就属于资金密集型行业。因为旅游资源的开发、饭店的建设、公路的修筑及汽车、飞机等交通工具的购买，无一不需要大量的资金，相对而言，这几个部门为人们提供的就业机会是有限的。也就是说，人均资本占有量相当高。因此，旅游业具有资金密集型的特点。

（四）旅游业的季节性

旅游业的季节性主要有三个方面的影响因素。一是旅游目的地受自然因素的制约，在中高纬度和山区，一年四季的气候和景观季节变化明显，春夏秋便成为其旅游旺季，冬季寒冷形成淡季。二是来自客源地节假日时间对旅游旺季的制约，如我国的国庆节、劳动节、学校寒暑假等。三是按民族风俗组织的节庆活动，往往形成旺季，其余时候为淡季。如潍坊风筝节、哈尔滨冰雪节等。

（五）旅游业的脆弱性

旅游业是一个很脆弱的行业，地震、瘟疫、战争、政治动乱以及经济危机等自然或社会的因素都会直接影响旅游业的发展，甚至对其产生致命的打击。2003年发生在中国的“非典”（SARS）给中国旅游业带来灾难性的打击，有的酒店开房率接近为零，不少民航航班停飞，各旅游景点门可罗雀。由于“非典”的影响，2003年，我国接待的入境过夜旅游者人数和取得的旅游外汇收入比上年分别下降了10%和14.6%。

每一次经济衰退、石油危机，受影响最快的也是旅游业。另外，世界政治形势的变化，国家间外交关系的改善与恶化，国内局势的动荡，也理所当然地影响着国际旅游活动。在埃及，观光旅游业占据了国内生产总值的10%。但2011年，一场反独裁的政治运动——阿拉伯之春，却使当年外国游客人数和旅游收入均比上年减少了约三成。

恐怖活动和战争也是影响旅游业发展的决定性因素。“9·11”恐怖事件不仅使美国旅游业受到重创，而且使全世界旅游业都受到巨大影响；而伊拉克战争则使伊拉克这一中东旅游大国的旅游业彻底停顿。

五、旅游业对国民经济的影响与作用

旅游业是现今社会国民经济的一个重要组成部分，随着旅游业的快速发展，对一个国家或地区的国民经济产生重大的影响。这种影响有些能对国民经济的发展起到积极的作用，但有些则会给国民经济带来一定的消极影响。

（一）旅游业对国民经济的积极影响

世界各国发展旅游业的经验证明，旅游业在国民经济诸多产业中是具有较大优势的产业之一。发展旅游业在促进整个国民经济发展、增加国民收入方面可以发挥出更积极有效的作用，其表现可从直接作用和间接作用两方面来分析。

1. 增加外汇，回笼货币

国际旅游接待是一种就地“出口贸易”。一般而言，一个国家换取外汇的途径有两个方面：一是对外贸易外汇收入，即依靠物质商品出口来换汇；二是非贸易外汇收入。就我国来说，换取外汇的主要渠道是贸易出口，兼有劳务输出、侨汇和发展国际旅游接待等，其中，旅游换取外汇更具有其特殊的优越性。因为国际旅游者是在旅游产品生产地（接待国家和地区）进行就地消费，可以节省商品出口时的运输、转口、关税、保险等费用，即旅游业换取外汇是由旅游者送上门来的，既容易获得，换汇率又高。据统计，旅游换汇成本明显低于贸易换汇成本，一般仅为贸易换汇成本的2/3左右。同时，由于旅游业提供的主要是劳务性产品，因而消耗物质商品相对较少，对发展中国家来说，依靠旅游业来换取外汇，在增强国家的外汇支付能力和平衡国际收支方面，更具有重要的现实意义。

积极发展国内旅游，不仅可以满足广大人民日益增长的文化生活需求，而且可以吸收浮游资金来回笼货币，促进国内市场的繁荣与稳定，是回笼货币、稳定市场的有效途径。旅游回笼货币，是通过旅游接待服务收费，将旅游者多余的货币转归旅游业经营单位，然后回笼到国家银行，实现了社会多余货币所有权的转移。

2. 带动国民经济各部门各行业的发展

现代旅游业的发展实践证明，旅游业实际上已渗透到国民经济的每一个部门，它需要物质生产部门和非物质生产部门的协调和支持才能正常运转，可以说任何一个地区、一个部门都不可能独立搞旅游业。旅游业的迅速发展，必然要刺激和带动诸如交通运输业、建筑业、轻工业、商业、农副食品加工业乃至工艺美术、文化教育、金融财政、文物、园林等各行各业的发展，只有国民经济各部门各行业共同发展，才能使国家的旅游业和各个旅游企业正常运行。这些被带动的行业中特别是与旅游关系密切的外贸、民航、建筑业所受的影响最大，其发展速度远远快于工业、农业。

同时，旅游业的发展还会不同程度地促进地方经济的发展，提高区域经济水平。由于旅游业是一个关联带动性很强的行业，某个地区一旦开展旅游业，就会带动整个地区经济的全面发展，所以一些经济落后、发展工业难度大但旅游资源丰富、具备发展旅游业条件的地区，就可以大力发展旅游业，发挥旅游业的关联带动功能来促进落后地区的全面发展，提高区域经济水平，改善人民生活条件。由此可见，旅游业还具有扶贫的功能和作用。

3. 促进区域间经济的协调发展

一般来说，经济较发达的地区外出旅游的人数较多，经济欠发达的地区外出旅游的人数较少。当经济欠发达地区拥有丰富的旅游资源，足以吸引经济发达地区的居民前往旅游时，大量的旅游者涌入必定刺激当地经济的发展，也就对整个社会经济产生较大的促进作用。因此，旅游业能缩小经济较发达与欠发达地区的差距，促进同区域间经济的协调发展。

（二）旅游业对国民经济的消极影响

旅游业的发展会促进和带动国民经济各行各业全面发展并使旅游从业人员和接待地居民的收入增加、生活改善，其积极一面显而易见。但是如果不遵循经济发展的规律，片面强调发展旅游业，便会产生消极的不良影响。

1. 可能会引起物价上涨

一般情况下，外来旅游者的收入水平较高，其消费能力会高于旅游目的地居民，因而他们能花费较多的钱购买食、住、行、游、购、娱以及纪念品等商品。当有大量的旅游者到访的情况下，会引起旅游目的地物价上涨，从而损害当地居民的经济利益。随着旅游业的发展，对土地的需求也越来越大，地价就会迅速上升，影响到当地居民的住房建设与发展。

2. 可能会引起产业结构发生不利变化

一般而言，旅游业的发展会使当地的产业结构朝着合理化的方向发展，但如果处理不当，也会对产业结构产生不利影响。一些原先以农业为主的国家或地区，由于从事旅游服务的个人收入高于务农的收入，使得大量的劳动力放弃了农业，选择从事旅游业。这种产业结构变化的结果，导致该地农副业产出能力逐渐下降。

六、旅游从业人员的素质要求

旅游业是直接与人打交道的现代服务业，因此对旅游从业人员的素质有较高的要求。

（一）有良好的外部形象和高雅的气质

有良好的外部形象，并不是要求旅游从业人员都如花似玉，或者英俊潇洒，但一定要注意自己的衣着打扮和形象气质，展示自身良好的精神风貌。良好的外部形象和高雅的气质，主要由仪容、仪表和仪态展现。旅游从业人员不仅要保持发型和衣着干净整洁，而且要有良好的站、坐、走、蹲的姿态，遵循旅游交往中的礼仪规范。

（二）懂得并具有良好的礼貌礼节

旅游从业人员要懂得礼貌礼节，并在实际工作中时刻运用。这是对旅游从业人员的基本要求，也是旅游业有别于其他行业的一大特点。旅游接待中的礼貌礼节包括见面时的礼节和交谈时的礼节。

（三）有较宽的知识面

旅游者来自世界各地，五湖四海，为了更好地为旅游者服务，要求旅游从业人员具有较宽的知识面，包括世界各地的风土人情、社会制度、人文地理、历史宗教等。旅游从业人员不一定要成为专家，但其必须是个“杂家”。

（四）有良好的服务意识

服务意识是指能够正确把握服务工作的内涵，时刻准备为客人提供主动、热情、周到、耐心、细致服务的一系列思想和行为方式。有服务意识的员工一进入工作状态，便能自然地产生一种强烈的为客人提供优质服务的欲望，并能主动为客人提供各种恰到好处的服务。每当踏入工作区域的时候，就像走上了舞台，客人是主角，而自己则是配角，时刻关注客人的需求，以满足客人的需要为自己神圣的职责和最大的快乐。

服务的英文是“SERVICE”。其中的“S”“E”“R”“V”“I”“C”“E”，可以分别理解为英文的“Simle”（微笑）、“Efficiency”（效率）、“Receptiveness”（诚恳）、“Vitality”（活力）、“Interest”（兴趣）、“Courtesy”（礼貌）和“Equality”（平等）。

旅游从业人员要有服务意识，还必须树立正确的服务理念，即：“客人总是对的”并能在实际工作中积极地贯彻这一思想，将其作为指导自己实际工作，处理与宾客关系的基本准则。

（五）有较强的卫生意识

旅游从业人员是与旅游者打交道的人，旅游者的旅游活动由食、住、行、游、购、娱几个环节组成，其中，“食”和“住”与卫生密切相关，安全、卫生是旅游者外出旅游最为关切的问题。因此，旅游从业人员要有卫生意识。

（六）有良好的职业道德

良好的职业道德是员工做好本职工作的必要条件。职业道德并非枯燥的说教，而是有血有肉、实实在在地贯穿于员工整个工作过程之中。

职业道德就是具有自身职业特征的道德准则和规范，它告诉人们在工作中应该做什么，不应该做什么；应该怎样做，不应该怎样做。也就是从道义上要求人们以一定的思想、态度、作风和行为去待人、接物、处事，完成本职工作。职业道德是旅游从业人员基本素质的重要组成部分，遵守职业道德是做好本职工作的基本保证，旅游从业人员要有职业道德意识，形成良好的职业道德规范。旅游从业人员的职业道德主要包括以下几个方面。

1. 热爱本职工作

热爱本职工作是一切职业道德最基本的原则。旅游从业人员要正确认识旅游业，明确自己工作的目的和意义，乐于为旅游者服务，忠实地履行自己的职责，并以满足客人的需求为自己最大的快乐。

2. 全心全意为客人服务

旅游从业人员要全心全意为客人服务，关心和爱护每一位客人，最大限度地满足客人一切合理、合法的需求，不断改善服务态度，提高服务效率。为客人提供优质服务，是旅游从业人员应尽的职责和义务。每一位旅游从业人员都应该有意识地做到对客人笑脸相迎，文明礼貌，热情周到，从每个动作和每句话中展现出高尚的道德风范。在服务工作中时刻摆正自己与客人之间的主、客关系和服务与被服务的关系，贯彻“宾客至上，服务第一”的原则。

3. 自洁自律

作为旅游从业人员，还应做到自洁自律。不利用工作之便贪小便宜，谋取私利，不向客人索要小费，不暗示客人赠送物品，不利用工作之便，偷窃客人财物。

（七）有较强的人际沟通能力

世界顶级酒店集团里兹–卡尔顿（Ritz–Carlton）对员工提出20条服务准则，其中第14条准则是：告诫员工与客户以及同事沟通时注意措辞得体。例如：应该说“请接受我的道歉”而非“对不起”；“愿意为您效劳”而非“可以”。为此，前总裁舒尔策曾宣布过一条著名禁令，禁止说“行”或“可以”。由此可见，在旅游服务中，沟通是何等重要！

旅游业是与“人”打交道的行业，在国外又被称为“招待业”“好客业”（Hospitality Industry），热情好客是对旅游从业人员的基本要求。旅游业的服务对象是国内外旅游者，服务的目的是使旅游者满意，因此，旅游从业人员必须掌握沟通的艺术和技巧。

任务2 旅游产品与旅游服务

旅游产品是旅游市场的核心，也是旅游业存在和发展的基础。因此，旅游产品生产与经营的好坏直接关系到旅游业的兴衰。

一、旅游产品

（一）旅游产品的概念

目前，人们对旅游产品的定义还存在着一些不同的看法。国际旅游学术界有关研究认为，人们需要从两个层次去认识旅游产品。一是整体旅游产品，从需求角度看，整体旅游产品就是旅游者从离家外出开始，直至完成全程旅游活动并返回家中为止这一期间的全部旅游经历的总和。二是单向旅游产品，这一概念主要从旅游企业角度出发，是指旅游企业所经营的设施和服务，或者说是旅游企业借助一定的设施向旅游者提供的项目服务。

为了便于理解，我们可以把旅游产品分为广义和狭义两种。广义上的旅游产品是指旅游经营者为了满足旅游者在旅游活动中的各种需要而面向市场提供的各种物品和服务的总称。狭义的旅游产品即旅游商品，也就是旅游购物品。

（二）旅游产品的特点

旅游产品的特点主要表现为以下几个方面。

1. 无形性

旅游产品对于旅游者来说是一种“经历”，对于旅游目的地和旅游企业来说则是其通过一定的设施或条件提供的服务。因此，旅游产品具有无形性的特征。

2. 不可转移性

旅游产品的不可转移性，一方面是指旅游产品在地点上的不可转移性，旅游者只能到旅游产品的生产地进行消费；另一方面是指提供旅游服务的相关设施和设备在所有权上的不可转移性。对于旅游产品而言，旅游者在支付费用后只是在一定时间和空间得到了旅游产品的暂时使用权，而不是该产品永久的所有权。

3. 不可储存性

旅游者购买产品后，旅游企业只是在规定时间内交付有关产品的使用权，旅游者也只能在规定时间内行使其使用权，如果没能按时使用，必须重新购买。对于旅游企业来讲，旅游产品的效用是不能积存起来待日后出售的，当新的一天来临，它将表现新的价值。如酒店的客房、高铁的座位等。

4. 综合性

旅游目的地的旅游产品是一种总体性产品，是旅游目的地为满足旅游者需求而提供的各种接待条件和服务的总和，涉及食、住、行、游、购、娱等诸多方面的内容。同时，旅游产品还涉及众多行业和部门，如住宿业、餐饮业、交通业、娱乐业等。任何一个方面的供给不力，都会对旅游者的满意度产生影响。这也体现出旅游目的地各个旅游行业同步发展、相互协调的重要性。

5. 生产与消费的同步性

旅游产品一般都是在旅游者来到生产地时，旅游企业才进行生产并交付其使用权。服务活动的完成需要由生产者和消费者双方共同参与。旅游产品在生产的同时也在消费，消费结束时生产也不再进行。在这个意义上，旅游产品的生产和消费是在同一时间、同一地点发生的。

二、旅游服务

（一）旅游服务的概念

旅游服务主要表现为旅游产品的服务。具体来说，通过旅行社、饭店、交通、娱乐、游览等方面工作人员热情友好的服务，向旅游者提供食、住、行、游、购、娱等方面的综合服务，以满足旅游者的需求。

旅游服务主要是指旅游企业借助一定的设施及使用一定的手段向旅游者提供的各种直接和间接利益的总和。简单来说，旅游服务就是旅游经营者向旅游者提供劳务的过程。

（二）旅游服务的特征

旅游服务的特征主要体现为以下几个方面。

1. 综合性

由于旅游产品具有综合性的特点，使旅游服务也同样具有综合性的特点。旅游者在旅游活动过程中，需求是多样化的，这就要求旅游服务必须完整、系统，任何环节出问题都会影响整个旅游服务的质量。

2. 时间性

旅游服务是讲求时效性的，旅游者外出旅游的时间是有限的，他们不希望自己所接受的服务结果遥遥无期，有时还有明确的时间要求。旅游服务的使用价值和交换价值会随着时间的流逝而逐渐消亡。

3. 直接性

任何旅游产品都只能通过直接、及时、随机的服务才能提供给旅游者，旅游产品生产与消费的同步性决定了旅游服务必须是直接的、面对面的服务。

4. 应变性

旅游者大都来自于不同的国家或地区，其性别、年龄、职业、兴趣爱好都存在很大差异，因此，在旅游过程中旅游者会表现出不同的需求。当旅游者提出需求时，服务人员应当马上做出反应使其满意。

5. 艺术性

在旅游过程中，旅游者不仅要得到物质上的满足，还要获得精神上的愉悦和审美享受，并且精神享受的成分占据主导地位。旅游服务质量的好坏直接影响到旅游者的情绪，因此，服务人员在服务过程中应显示出艺术魅力，通过语言和技能两方面给游客带来美的享受。

任务3 旅行社

旅行社是旅游业的重要行业之一，它和旅游交通、旅游饭店共同构成了旅游业的三大支柱。旅游者外出旅游首先要接触到的旅游企业可能就是旅行社。他（她）要从旅行社那里了解旅游产品，请旅行社帮助其设计旅游线路，并最终从旅行社预订和购买旅游产品。

旅行社从旅游饭店、航空公司等旅游供应商那里购买旅游服务，直接或间接地通过将其加工组合成最终旅游商品出售给旅游者，以满足旅游者的旅游需求，因而扮演着旅游中间商的角色，因此，旅行社在国外又称为“旅游中间商”。

一、旅行社的概念

根据2009年5月1日起施行的国务院颁布的《旅行社条例》规定，旅行社是指从事招徕、组织、接待旅游者等活动，为旅游者提供相关旅游服务，开展国内旅游业务、入境旅游业务或者出境旅游业务的企业法人。根据国家旅游局制定的《旅行社条例实施细则》，相关旅游服务主要包括：安排交通服务、安排住宿服务、安排餐饮服务、安排观光游览和休闲度假等服务，还包括导游领队服务、旅游咨询和旅游活动设计服务。

在旅游活动中，旅行社是将旅游者和旅游目的地联系起来的媒介。旅行社作为一种专门经营旅游业务的企业，是适应旅游活动的大众化、社会化的需要而逐步出现和发展起来的，工业革命的成功为旅行社的产生奠定了物质基础。它既是旅游活动商品化的结果，又是旅游活动商品化发展的要求。现在，旅行社已遍布全球，为世界旅游业的发展做出了积极的贡献。我国旅行社在20世纪80年代后期起迅猛发展，截至2019年12月31日，我国旅行社总数为38943家，其中广东数量最多，有3281家；北京紧随其后，有3062家。

二、旅行社的分类

（一）国外旅行社的分类

从旅行社业务经营的范围来看，目前国外旅行社主要有以下几种类型。

1. 旅游批发商

旅游批发商（Tour Wholesaler）是指以从事旅游商品的批发业务为主的旅行社。它们以最低价格批量预订交通、住宿、旅游设施及景点等使用权利，并将其组合成整套旅游产品（旅游线路、项目和日程）后，以包价批发形式出售给旅游经销商。它与旅游经营商的区别在于旅游经营商除生产和销售旅游商品外，一般还要带团旅游，指导旅游者消费旅游商品，而批发商则不必如此。

2. 旅游经营商

旅游经营商（Tour Operator）主要从事旅游商品的生产和销售活动。旅游经营商通过自己的网点或代理商向公众销售旅游产品，他们从旅游批发商手中购买旅游产品后，负责组织旅游接待团和具体接待服务。由于经营商大批量购买旅游服务，所以能从生产者那里获得各种优惠和折扣，因此，其包价商品的成本和售价较低，从而可以使购买这一商品的旅游者和生产这一商品的经营商都能从中受益。

3. 旅游代理商

旅游代理商（Travel Agent）是旅游零售商的典型代表，指专门代售旅游商品，提供各种旅游代办服务的旅行社。它的业务范围包括：代售旅游商品、代订饭店客房、代购交通票、代办保险、代办出租车服务以及代购各种文娱票等。有的还受其他旅行社委托，在目的地做地面接待，主要工作是负责宣传、推销旅游产品和服务。

（二）我国旅行社的分类

1. 按照旅行社经营的范围划分

我国旅行社的分类方法不同于欧美国家，并非按照消费流程进行自然分工，而是出于国家对旅游业实行宏观管理、确保旅游接待质量的目的来划分，属于按经营范围而进行的水平划分。

在1996年前，我国曾将旅行社分为三类社：一类社招徕、接待海外旅游者，二类社接待海外旅游者，三类社只能经营国内旅游业务。

随着1996年我国《旅行社管理条例》的颁布，我国旅行社从此走上了健康发展的法制道路。根据经营业务范围划分，把我国旅行社分为国际旅行社和国内旅行社。国际旅行社的经营范围包括入境旅游业务、出境旅游业务、国内旅游业务；国内旅行社的经营范围仅限于国内旅游业务。

2009年5月1日，我国《旅行社条例》正式颁布实施，该条例规定，申请设立旅行社，经营国内旅游业务和入境旅游业务的，应当具备下列条件：

（1）有固定的经营场所；

（2）有必要的营业设施；

（3）有不少于30万元的注册资本。

该条例规定申请设立旅行社，经营国内旅游业务和入境旅游业务的，应当向所在地省、自治区、直辖市旅游行政管理部门或者其委托的设区的市级旅游行政管理部门提出申请，并提交符合本条例第六条规定的相关证明文件。受理申请的旅游行政管理部门应当自受理申请之日起20个工作日内做出许可或者不予许可的决定。予以许可的，向申请人颁发旅行社业务经营许可证，申请人持旅行社业务经营许可证向工商行政管理部门办理设立登记；不予许可的，书面通知申请人并说明理由。旅行社取得经营许可满两年，且未因侵害旅游者合法权益受到行政机关罚款以上处罚的，可以申请经营出境旅游业务。

申请经营出境旅游业务的，应当向国务院旅游行政主管部门或者其委托的省、自治区、直辖市旅游行政管理部门提出申请，受理申请的旅游行政管理部门应当自受理申请之日起20个工作日内做出许可或者不予许可的决定。予以许可的，向申请人换发旅行社业务经营许可证，旅行社应当持换发的旅行社业务经营许可证到工商行政管理部门办理变更登记；不予许可的，书面通知申请人并说明理由。旅行社设立分社的，应当持旅行社业务经营许可证副本向分社所在地的工商行政管理部门办理设立登记，并自设立登记之日起3个工作日内向分社所在地的旅游行政管理部门备案。旅行社分社的设立不受地域限制。分社的经营范围不得超出设立分社的旅行社的经营范围。

小知识

中国十大旅行社排名

如今旅行社成了很多热爱旅行人士的选择，国内旅行社众多，出国旅游怎么选择旅行社，旅游参团选哪个旅行社？选择旅行社要选择哪些知名度高、规模较大、排名较好的正规旅行社？以下是最新中国十大旅行社排名情况。

中国十大旅行社排行榜：

1．中旅总社CTS（全称：中国旅行社总社有限公司，中国驰名商标，中国港中旅集团公司旗下的公司，中国旅行社协会副会长单位。）

2．中国国旅CITS（全称：中国国际旅行社总社有限公司，中国企业500强，目前国内规模最大、实力最强的旅行社企业集团之一。）

3．中青旅CYTS（全称：中青旅控股股份有限公司，成立于1979年，广东省委直属的大型国有企业，上市公司，广州旅游促进会副会长单位。）

4．康辉旅行社（全称：中国康辉旅行社集团有限责任公司，成立于1984年，中国驰名商标，是全国大型旅行社集团企业之一。）

5．春秋旅行社（全称：上海春秋国际旅行社有限公司，上海市著名商标，大型连锁公司，国内最具规模的大型旅行连锁公司之一。）

6．广之旅（全称：广之旅国际旅行社股份有限公司，成立于1980年，中国驰名商标，华南地区规模最大、实力最强的旅行社之一。）

7．锦江旅行社（全称：上海锦江国际旅游股份有限公司，中国规模最大的综合性旅游企业集团之一，中国旅行社行业的龙头企业。）

8．港中旅（全称：港中旅国际旅行社有限公司，知名旅行社品牌，5A级旅行社，极具影响力的旅游品牌之一。）

9．中信旅行社（全称：中国中信集团公司旗下中信旅游总公司，成立于1979年，行业竞争力品牌，5A级旅行社，国际旅行社知名企业。）

10．上航旅游［全称：上海航空国际旅游（集团）有限公司，上海名牌，5A级旅行社，知名旅行社品牌，领先的综合性旅行服务集团。］

2. 按照旅行社经营的方式划分

按照经营方式划分，旅行社可以划分为传统旅行社和在线旅行社。

（1）传统旅行社　即线下旅行社，是指有固定的经营场所，面对面为旅游者提供服务的旅行社。

（2）在线旅行社　又称线上旅行社，是旅游电子商务行业的专业词语，是指旅游消费者通过网络向旅游服务提供商预订旅游产品或服务，并通过网上支付或者线下付费，即各旅游主体可以通过网络进行产品营销或产品销售。

近年来，随着互联网技术的发展和人们观念的转变，以“携程”为代表的在线旅行社发展很快。2010年度“中国出境游十强旅行社”中，携程旅游集团成为最大的黑马，这也是国内首次有在线旅游服务商进入旅行社“十强”。

在线旅行社之所以能在很短的时间内赶上传统大社，其中，网络消费习惯的形成、服务商在产品和服务上进行的创新，是在线旅游服务取得市场认可的直接原因。携程旅游集团这样的在线旅行社还整合线上线下资源，形成网络平台与旅行社服务相互融合为一体的新模式，从而获得了更大的竞争优势。从旅游行业发展趋势看，互联网和信息技术会改变消费者的消费方式、经营者的经营方式，进而改变产业形态。

① 在线旅游的基本应用。随着用户群体从PC端向智能手持设备方面的大量转移，以及旅游用户预订习惯的转变，移动互联时代下的在线旅游市场极大改善了用户的消费体验，移动互联在线上旅行社模式中占据了重要位置。

第一，移动定位服务。基于位置的服务被称作为移动定位服务，通过一组定位技术获得移动终端的位置信息，以移动通信网络和卫星定位的系统结合来实现，实现各种与位置相关的业务。在旅游中基于位置的移动定位服务包括导航服务、位置跟踪服务、安全救援服务、移动广告服务、相关位置的查询服务等。比如根据当前定位位置，通过在线旅游服务商的App等相关应用，可以查询附近酒店、旅游景点、娱乐设施等相关信息，在进行选择预订的同时，可以利用地图应用的导入，实现空间到达。

第二，移动支付。通常称为手机支付，就是用户使用手机对所消费的商品或服务进行账务支付的一种服务方式。移动支付对实物货币有着可替代性作用，不受时空限制，具有先天的优势，在当前的消费行为中起着重要作用，移动支付服务的水平，将成为改善用户体验的重要组成部分。

第三，移动信息服务。指用户在移动过程中自动接收到的来自广告商或其他以目标客户为群体的组织的相关针对性信息。很多人会有进入到某地后自动收到当地欢迎信息的经历。移动互联网最关键的应用是高度个性化、高度相关性的信息传递，这些信息由客户定制，包括客户个人信息及其想达到的目的。因而，对目标客户或者是进入到一定旅游区域的用户进行相关信息的推送，可以引导其消费行为的产生。

第四，信息互动服务。这是一种基于移动互联网为目标用户发布大容量及强交互性内容的信息发布服务。相关数据显示，旅游市场传统业务交易量的增长率逐年下降，而自助游呈现爆炸式增长。当前的网络问答以及搜索服务为自助游提供信息支持。通过移动互联网服务，旅游者就可以不必在旅游出发前费事地进行旅游行程的详尽安排，就可以直接出发开始自由旅行。

② 在线旅游的新式应用。相关移动技术的日益成熟，以及为了更好满足用户需求，在线旅游服务商们为用户提供了相当多的新式应用。这些应用主要以多元化、多点式的App客户端为主，应用中包含了航班、酒店、旅游产品、攻略、图片分享等各个环节和产品，在产品的使用上进行了大量优化，提升用户体验。

第一，语音搜索。在移动的过程中，语音功能是非常有潜力的一块，如何便捷地获取信息，是用户体验的焦点。

第二，位置服务。基于位置的服务与地理位置密切结合，是无线渠道和其他渠道的差异化所在，也是移动应用的重要特色。

第三，个性化推送。随着大数据在商业分析领域的大量应用，个性化推送在当前电子商务领域并不鲜见。根据用户的搜索、浏览、购买历史等信息，分析用户相关兴趣爱好，将与用户相关的旅游信息（特别是折扣优惠）直接推送到用户面前，增加用户黏度的同时，进一步提升用户体验。

小知识

常用的在线旅游网站LOGO

三、旅行社的作用

（一）组带作用

旅行社的纽带作用主要体现在旅行社既可以组合各类旅游产品，也是各类旅游产品的销售者，为旅游者与旅游产品的沟通搭建了桥梁与纽带。尽管旅游业各组成部门也会直接向旅游者出售自己的产品，但多数产品还是通过旅行社销售给旅游者的。

（二）组织作用

旅行社是指以营利为目的，从事旅游业务的企业。旅行社的主要职能就是招徕、接待旅游者，为旅游者安排食宿等有偿服务的经营活动，负责旅游者外出旅游时的组织安排工作。当旅行社把旅游产品销售给旅游者之后，旅行社与旅游者之间就形成了法律关系，旅行社就要按照旅游合同的约定，按计划组织旅游者进行参观游览，安排食宿、交通、娱乐、购物等相关事宜，将看似分散的旅游活动相关部门进行合理安排和组织，在为旅游消费者创造身心愉悦的审美体验与真实体验的同时也为旅游相关行业部门带来利益。

（三）信息枢纽作用

旅游的最为显著的特征之一就是离开常住地。旅游活动往往是在异国他乡开展的，在这一过程中，旅游者或多或少地会受到目的地社会文化差异、语言不通的障碍、地理环境的差异、民族风俗禁忌等诸多问题的困扰，因此，旅游者外出旅游之前对目的地信息的收集和咨询是顺利开展旅游活动的重要条件。旅行社作为长期从事各项旅游业务等经营活动的企业，其与旅游业的各相关部门始终保持着密切联系，对供给市场和旅游者市场的情况最为熟悉，因此，旅行社能够为旅游者提供更具有指导性、专业性、直接性、准确性的旅游信息，同时为其决策起到很好的参谋和指导作用。

四、旅行社的业务

旅行社有不同的类型和规模，其业务范围也有所差异，但具有代表性的业务基本上是相同的。

（一）销售旅游产品业务

旅行社是以营利为目的，从事旅游业务的企业。旅行社只有将自己的产品销售出去，才能够获取相应利润。因此，旅行社要随时对旅游市场进行调研，准确了解和掌握旅游市场的需求动向，按照旅行社企业自身的条件、能力及市场定位，结合旅游目的地的旅游资源和旅游服务设施情况，设计出各种能够吸引旅游者的适销对路、各具特色的旅游产品及其组合，针对自己的目标市场，利用各种传播媒介和通过举办展销会、出版各类宣传品、开展公共关系活动和其他促销手段将自己的产品销售出去。

（二）提供导游服务业务

导游服务是旅行社接待服务工作的中心环节，导游服务贯穿旅游接待服务的始终，导游服务质量对整个旅游服务质量乃至国家或地区旅游业的声誉都有着十分重要的影响。在旅游活动过程中，导游人员是旅行社的形象代表，代表着旅行社实施旅游接待计划，为旅游者提供引导游览、景点讲解以及安排旅游者的住宿、用餐、交通、娱乐、购物等各项服务，陪同旅游者，做好翻译、宣传工作，协调解决旅游活动期间出现的种种问题，确保旅游者的安全，保护他们正当的权益。

（三）计调业务

每个旅行社都有专门的计调部门，计调部门主要工作包括两个部分：第一，为业务决策而进行的信息提供调查研究、统计分析、计划编制等参谋性工作；第二，为实现计划目标而进行的统筹安排、组织落实、业务签约、协调联络、监督检查等业务性工作。计调部开展相关工作的目的主要是为了安排好旅游者的接待工作，使他们能够进得来，出得去，住得舒适，吃得满意，玩得开心，觉得此次旅游确实是一次享受。

（四）财会业务

作为以营利为目的的企业，旅行社财务部是旅行社组织机构中的主要部门之一。旅行社的财务部门主要职能是在了解其资金流动特点的情况下，做好货币资金、结算业务、工资、低值易耗品、固定资产、营业费用和企业管理费、营业成本、营业收入、利润、专用资金的核算，并编制好会计报表。

五、旅行社的职能

（一）生产职能

旅行社的生产职能，也可以称作组合设计职能，主要指旅行社以低于市场价格将饮食、住宿、交通、游览、购物和娱乐等旅游业相关产品进行不同的设计、组合，并赋予其特色的主题，制订出整体的旅游计划，按照约定为旅游者安排旅游路线、交通工具、食宿、游览项目、购物、娱乐等一系列服务。

（二）销售职能

旅行社将组合设计的旅游产品的各个部分综合起来分销给零售商和中间商或直接将包价旅游产品直接销售给目标旅游者，或者旅行社将旅游产品的各个部分综合汇集起来销售给零售商或直接在市场上销售给旅游者，从而达到销售旅游产品和疏通销售渠道的目的。

（三）组织协调职能

为了使旅游者的旅游活动能够顺利进行、有序开展，旅行社把旅游产品出售给旅游者后，还应当做好旅游产品的售后服务，做好旅游活动的组织协调工作。

（四）提供信息职能

旅行社作为旅游需求市场和供给市场的桥头堡，能够及时准确了解相关信息，因此，旅行社可以为旅游者提供旅游供给方面的信息和咨询服务。通过旅游产品销售和服务提供，旅行社一方面能够更好地了解旅游者的兴趣爱好、意见、要求等，为其今后的旅游产品组合、设计和销售提供依据；另一方面可以将所了解的信息提供给旅游业其他相关部门以做参考。

（五）经济利益的分配职能

旅行社所提供的旅游产品中会涉及饮食、住宿、交通、游览、购物和娱乐等旅游业相关部门，旅游过程中旅游者也不可避免地接触到众多旅游接待部门，但旅游者只把全部费用作为购买包价旅游产品一次性付给旅行社，而不会将费用分散付给各相关接待部门，因此旅行社要在各部门之间合理分配总收入，使旅游业各接待部门获得应有的利益。

六、旅行社产品的类型

按照包价项目的多少划分，旅行社产品可分为以下几种类型。

（一）全包价旅游

全包价旅游（Full Package Tour）多为10人以上的旅游团所采用。即参加旅游团的旅游者采取一次性预付旅游费用的方式，将各种相关旅游服务全部委托一家旅行社办理。包价的项目通常包括以下内容。

（1）来往旅游目的地的长途交通费用；

（2）依照规定等级提供的饭店客房；

（3）游客一日三餐的餐费及饮料费；

（4）市内游览用车费；

（5）翻译导游服务费；

（6）交通集散地的接送服务；

（7）行李服务费；

（8）游览场所门票和文娱活动场券。

（二）半包价旅游

半包价旅游（Half Package Tour）指在全包价旅游的基础上，扣除午餐、晚餐费用的一种包价形式，其目的在于降低产品的直观价格，提高产品的竞争能力，同时也是为了更好满足旅游者在用餐方面的不同要求。

（三）小包价旅游

小包价旅游（Mini-package Tour）又称为可选择性旅游（Optional Tour），由非选择部分和可选择部分组成。非选择部分包括接送、住房和早餐，旅游费用由旅游者在旅游前预付；可选择部分包括导游、风味餐、节目欣赏和参观游览等，旅游者可根据时间、兴趣和经济情况自由选择，费用既可预付，也可现付。

（四）零包价旅游

零包价旅游（Zero Package Tour）是一种独特的产品形态。参加这种旅游的游客必须随团前往和离开旅游目的地，但在旅游目的地的活动是完全自由的，形同散客。旅游者参加零包价旅游的好处在于可以获得团体机票价格的优惠，并可由旅行社统一代办旅游签证。

（五）单项服务委托

单项服务委托（Other Requested Service）又称委托代办业务，它是旅行社根据旅游者的具体要求而提供的各种有偿服务。旅游者需求的多样性决定了旅行社单项服务内容的广泛性，但其中常规性的服务项目主要包括以下内容。

（1）导游服务；

（2）交通集散地的接送服务；

（3）代办交通票据和文娱票据；

（4）代订酒店客房；

（5）代客联系参观游览项目；

（6）代办护照、签证等旅行证件；

（7）代办旅游保险。

任务4　旅游饭店

一、旅游饭店的概念

“饭店”（Hotel）一词源于法语，原指接待贵宾的乡间别墅，后来被欧美国家沿用，表示提供食宿的商业性设施。在我国表示提供食宿设施的名词很多，如饭店、旅馆、宾馆、酒店、客栈、客店等。

简单地说，旅游饭店是为旅游者提供食、宿场所和各种服务，借以取得收入的旅游企业。现代旅游饭店一般还为旅游者提供购物及娱乐活动。旅游饭店是旅游业的重要支柱之一，其收入构成旅游业收入的重要组成部分。

二、旅游饭店的发展历史

（一）小客店、客栈时期（19世纪中叶以前）

在古代，出于政治、经济、军事等目的，旅行活动开始出现，为满足外出人们的吃、喝、睡等基本需要，19世纪中叶以前就出现了客栈和酒店，人们习惯上把这段时期称为小客栈时期。至中世纪后期，随着商业的发展，旅行和贸易兴起，对客栈的需求量大增。早期的客栈设施简陋，仅提供基本食宿，旅客往往挤在一起睡，服务项目少，服务质量差。15世纪至18世纪，客栈开始流行并逐步盛行。客栈主不仅有接待旅客的权利，同时也有接待旅客的义务。总体来看，这一时期的客栈声誉差、安全系数低、规模小、设施设备较为简陋、服务项目少，一般只提供简单的食宿服务，被认为是赖以糊口谋生的低级行业。

（二）大饭店时期（19世纪中叶—20世纪初）

18世纪后期，交通工具的改革，火车、轮船的普及，方便了人们的远行，贵族度假者和上层人物以及公务旅行者日益增多，产业革命带来的一系列技术革命为饭店设施的革新创造了良好的条件，饭店开始了装备现代化的第一步。产业革命的成功和社会经济的发展使得消遣性的外出旅游活动规模超过传统的商务旅行，“大饭店”在此背景下应运而生。

大饭店时期的代表人物是瑞士人恺撒·里兹，他建立了大饭店建设和经营的模式。这一时期的饭店经营特色是追求豪华，最具有代表性的有巴黎的巴黎大饭店和罗浮宫大饭店、柏林的凯撒大饭店、伦敦的萨依伏大饭店等。这些饭店一般在豪华大都市，规模宏大，建筑与设施豪华，装饰讲究，服务一流，主要接待享有特权的上流人物和其他社会富裕阶级。

（三）商业饭店时期（20世纪初—20世纪50年代）

商业饭店时期于20世纪初在美国拉开序幕。商业饭店时期是世界饭店发展史上最为重要的阶段，也是世界各地饭店业发展最为活跃的时期，它奠定了现代饭店业的基础。20世纪开始，由于汽车、火车、飞机等交通运输业的长足发展大大便利了人们的出行，商业旅行急剧增加，对廉价舒适的食宿设施的需求也随之增加，面向普通民众的饭店业得到了迅猛发展。

商业饭店时期的饭店，其经营特点如下。

（1）接待对象发生变化。市场面广，面向普通大众，主要是商务型旅行者及社会各界人士。

（2）价格与其接待对象相适应，实现了低价。

（3）追求高质量服务。这一时期饭店业把提供“方便、舒适”的高质量服务作为其追求目标，饭店设施方便、舒适、清洁、安全；提出了新的服务理念，开始以客人为中心；经营者讲求经营效益，推行科学化管理。

美国饭店大王埃尔斯沃思·密尔顿·斯塔特勒被公认为是商业饭店的创始人。他凭着自己多年从事饭店经营的经验及对市场需求的了解，创造了一种新型的商业饭店，致力于合理控制成本，以大众可以接受的价格为客人提供舒适的服务。同时设在公路边的汽车饭店也在美国各地涌现。

（四）新型旅馆时期（20世纪50年代以后）

20世纪50年代以后，饭店发展进入新型旅馆时期。这一时期饭店的主要特点如下。

（1）随着第二次世界大战后各国经济的复苏与发展，交通业的不断革命，旅游业开始蓬勃发展，饭店业的接待对象越来越大众化，已不再局限于商务旅行者，日益增多的观光旅游者成为饭店业一大客源市场。

（2）随着接待对象的大众化，旅游者的需求也随之多样化。为了适应现代旅游者多样化、多层次的需求，旅馆经营逐步朝着多功能方向发展，不仅提供基本的食宿，还向客人提供问讯服务、外币兑换服务、洗衣服务、房餐服务、电话服务、医疗服务、按摩服务、缝纫服务、交通服务、导游服务、邮电服务、健身服务等多样化服务内容。同时，还进一步完善各项设施设备，为客人提供游泳池、高尔夫球场、会议室、电影院、展览厅等设施。

（3）为了满足不同客源市场的需要，这一时期的饭店业开始朝多样化发展，会议旅馆、商业旅馆、长住式饭店、度假型旅馆以及各种特色旅馆等开始出现并逐步发展。尤其是随着小汽车的普及，汽车旅馆便应运而生，并已在饭店业中独占鳌头。

（4）随着酒店业的大规模发展，酒店业的竞争也不断加剧，为了能够更好地经营发展，饭店逐步走向联营化道路，如希尔顿（Hilton）、假日（Holiday Inn）、喜来登（Sheraton）等。

三、旅游饭店的类型

随着国际旅游业的发展，饭店业也得到了迅速发展。具有不同客源市场的各种类型的饭店层出不穷。按照不同的划分标准，饭店的种类也有所不同。

（一）按照饭店特色划分

1. 商务型饭店

商务型饭店主要是接待商务旅游者，即为从事商贸活动的旅游者提供住宿、餐饮及商务活动条件的饭店，多建于大中城市的中心区域或商业区。其功能、规模、特色、等级各不相同，既有接待国家元首的每晚房费在上千至上万美元的豪华饭店，也有接待普通旅游者的一星旅馆。

2. 观光型饭店

观光型饭店主要接待观光旅游者，多位于世界各地的旅游观光城市和旅游景区附近。观光旅游者目前仍然是世界旅游市场的主体，其数量在旅游者中占有相当大的比例，其经营状况容易受到观光旅游市场变化的影响。

3. 度假型饭店

度假型饭店主要接待度假、游乐、疗养的旅游者，一般位于自然风景优美或具有人文特色的旅游区，如海滨、温泉、森林、湖岸、山区、风景名胜区等地。

4. 公寓饭店

公寓饭店主要是为旅游者提供长住或经常性居住服务，多采取公寓式布局。

5. 会议型饭店

这类饭店主要接待各种会议团体，是为开展各种展销会、大型博览会、国际会议、经贸洽谈会等客户提供会议室、住宿、餐饮等综合服务的饭店。大多建于政治、经济、文化中心或交通方便的旅游胜地，一般设有会议厅、宴会大厅，备有同声翻译装置等会议所需的各种其他设备。

6. 汽车型饭店

汽车型饭店以接待自驾车旅游者为主，是适应陆地交通发展而出现的旅游住宿设施，通常设在城市边缘和公路干线旁边，一半的区域可以提供停车、住宿和餐饮服务，能满足过往旅游者的基本需求。

7. 精品酒店

20世纪末，精品酒店作为一种专业酒店类型在美国等西方国家出现。精品酒店的规模一般都不大，功能不一定特别完善，客房资源也比较有限，但装饰极其豪华，特色鲜明，服务也非常到位。在经营理念上，精品酒店致力于为客人营造一种家的温馨感觉，吸引高品位和文化享受的休闲或商务客人；在服务理念上，精品酒店为客人提供全方位、全过程服务，目前通常使用的服务方式是起源于英国皇室的“管家式服务”，致力于提供亲切、殷勤、真诚、专属的服务，最大限度的满足客人个性化的需求。

（二）按照规模大小划分

一般根据客房数量来确定饭店的规模，可划分为大型饭店、中型饭店、小型饭店。

（1）大型饭店　客房数一般在500间以上，服务项目和设施齐全，价格较高。

（2）中型饭店　客房数一般在300~500间，有一定的娱乐场所，服务项目较为齐全。

（3）小型饭店　客房数一般在300间以下，能提供一般的食宿和餐饮服务，较为经济，适合大众旅游者住宿。

四、饭店的等级划分与评定

在重视发展旅游业的国家和地区，不论是官方还是民间业界，一直都很注重对饭店设施的等级划分与评定。由于国情不同，饭店的等级划分与评定工作的组织与实施是不尽相同的。例如，相较于发达国家，发展中国家饭店业发展起步晚，发展水平不高，民间力量薄弱，行业自律和组织能力有限，因此，发展中国家的饭店等级划分和评定工作一般是由政府旅游行政部门进行组织和实施的。与发展中国家相比，发达国家的饭店企业多为私营，行业中的民间力量十分强大，加之行业自律比较成熟，所以饭店设施的等级划分与评定通常都是由民间的饭店行业协会负责组织评定。

（一）我国饭店的等级划分

国际上对饭店的等级一般以“星”来划分，符号表示为“★”。用星的数量和颜色表示饭店的等级，从低到高依次为一星级、二星级、三星级、四星级和五星级（含白金五星级），星级越高表示饭店的等级越高，最低为一星级，最高为五星级。星级以镀金五角星为标识，用一颗五角星表示一星级（★），两颗五角星表示二星级（★★），三颗五角星表示三星级（★★★），四颗五角星表示四星级（★★★★），五颗五角星表示五星级（★★★★★），五颗白金五角星表示白金五星级。截至2019年6月30日，全国星级饭店总数为10284家。其中包括一星级73家，二星级1862家，三星级4961家，四星级2542家，五星级846家。

由于以“星”划分饭店等级这一做法比较普遍，旅游者的认知度比较高，所以很多不采用星号标定其等级的饭店在对外开展宣传促销时，也往往会附带说明自己大致相当于国际上的几星级饭店。而近年来国际上某些饭店称自己是“六星级”甚至“七星级”饭店，并不是饭店星级评定制度的规范等级，仅仅是饭店为了突出自身饭店与众不同的超高品质而进行的营销宣传。

小知识

白金五星级饭店

1988年，国家旅游局开始组织实施旅游饭店星级评定工作。2003年12月1日颁布、2004年7月1日实施的新版《旅游饭店星级划分与评定》标准中设立了白金五星，它是中国自1988年出台饭店星级标准以来，第三次修订、首次出现自行设计的标准。白金五星的酒店缀有五颗星的标牌将选用白金色。

白金五星级饭店要求具有两年以上五星级饭店资格；地理位置处于城市中心商务区或繁华地带，交通极其便利；建筑主题鲜明，外观造型独具一格，有助于所在地建立旅游目的地形象。

2007年8月，国家旅游局局长、全国旅游星级饭店评定委员会主任邵琪伟为获得白金五星级饭店的北京中国大饭店、上海波特曼丽嘉酒店、广州花园酒店三家饭店颁发证书和标牌。国家旅游局表示，白金五星级饭店将采取有限制条件的审评制，全国星评委每年根据申报情况进行一次评定验收，对于已经评上白金五星的酒店也将实行年审制。

（二）我国饭店星级的评定

为适应中国国际旅游业发展需要，尽快提高旅游饭店管理和服务水平；为将中国旅游饭店经营管理早日纳入国际市场，与国际标准接轨；为保护旅游经营者和旅游消费者的利益，中国国家旅游局制定了旅游涉外饭店星级的规定，实行单点星级制度，使中国饭店业发展进入了一个崭新的阶段。

2010年10月18日，国家旅游局发布《旅游饭店星级的划分及评定》（GB/T14308—2010），经国家质量总局、国家标准化管理委员会批准，于2011年1月1日正式实施。该标准规定了旅游饭店星级的划分依据、要求、条件和评定原则。这个标准适用于各种经济性质的开业一年以上的旅游接待饭店，包括宾馆、酒店和度假村等星级划分和评定。旅游接待饭店划分为五个星级，即一星级、二星级、三星级、四星级、五星级，星级越高，表示饭店的档次越高。星级的划分以饭店的建筑、装饰、设施设备及管理、服务项目、服务水平等为依据，具体评定执行《旅游饭店星级的划分及评定》颁布的设施设备及相关服务项目评分标准、设备实施维修保养及清洁卫生评定标准、服务质量评定标准、服务与管理制度系统、顾客服务质量感知系统等五项内容。

星级饭店的一般标准如下。

（1）五星级旅游酒店　旅游酒店的最高等级。设备十分豪华，设施更加完善，除了房间设施豪华外，服务设施齐全。各种各样的餐厅，较大规模的宴会厅、会议厅，综合服务比较齐全，是社交、会议、娱乐、购物、消遣、保健等活动中心。

（2）四星级旅游酒店　设备豪华，综合服务设施完善，服务项目多，服务质量优良，讲究室内环境艺术，提供优质服务。客人不仅能够得到高级的物质享受，也能得到很好的精神享受。

（3）三星级旅游酒店　设备齐全，不仅提供食宿，还有会议室、游艺厅、酒吧间、咖啡厅、美容室等综合服务设施。这种属于中等水平的饭店在国际上最受欢迎，数量较多。

（4）二星级旅游酒店　设备一般，除具备客房、餐厅等基本设备外，还有卖品部、邮电、理发等综合服务设施，服务质量较好，属于一般等级。

（5）一星级旅游酒店　设备简单，具备食、宿两个最基本功能，能满足客人最简单的旅行需要。设施和服务符合国际现行的基本水平。

总的来说，一个饭店的考核等级一般都需要从“硬件”（设施设备）、“软件”（服务和管理）以及顾客满意程度等多个方面综合考量。有些国家相关组织在评定一个饭店的等级时，还要考虑该饭店每年用于维修的费用支出。在实际划分过程中，各国对同一星级的饭店所要达到的具体要求、标准也有所不同。

五、旅游饭店的地位和作用

（一）旅游饭店构成旅游业综合接待能力

影响旅游业综合接待能力的因素很多，如交通运力、游览点的容量等，但饭店床位数是其中的主要因素。床位数不足，旅游者无处投宿，也就无法完成其旅游活动。因此，旅游饭店的数量和质量直接影响旅游业的发展。

（二）旅游饭店是旅游业创收的重要渠道

由于现代饭店为客人提供综合性服务项目，饭店业收入在整个旅游收入中所占的比例越来越大。据统计，在世界旅游收入中，饭店收入通常占50%左右。旅游饭店取得收入不仅依靠客房和餐厅，还依靠向旅客提供各种其他服务，如洗衣、按摩、理发以及出售商品等。

（三）旅游饭店体现旅游业服务质量

在构成旅游活动的食、住、行、游、购、娱中，至少有两项发生在饭店。从时间上看，旅游者有近一半的时间是在饭店度过的。因此，旅游饭店服务质量的高低在很大程度上代表东道国和旅游地旅游业服务质量的高低。

（四）旅游饭店促进了社会就业

旅游饭店具有劳动密集的特点，因此，它可以为社会创造较多的直接就业机会和间接就业机会。据调查，旅游饭店每增加一间客房，就可以为社会提供1~3个直接就业机会和3~5个间接就业机会。旅游饭店还会带动一些相关行业的发展，从而间接提供大量的就业机会，如通信、水电、旅游用品、旅游商品等。

六、我国旅游饭店的发展趋势

（一）饭店集团化、连锁化、品牌化经营

集团化、连锁化将是较长时间内中国饭店业的发展方向。主要表现为以下两个方面：一是国际饭店集团将把中国作为重要的战略竞争之地，世界高档品牌饭店集团越来越多的入驻中国，如洲际、万豪、喜达屋等饭店集团，这些集团在中国将会展开全方位的竞争，此外，高、中、低端品牌也将全方位登陆中国市场。二是国内饭店集团发展速度进一步加快，如锦江国际酒店管理公司、开元旅游业集团、东方酒店管理有限公司、如家酒店集团等都是国内饭店集团投资和管理领域的佼佼者。

（二）饭店个性化服务

随着社会的发展，消费者的心理越来越难以把握。对于饭店而言，在提供服务时不能把服务模式仅仅定在规范化服务这一起点上，还应根据消费者的不同情况量体裁衣、投其所好，为消费者提供更加个性化、有针对性的产品和服务，这也是未来饭店的发展趋势。

（三）饭店信息化发展

随着互联网技术的发展和全社会信息化进程的加快，以电子信息技术为代表的现代科技逐步进入饭店业，饭店的智能化程度不断提高，客人感到更加舒适、方便。网上预订、网上宣传促销将成为必要的手段。客人入住手续、房间的挑选直接通过电脑操作完成，饭店可以利用新科技加强饭店的服务能力。

（四）饭店国际化发展

饭店国际化发展主要包括品牌国际化、市场国际化、资产国际化和经营管理国际化四个方面。通过饭店的国际化发展不仅可以扩大市场网络、增强饭店集团的影响力、获得更多的收益，还能使饭店集团在全球化战略视角下整合、优化各种资源，实现最大效用。

小知识

世界上最豪华的饭店

位于迪拜的伯瓷酒店，又称阿拉伯塔酒店（Hotel Burj Al-Arab），被誉为世界上唯一一家“七星级酒店”。酒店因外形酷似帆船，又称迪拜帆船酒店，酒店建在离沙滩岸边280米远的波斯湾内的人工岛上，仅由一条弯曲的道路联结陆地，共有56层，321米高，酒店的顶部设有一个由建筑的边缘伸出的悬臂梁结构的停机坪。

阿拉伯塔酒店有202套房，都是复式，房间最小的170平方米，最大的是皇家总统套房780平方米。最小的房间每天住宿费为1500美金（约1万元人民币），而皇家总统套房的每天住宿费高达20000美金（约14万元人民币），因此阿拉伯塔酒店也成为全世界最豪华的酒店，被称作波斯湾的明珠。

任务5　旅游交通

旅游交通是旅游业的一个重要组成部分，是旅游业发展的命脉，是整个社会交通运输的有机组成部分。旅游交通在旅游业发展中具有十分重要的地位，交通工具是帮助旅游者实现旅游活动的必要手段，它可以极大地促进或阻碍一个国家或地区旅游业的发展。

一、旅游交通的含义

旅游交通是指旅游者为了实现旅游活动而借助某种交通工具，实现从一个空间到另一个空间的转移过程，它既包括旅游者从常住地到旅游目的地之间的转移过程，也包括从旅游目的地一个景点到另一个景点的空间转移过程。

由于交通线路和地理环境的不同，人们外出旅游乘坐的交通工具存在一定的差异，其中最常见的交通工具包括汽车、飞机、火车和轮船。

二、旅游交通的特点

（一）游览性

旅游交通与公共交通之间最大的区别就是游览性。旅游交通的游览性主要体现在三个方面：第一，在整个旅游交通线路的设计上，要注重线路设置的游览性特点，交通线路的设置要考虑尽量不走回头路，使一次旅游到达尽可能多的景区；第二，在交通工具方面，其设计也充分考虑了旅游交通的游览性，不同交通工具所展现出的游览特征也不尽相同，比如可以乘飞机俯瞰山川河流，乘火车观赏沿途的迷人风光，乘轮船领略浩瀚无穷、波澜壮阔的大海以及奔涌向前的河流；第三，旅游交通本身也有可能会成为旅游者观光游览的对象。

（二）区域性

一般情况下，旅游者都是首先从客源地集中流向目的地口岸或中心城市，进而向其他热点旅游城市或旅游区域分流，之后向次级旅游城市或旅游区延伸流动。旅游交通具有明显的区域性特征，旅游交通线路是以旅游者的流向（流动方向）、流量（旅客数量）、流时（旅行时间）和流程（旅行距离）等因素为参考，集中分布在旅游客源地与目的地之间，以及旅游目的地内各旅游集散、居留、餐饮、浏览、购物和娱乐等场所之间，具有明显的区域特色的线路。

（三）舒适性

与一般性的基本消费活动相比，旅游活动属于较高层次且具有明显享受特征的消费活动，与一般的消费者相比，旅游消费者在舒适性层面有着更高的要求。与一般的交通工具相比，旅游交通工具往往在一些舒适性的配置上更加丰富、更加豪华，如飞机、火车、汽车等旅游交通工具，往往带有空调、音像设备、角度可调的高靠背座椅等，这些都使得旅游者在乘坐交通工具时能够得到最大程度的身心休息和精神放松，从而获得一种愉悦、轻松的体验与感受。

（四）季节性

旅游者的旅游活动受到节假日时间、气候和出行日程安排等诸多因素影响，在时间上呈现出分布不均的现象，这一现象被称为旅游活动的季节性。受旅游活动季节性的影响，作为旅游服务环节之一的旅游交通运输量也随季节和时间的推移而发生明显的、有规律的变化，如当旅游业进入旅游旺季，旅游交通也随之进入繁忙季节，反之，则进入萧条季节。

三、旅游交通在旅游业中的作用

（一）旅游交通是发展旅游业的先决条件

旅游者的旅游活动包括食、住、行、游、购、娱六个方面，其中，“行”和“游”都涉及旅游交通的问题，因此，旅游交通是旅游活动的组成部分。旅游者外出旅游，必然要进行空间的转移，交通工具是旅游者实现空间转移的最快速也最为有效的手段。发达的旅游交通能够缩短旅途时间、节省旅游费用、扩大旅游者的游览空间范围，并直接影响着旅游者活动的规模、形式和内容。旅游交通业具有为旅游业输送客源的强大功能，因而被称作旅游业的大动脉。因此，旅游交通是现代旅游者开展旅游活动必不可少的条件之一。

（二）旅游交通可以促进旅游目的地经济的发展

旅游目的地的发展必须有对旅游者具有极大吸引力的旅游资源，否则，旅游者就不会涉足前往。但是，旅游目的地的发展，还必须通过旅游交通把旅游者运送到那里才能实现。因而，旅游目的地的可进入性难易程度便成了能否使旅游者大量、经常来访的关键。旅游交通发挥着集散、运送和疏导旅游者的作用。同时，旅游交通线路的增加还可以扩大该区与外界的联系，促进信息、物资的交流，带动其他产业共同发展。

（三）旅游交通是旅游创收的主要来源

在旅游消费中，旅游交通消费属于基本消费，旅游者用于交通的支出占据了旅游者消费的最大比例。人们外出旅游首先要进行空间的位移，必须乘坐各种旅游交通工具，支付交通费用，这是旅游者外出旅游必需的、基本稳定的支出，因而是旅游业经济收入的基本来源。旅游交通费的多少与旅游者旅行距离长短以及所选择的交通工具类型有直接关系。一般说来，旅行距离越长，所选择的交通工具越现代化，旅游交通费支出就越多；反之，旅行距离越短，所选择的交通工具越不现代化，旅游交通费支出就越少。这是一种静态的分析方法，如果从动态的角度来看，从旅游业的发展趋势来分析，整个旅游交通费呈现增长的趋势。

四、现代旅游交通体系

现代旅游交通体系通常包括航空、公路、铁路、水路等形式。

（一）航空

飞机是目前远程旅游的主要交通工具。航空运输比其他的交通运输发展较晚，但是它的发展速度很快。由于航空交通具有快捷、舒适的特点，乘坐飞机旅行的人数在不断增加。对许多旅游者来说，若距离在500千米以上，大都选择乘坐飞机。

航空旅行的主要优点是快速、准时、舒适、安全系数高、服务质量好等；其缺点是只能完成点到点之间的旅行，机票贵、飞机容量小、运载量小、噪音大、不适宜短途旅行、受天气状况限制因素大等方面。

（二）铁路

在现代交通运输体系中，铁路交通是发展较早的一种交通运输。铁路交通主要承担着中远程旅游者的运输任务。铁路运输有很多优点，如载客量大、价格低、安全、环境污染小、车内可自由活动等，还可以观赏沿途风景，增加旅途乐趣，因此，铁路交通在我国旅游交通中一直占有重要地位。在我国，乘火车仍是大多数居民外出旅游的主要交通方式。铁路交通也存在一些缺点，如灵活性差、建设周期长、一次性投资大等。目前，我国的高速铁路网正在逐步完善，旅游者出行将更加省时、方便、舒适，高铁的来临为旅游带来了一片生机。

小知识

中国最美高铁——沪昆高铁

沪昆高铁被称为中国最美高铁，串起了滇池、黄果树瀑布、花江大峡谷、平坝天台山、洞庭湖、鄱阳湖、西湖等人间仙境，横跨了大半个中国，沿路无数美景、美食，全程只需10多个小时。沪昆高铁由上海出发，经杭州、南昌、长沙、贵阳、昆明等6座省会城市及直辖市，一站一景。

（三）公路

公路交通是最重要、最普遍的短途运输方式，承担世界上约一半以上的国际旅游者运输量。由于汽车运行所要求的条件比较少，因此，它是发展最快、应用最广泛的一种交通方式。汽车是中短距离较理想的交通工具。公路运输的主要特点包括灵活性大、能深入到旅游点内部、行程自由、可以随时停留选择旅游点，并且公路建设投资少、占地少、见效快。公路交通的缺点主要表现在运输量小、速度慢、运费高、安全性差、容易产生环境污染、受气候影响比较大，其事故率是四种交通方式中最高的。随着高速路网的不断完善和私家车的不断增多，自驾游已经成为一种旅游方式。

随着旅游业的发展，传统的旅游大巴和家用小汽车已经不能满足人们外出度假的需要，在此背景下，房车应运而生。很多家庭假日出游时，在小汽车后面挂上拖车，到达宿营地后，拖车既可作“餐车”，又可作“卧室”使用，这就是所谓的旅游“房车”（Recreational Vehicle，RV）。房车又称“车轮上的家”，兼具“房”与“车”两大功能，但其属性还是车，是一种可移动、具有居家必备的基本设施的车种。其雏形源于吉普赛人的大篷车，有拖挂式和自行式两种类型，其特点是机动、灵活、方便、实用。

用房车旅行，停靠在远离城市的沙滩、湖岸、草地、山坡、森林中，同时又拥有城市的生活方式：自己做可口的饭菜、洗个热腾腾的澡、睡柔软舒服的床、看电视、听音乐、放DVD等。开着房车旅行，疲惫时可以在床上、沙发上舒服地睡一觉。乘房车出游可以随走随停，充分享受房车露营这种休闲方式所带来的快乐。

（四）水路

水路交通是最古老的一种交通方式，船也是最古老最常用的一种交通运输工具。近200年前，蒸汽机被发明出来，进而被装置到船上作为动力，轮船随之出现。轮船的出现，使得人们能够前往更远的海外进行旅行游览，从此开始进入到海外旅行的新时期。

水路交通具有运载能力大、能耗小、成本低、舒适等优点，轮船为其交通工具。直到20世纪50年代以前，轮船仍然是旅行者过海的主要运输工具。20世纪50年代以后，由于航空交通的发展，特别是大型喷气式客机出现以后，轮船的运营受到很大冲击，乘坐轮船的旅客大量减少。

我国游船的发展历史最早可追溯到春秋时期。隋朝时期，隋炀帝开创了集交通工具和旅游、娱乐于一体的“周游”新篇章，各朝各代的游船业相继发展，到明清时期已十分兴旺，而且样式很多,有的还配有食宿、文娱，与当代游船有许多相似之处。当前，我国的邮轮产业正处于迅速上升的发展时期，众多城市已经成为国际化的邮轮码头和邮轮母港，如上海、厦门、深圳、海口等城市，可接待来自世界各地的国际游轮，国内的旅行社也在组织国内游客参加海上邮轮旅游活动。另外，近年来，我国还相继在长江、淮河、松花江、珠江及部分著名湖泊发展水上旅游，取得了良好的反响。

小知识

国际三大邮轮公司

第一大邮轮公司——美国嘉年华邮轮公司

嘉年华邮轮公司成立于1972年，拥有32条豪华邮轮，服务于全球各地，雇用了大约3500名员工在岸上工作，大部分员工在公司总部迈阿密工作。现在嘉年华邮轮公司已经发展成为全球第一的超级豪华邮轮公司。“快乐之舟”是嘉年华邮轮带给游客的真正含义，嘉年华的服务对象主要是年轻的乘客和公司的会员。

第二大邮轮公司——美国皇家加勒比国际邮轮公司

美国皇家加勒比国际邮轮公司是世界第二大邮轮公司，成立于1969年。公司在1970年投入了第一条邮轮“挪威歌曲号”。在20世纪80年代末之前，公司的市场主要是加勒比市场，航线主要是百慕大、墨西哥的里维埃拉。

第三大邮轮公司——丽星邮轮公司

丽星邮轮公司于1993年成立，以推动亚太地区的国际邮轮旅游发展为目标，自创建以来在亚太地区邮轮业的发展上一直担任领导角色。在短短十几年间，丽星邮轮公司已成为世界第三大联盟邮轮公司，并荣获多个奖项及殊荣。丽星邮轮旗下目前共有20多艘邮轮。

五、旅游者选择旅行方式的影响因素

每个旅游者在出行之前，首先要考虑的问题是选择何种旅游交通工具。旅游者选择交通工具时通常会考虑到包括安全、便利、高效、快速、舒适、经济等要素在内的几大基本要求。影响他们选择旅游交通工具有以下几个方面的因素。

（一）不同旅游交通工具自身性能的差异

每种旅游交通工具自身性能均存在一定的差异，且各有利弊，如安全系数的高低、速度的快慢、价格的高低等，旅游者在选择合适的交通工具时，应当充分考虑不同交通工具本身性能的差异。

（二）旅游目的地的可进入性

旅游者选择交通工具时，不仅要考虑交通工具的性能差异，还要考虑到旅游目的地的可进入性情况，旅游目的地可进入性情况是影响旅游者选择交通工具的主要因素。旅游者只有选择了能够到达旅游目的地的交通工具，才能够使得整个旅游活动顺利进行下去。

（三）旅游者自身因素

除了交通工具自身存在的差异以及其他客观因素的影响外，旅游者自身因素也在时刻影响着旅游者对旅游交通工具的选择，如旅游者年龄的大小、个人收入条件、出游目的、旅游者的偏好和经验等。

（四）旅游距离的远近

旅游往往是离开自己的常住地前往异地，为了更好地完成旅游活动，实现“快行慢游”，旅游者在选择交通工具时往往会考虑到距离旅游目的地的远近，如长途旅游往往选择飞机作为旅游交通工具，近距离旅游则会选择以汽车或火车作为旅游交通工具。

任务6　旅游景区

旅游景区通过向旅游者提供层次丰富、形式多样的各类旅游产品和服务，以满足人们观光体验、休闲度假、康体娱乐、科学考察、探险寻访、文化修养等多层次的精神需要。旅游景区往往是旅游者来访的对象物，也是旅游业的重要组成部分。它的主要功能就是对旅游者产生吸引力，吸引旅游者前来本地旅游。

旅游业的发展要有丰富的旅游资源，其中旅游景区占有重要的地位，否则，就不存在旅游需求市场，从而旅游业也无法生存和发展。旅游景区是旅游业的基础产业部门，是一个国家或地区旅游业赖以存在和发展的最基本条件。

一、旅游景区的概念

从广义上来讲，任何一个可供旅游者或来访游客参观游览或开展其他休闲活动的场所都可以称为旅游景区。它的空间跨度差别很大，大至一个国家，小至一个乡村、一所博物馆、一处名人故居。我国颁布的《旅游区（点）质量等级的划分与评定》对旅游景区的定义是："旅游景区是以旅游及其相关活动为主要功能之一的空间或地域。本标准中旅游景区是指具有参观游览、休闲度假和康乐健身等功能，具备相应旅游服务设施并提供相应旅游服务的独立管理区。该管理区应有统一的经营管理机构和明确的地域范围，包括风景区、文博院馆、寺庙观堂、旅游度假区、自然保护区、主题公园、森林公园、地质公园、游乐园、动物园、植物园及工业、农业、经贸、科教、军事、体育、文化艺术等各类旅游景区"。

（一）旅游景区的特点

（1）专用性　旅游景区是指定的用来供游客开展参观、游览、度假、康乐、求知的科学和文化等各类休闲活动的场所，这种专用性的指定或出于商业性的决策，或出于政府有关部门的公益性决策，职能都不会发生改变，即均是提供游客参观游览或开展其他休闲活动的地方，否则，不能称为旅游景区。

（2）可控性　旅游景区必须由相关部门、相关人员进行专门的管理，必须能够对游客的出入行使有效的控制，否则，从旅游业经营的意义上看，便不属于真正的旅游景区，而只能是一般的公众活动区域。

（3）长久性　旅游景区必须有其长期固定的场址，并利用这一场址发挥其固有的职能。

（二）旅游景区应具备的条件

一个地区要成为吸引旅游者前来游览参观、休闲度假、求知考察的旅游景区，必须具备以下条件。

（1）具有供游客参观游览的吸引物　供游客参观游览的吸引物一般分为自然旅游资源和人文旅游资源。

（2）完善的旅游交通服务设施　是指具有通往旅游景区的交通道路、具有停车（船）场、具有可供游客参观游览的通道或航道。

（3）游乐服务设施齐备　是指具有明显的各种标志，如入口游览导游图、景点介绍等，能提供导游服务。

（4）完善的旅游安全保障　主要指消防、防盗、救护设备齐全，功能完好，管理机制健全。

（5）环境卫生良好、公共设施完善　主要指景区环境优美、卫生干净，有健全的环卫管理机制。各种卫生设施、公用电话等设备齐全、标志明显。

二、旅游景区的类型

旅游景区的分类有很多，一般情况下有以下几种分类方式。

（1）按设立性质划分　可分为商业性旅游景点和公益性旅游景点两类。商业性旅游景点属于企业性质，是指完全出于营利目的而建造和经营的旅游景点或景区。公益性旅游景点是指政府或团体出于国民或社会公益目的而建造或经营的旅游景点，这类旅游景点有免费参观，也有采用收费准入的管理方法，但收费的目的不是营利，而是用于旅游景点的运营与管理。

（2）按景区主导功能划分　可分为观光类旅游景区、度假类旅游景区、科考类旅游景区、游乐类旅游景区。

（3）按旅游资源的类型划分　可分为自然类旅游景区、人文类旅游景区、复合类旅游景区、主题公园类旅游景区、社会类旅游景区。

（4）按景点的内容和表现形式划分　这是中外最常见的做法，可分为古代遗迹、历史建筑、博物馆、美术馆、公园和花园、野生动物园区、主题公园、早期产业旧址。

（5）按旅游区（点）质量等级划分　可将旅游景区（点）分为五级，从高到低依次为AAAAA级、AAAA级、AAA级、AA级、A级旅游景区。

（6）根据国务院2006年颁布的《风景名胜区条例》第八条规定　风景名胜区分为国家级风景名胜区和省级风景名胜区。

三、我国旅游景区的质量等级

长期以来，我国的旅游景区归口不一，管理体制比较混乱，管理机制比较落后，经营管理、服务质量没有统一的标准，造成了一些旅游景区管理水平低下，服务质量低劣，旅游资源得不到有效的保护，严重影响了旅游景区的经济效益和社会效益的发挥，旅游价值得不到体现。

1996年6月，国家技术监督局正式颁布了《旅游区（点）质量等级的划分与评定》（GB/T 17775—1999）国家标准。之后，相关部门经过不断完善，于2004年10月，由中华人民共和国国家质量监督检验检疫总局发布了修订后的国家标准《旅游景区质量等级的划分与评定》（GB/T17775—2003），2005年1月1日起实施。

新的国家标准《旅游景区质量等级的划分与评定》将旅游景区质量等级划分为五级，从高到低依次为AAAAA级、AAAA级、AAA级、AA级、A级，并规定旅游景区质量等级的标志、标牌、证书由国家旅游行政主管部门统一规定并颁发。

旅游景区质量等级的划分需要依据“景观质量与生态环境评价体系”“旅游服务要素评价体系”的评价得分，并参考“游客评价体系”的游客满意度来计算综合得分。国家旅游行政主管部门对初步评定的AAAAA级、AAAA级、AAA级旅游景区还会采取分级公示、征求社会意见的方法。

“景观质量与生态环境评价体系”包括旅游资源与环境的保护和资源品位与价值两个评价项目。“旅游服务要素评价体系”包括旅游交通、游览、旅游安全、卫生、通信、旅游购物、综合管理和旅游接待人数8个评价项目。“游客评价体系”包括总体印象、游览内容、可进入性、内部游览线路、路标和景点介绍牌、导游讲解服务、旅游安全、环境卫生状况、厕所卫生、公用电话服务、购物市场秩序、旅游商品特色、收费价格和便民服务等评价项目。

旅游景区各质量等级要求概述如下。

（1）AAAAA级旅游景区　旅游交通、游览、旅游安全、卫生、邮电服务、旅游购物、经营管理、资源开发和环境的保护等方面极好；旅游资源吸引力极高，世界知名，美誉度极高，市场辐射力很强，主题鲜明，特色突出，独创性强；年接待海内外旅游者60万人次以上，其中海外旅游者5万人次以上。游客抽样调查满意度很高。

（2）AAAA级旅游景区　旅游交通、游览、旅游安全、卫生、邮电服务、旅游购物、经营管理、资源开发和环境的保护等方面良好；旅游资源吸引力很高，全国知名，美誉度高，市场辐射力强，形成特色主题，有一定独创性；年接待海内外旅游者50万人次以上，其中海外旅游者3万人次以上。游客抽样调查满意度高。

（3）AAA级旅游景区　旅游交通、游览、旅游安全、卫生、邮电服务、旅游购物、经营管理、资源开发和环境的保护等方面较好；旅游资源吸引力较高，周边省市知名，美誉度较高，市场辐射力较强，有一定的特色，并初步形成主题；年接待海内外旅游者30万人次以上。游客抽样调查满意度较高。

（4）AA级旅游景区　旅游交通、游览、旅游安全、卫生、邮电服务、旅游购物、经营管理、资源开发和环境的保护等方面一般；旅游资源吸引力一般，全省知名，有一定美誉度，有一定市场辐射力，有一定特色；年接待海内外旅游者10万人次以上。游客抽样调查满意度较高。

（5）A级旅游景区　旅游交通、游览、旅游安全、卫生、邮电服务、旅游购物、经营管理、资源开发和环境的保护等方面基本满足要求；旅游资源吸引力较小，本地区知名，有一定美誉度，有一定市场辐射力，有一定特色；年接待海内外旅游者3万人次以上。游客抽样调查基本满意。

四、对旅游景区的要求

（一）对旅游景区环境服务质量的要求

（1）旅游景区保护　要求设有专业保护队伍和人员，按照国家及各级政府颁布的有关保护法规对景区进行保护。

（2）旅游景区环境　按照国家及各项政府有关环境保护法规对旅游景区进行塑造和保护，禁止在旅游景区内排污放废。

（3）旅游景区安全　应设专职保安部门和保安人员，并配置相应保安器材，对旅游景区进行安全检查及巡查，以保证旅游者的人身、财产安全。

（4）旅游景区卫生　每日游览时间开始前必须做到旅游景区内的地面、设施的整洁。

（5）旅游景区标牌　标牌制作规范，尺寸规格统一，字体美观大方，内容准确。不同类型的标牌在形状、颜色上加以适当区分，必须有中英文对照和国际通用图形标志。

（6）停车场服务　停车场应设专职管理人员，停车场内车位画线清楚，费用公开。

（7）商店（亭）管理　商店（亭）的设置有统一的规划并有专人负责管理。

（8）摊点管理　摊点集中安排，固定摊位，亮照经营，有专人配合工商部门对摊点进行管理，随时监控价格水平以保证公平交易，做到价格合理，买卖自愿。

（9）厕所卫生　所有厕所在开门接待旅游者之前必须打扫干净。在游览时间内，厕所清扫人员要随时或定时清扫，必须达到卫生标准。

（二）对旅游景区游览服务质量的要求

（1）售票服务　售票处应明码标价。售票员要注意仪表仪容，熟悉售票业务。售票迅速、准确，误差率小，唱收唱付音量清晰适中。耐心回答旅游者对票价及票的使用等问题的询问，同时注意仪态的要求。

（2）门岗服务　在旅游景区出入口以及主要游览、娱乐等场所和其他服务场所设门岗服务，接待和疏通旅游者，确保畅通无阻。

（3）入门接待（检票）服务　出入口应分开，入口处的票箱应整洁。检票员应提前到岗，做好检票准备，统一着装并佩戴工号牌，站立服务。对旅游者彬彬有礼，即使在旅游者较多时也不以不耐烦的口气催促旅游者快走或推拉旅游者，应语气和蔼地进行疏导。

（4）游览服务　在旅游景区入口显要位置竖立游览区全景图并标明游览路线，同时配备导游人员或自助语音导游机供旅游者选择。根据游览时间为旅游者安排或推荐合适的游览路线和游览方式。全体工作人员都有义务准确、耐心地回答旅游者提出的有关游览事宜的询问。

（5）问询服务　要求设立游客服务中心，服务人员随时掌握旅游景区内的动态，准确回答旅游者的询问，接受询问时应起立。

（6）机台服务　主要是做好游艺机、游乐设施、水上游乐设施、水上世界、滑行车、观览车、转马、空中转椅、碰碰车（船）、过山车等服务。在明显的位置公布各种游乐项目的《游乐规则》，对容易发生危险的部位，应有明显的提醒旅游者注意的警告标志，每天运营前须做好安全检查。在营业中要注意安全操作要求，向旅游者详细介绍游乐规则、游乐机的操作方法及有关注意事项，谢绝不符合游艺机乘坐条件的旅游者参与游乐活动。营业后的安全检查更不可忽视。对游艺机和游乐设施要定期维修、保养，做好安全检查。

（7）广播服务　应使用普通话和外语广播。播音应清晰、匀速、准确，广播的内容（包括播放的音乐、歌曲）应是健康轻松的，同时要做好为旅游者广播寻人、寻物启事服务。

（8）行李保管服务　行李保管员在接收旅游者交付的行李物品时，应确保无易燃、易爆、有毒等危险品或其他违禁品。贵重物品应保存于专用保险箱中，配备专用钥匙。物品的交付和领取须由交付人和服务人员双方共同验点清楚，签字确认。在旅游者存取行李、物品时，应确保周围环境的安全。

（9）讲解服务　在旅游景区内各主要景点要配备讲解员，讲解服务明码标价，价格公道。讲解员应统一着装，佩戴标志，讲解内容准确，语速适中，音量适当，生动艺术，有吸引力。定时播放录音讲解词，向旅游者介绍本旅游景区的历史沿革和特色。

（10）游客管理服务　在旅游景区内要设立旅游者管理部门或人员，负责管理游览秩序，处理旅游者投诉及其在游览中所遇到的各类问题。

（11）餐饮服务　餐厅和饮食服务网点的营业时间应适应旅游景区的开放时间，饮食卫生应符合国家规定的标准。

（12）旅游购物服务　旅游商店（亭）的橱窗、柜台布局要合理，陈列既要有艺术性又能方便旅游者选购。服务人员应熟悉和掌握所推销商品的性能、产地、特点，主动热情地为旅游者介绍商品。

（13）照相服务　在合理位置设立照相点。摄影人员经过培训上岗，态度热情，价格公道，选景认真，按旅游者要求寄送照片、底片。

（14）文化娱乐服务　文化娱乐项目应富有民族特色和地方特色，根据当地自然和人文资源，开发民间节庆活动、文艺演出，为旅游者提供健康的娱乐、休闲、健身活动服务。文化娱乐活动内容应文明、健康，适合国情，符合社会道德。

（15）医疗急救服务　医务室应保持环境整洁，宁静。医护人员必须坚守岗位，认真负责，严防发生医疗事故。场内发生意外伤害事故，医护人员应立即赶往事故现场，对伤病员进行紧急抢救。

（16）告别旅游者服务　要视情况致告别辞或安排送别仪式，态度热情、真诚，表示欢迎旅游者再次光临。主动向旅游者征求意见以改进未来工作，等旅游者离开方可返回。

任务7　旅游娱乐

旅游娱乐业是旅游六大要素之一，是旅游业不可或缺的一部分，在旅游业的发展过程中发挥着重要作用。

一、旅游娱乐业的概念

旅游娱乐业是旅游活动六要素之一，是旅游业重要的组成部分。所谓旅游娱乐业是指为旅游者提供各种游览娱乐设施，以满足其游乐需要的各类相关行业的总称。旅游娱乐是指旅游者在异地旅游活动过程中为寻求内心满足、精神愉悦、身体放松和个性发展等目的，所观赏和参与的文娱活动以及旅游目的地所提供的相关服务。旅游娱乐是社会生产发展到一定阶段的产物，旅游娱乐活动属精神产品，横跨文学、艺术、娱乐、音乐、体育诸领域。

20世纪以来，随着社会生产的不断发展和人们生活水平的不断提高，旅游娱乐的局限逐步被打破，旅游娱乐的范围得到拓展，渐渐走进人们的日常生活，融入人们的日常休闲活动，并进一步走上了产业化的道路。当前，随着旅游产业的快速发展，旅游娱乐的地位越来越重要，个性化、多样化、等级化成为旅游娱乐的基本特征。

二、旅游娱乐设施的类型

旅游娱乐设施具有个性化、多元化、等级化的特点，可划分为文化类旅游娱乐设施、体育类旅游娱乐设施、娱乐类旅游娱乐设施、休闲类旅游娱乐设施四种。

（一）文化类旅游娱乐设施

文化类旅游娱乐设施一般是由政府支持修建的，具有国家和地区标志性的象征性建筑或者历史文化保护遗址。文化性娱乐既能愉悦旅游者身心，又能使旅游者领略异域文化气氛。各地著名的博物馆、舞剧院、艺术中心，以及符合旅游地文化的影视、歌舞、杂技、民俗表演等都属于这一类，如丽江千古情、云南映象等。

小知识

《美丽西江》——极具民族特色的大型原生态苗族情景歌舞剧

西江千户苗寨是中国最大的苗寨，也是全世界最大的苗寨。《美丽西江》是西江千户苗寨极具民族特色的大型原生态苗族情景歌舞剧，展现出的苗族歌舞有故事、有文化、有特色，古朴、粗犷、原汁原味，尽情地表达出苗家人的真挚、纯朴，现场的气氛热烈，看上去并不宏大的场面，却展现出非常独特的苗族风情。

《美丽西江》是一场既演给别人看又参与其中的演出，表演现场不仅有游客的互动演出，还有真正的演员与游客之间进行互动，体验苗族特有的高山流水，而且还为现场的游客颁发奖项。除此之外，现场节目也有很多关于民俗和传统的体现，不仅有数千年以来苗族历史的沉淀，还有文化、艺术和祭祀等不同类型的展示。

（二）体育类旅游娱乐设施

体育类娱乐集游玩、健身、个性挑战于一体，具有竞争性、规则性的特点。体育类旅游娱乐设施往往都设有管理较好的淋浴室、更衣室、医疗中心等，以保证旅游者的隐私和生命财产安全，如滑雪、蹦极、赛马、冲浪等。

（三）娱乐类旅游娱乐设施

娱乐类旅游娱乐设施主要是指夜总会、歌舞厅、KTV、组织大型娱乐或游乐节目的主题公园等，具有享乐性的特点。

（四）休闲类旅游娱乐设施

休闲类旅游娱乐设施主要是指游乐场、公园、电影院、游艺厅等，具有参与性、趣味性的特点，如迪士尼主题公园、广州长隆主题乐园等。

三、旅游娱乐业的特点

旅游娱乐业的发展丰富了旅游活动的内容，提升了旅游产品的竞争力，对吸引旅游者有着重要作用。旅游娱乐业的特点主要包括以下几个方面。

（1）主题鲜明，凸显地方特色。

（2）强调动态与静态相结合，使动态表演与目的地静态旅游吸引物相结合。

（3）融艺术性、娱乐性和参与性为一体，注重观赏与参与相结合，注重娱乐与刺激相结合。在观赏游览的同时，提升游客参与娱乐活动的体验程度，增强娱乐活动的刺激体验。

（4）强调高雅文化与民俗文化相结合，旅游活动应当满足大多数人的需求，同时也要紧跟时代潮流，反映时代特征。

（5）强调寓教于乐。通过兼具文化内涵和科学技术的旅游娱乐活动，加强旅游娱乐活动的教育性和知识性特征，进一步使旅游者在观光游览、休闲娱乐的同时，能够更好地了解目的地的社会文化、风土人情和科学技术知识。

四、旅游娱乐业的作用

旅游娱乐业是地区经济的标志，是国家和地区旅游业发展水平的标志。其作用主要体现为以下几个方面。

（一）增加旅游业的收入，带动相关产业的发展

娱乐业是旅游六大要素之一，虽然旅游娱乐业在旅游业中创汇、创收的比重并不大，但其利润可观，在旅游需求中的弹性较大，因此其经济收入具有相对无限性。在现代，几乎所有的旅游娱乐活动都需要专门的设备和服务，从而能够带动相关行业的发展，如影院设备、健身器材等。随着人们生活水平和生活质量的提高，人们的精神需求不断增加，因此旅游娱乐业发展前景广阔。

（二）完善旅游产业结构，丰富旅游文化生活

在旅游活动过程中，观赏只是旅游者旅游活动的基本内容。在生活质量受到高度重视和世界旅游产业结构加速调整的今天，单纯经营观光型旅游产品的旅游产业结构面临严峻挑战，完善旅游娱乐设施，提高旅游娱乐服务质量已经成为旅游接待国家和地区的重要任务。旅游娱乐项目的开发，可以满足旅游者更高层次的需求，丰富旅游者的活动内容，极大地提高旅游者的兴趣，使整个旅游活动更加丰富，形式更加多样。

（三）提高旅游产品的竞争力

旅游娱乐业改善了旅游产品的结构，大大增强了旅游产品的吸引力，从而提高了整个旅游目的地旅游产品的竞争力。

任务8 旅游购物

旅游购物是旅游活动的重要组成部分，更是旅游经济六大要素中最活跃的因素，旅游购物的发展水平直接影响着游客满意度和旅游业的整体收益。

一、旅游购物品的概念

旅游购物品即旅游商品，是旅游活动的产物，是随着旅游活动的开展而不断涌现的，是由旅

游目的地向旅游者提供的商品，是旅游者在旅游活动中所购买的富有民族、地方和游览地特色的，对旅游者具有强烈吸引力以及具有纪念性、针对性、艺术性和礼品性的物质产品，也就是旅游者所购买的商品。

二、旅游购物品的特点

旅游购物品既具有一般商品的特点，但又不同于一般商品，其特点主要表现在以下几个方面。

（一）纪念性

纪念性是旅游者对旅游购物品最基本的要求。纪念性是指旅游商品所具有的能够显示旅游目的地国家或地区的某种特点，而在时过境迁之后又能够引起游客美好回忆的属性。旅游者在旅游过程中购买旅游商品，一个重要的动机就是为了让自己的旅游经历能够通过旅游商品进行物化，希望购买一些能反映旅游地文化古迹、风土人情的纪念品，可自用也可赠送亲朋好友。如到四川的旅游者，喜欢买与大熊猫相关的旅游商品；到贵州的旅游者喜欢购买独具少数民族文化的工艺品等。

（二）艺术性

艺术性是指旅游商品所具有的独特创意和典型美观的特性。旅游者旅游的目的之一，是为了获得美的感受，具有美感的商品自然成为旅游者购买的首选对象。旅游商品越具有艺术性，感染力就越强，旅游者就越喜爱。如我国的砚台本是研墨用的，但有些高级的砚台上经常雕刻麟凤龟龙、梅兰竹菊等精美的图案，所以这些砚台已不只是实用的文具，更是可供陈列观赏的艺术珍品。

（三）地方性

旅游者在选购旅游商品时，一般会选择能够突出反映地方文化特点的商品。如贵州的蜡染、潍坊的风筝、西藏的唐卡、苏州的刺绣等。

（四）礼品性

礼品性是指一件精美的旅游购物品不仅能给人带来美的享受，而且能够使旅游者显示出自己的经历和身份等。旅游者购买旅游商品往往不仅仅是自己留作纪念，还有相当部分是用来赠送给亲朋好友的，因此，小巧玲珑、包装精美的旅游购物品对旅游者具有很大的吸引力。

三、旅游购物品的类型

（一）旅游工艺品

旅游工艺品主要是指用本地特色材料制作的设计新颖、工艺独特、制作精美的艺术品。包括陶瓷工艺品、雕塑工艺品、刺绣工艺品、织锦工艺品、漆器工艺品、金属工艺品、编织工艺品、花画工艺品等。如景德镇瓷器、福建脱胎漆器、成都蜀锦等。

（二）文物及仿制品

文物及仿制品主要指国家法律允许进行流通的古玩、文房四宝、仿制古字画、出土文物复制品、仿古模型等。这类商品不多，但价格昂贵，适宜于豪华型高消费的游客。如泰安的泰山石函岩等文房四宝、洛阳仿唐三彩等。

（三）风味土特产品

风味土特产品主要包括各种有地方特色的名酒、名茶、药材、风味小吃和其他农副产品，如云南的普洱茶、陕西的肉夹馍、云南的三七、自贡的冷吃兔、宜宾的五粮液等。

（四）旅游纪念品

旅游纪念品主要指以旅游目的地的文化古迹或自然风光为题材，利用当地特有的原料制作的带有纪念性的工艺品，它体现了当地传统工艺和风格。这类纪念品往往标上产地地名，或用产地的特征作商标。如宜兴的紫砂壶、蜀南竹海的竹工艺品等。

（五）旅游日用品

旅游日用品主要指旅游者在旅游活动中购买的具有实用价值的生活日用品，包括地图指南、洗漱用具、服鞋帽、箱包、防寒防暑用品、化妆品及常用的急救药品等。如遮阳帽、旅行箱、旅游地图等。

四、旅游购物品的作用

旅游购物品是旅游业的一个重要组成部分，随着人们收入水平的提高，在旅游消费结构中购物所占的比重越来越大，旅游购物发展的水平直接影响着旅游业的整体收益。

（一）满足了旅游者的购物需求

旅游购物是旅游活动中的重要环节，它影响到整体旅游产品的质量。人们到了异地他乡游玩，都希望购买能体现旅游地特色的旅游商品，在旅途结束后能勾起美好的回忆。在某些旅游地，购物成为旅游者最主要的旅游动机。如被称为“购物天堂”的香港。

（二）有助于提高旅游业整体经济效益，增加外汇收入

购物消费属于非基本旅游消费，因此在旅游者的消费结构中弹性较大，其经济收入具有相对无限性。旅游购物品的生产成本较低，利润水平较高，有的商品还具有垄断价格的性质，可获得高额利润，还可直接换取外汇，为旅游业发展创造坚实的物质基础。

（三）传播旅游目的地和旅游商品企业的良好形象

旅游购物品是旅游活动的延伸与继续。精美的旅游购物品能使旅游者反复回忆起美好的旅游经历。如香气袭人的法国香水，把法国这个富有浪漫情调的旅游目的地形象地展示在世人面前。到瑞士旅游过的人都会购买当地著名的旅游商品，特别是军刀、钟表等。在家中显眼的位置摆上瑞士的钟表，不仅能够唤起主人的回忆，而且能够激发他人的旅游动机。通过旅游购物品的展示和旅游者的口头传颂，旅游购物品企业和旅游目的地的个性得到了强化，旅游购物品企业和旅游目的地的知名度获得了极大的提高。

（四）无声的旅游宣传品

旅游购物品往往是一个国家或地区的文化艺术和物质资源相结合的产物。旅游购物品往往有助于树立旅游地的美好形象，提高知名度，成为活生生的广告。对旅游目的地而言，旅游购物品

是一种持久而有效的宣传品。

五、旅游购物品的开发

（一）旅游购物品开发的原则

1．特色原则

为了能够保持持久的吸引力和竞争力，旅游购物品开发必须要突出地域特色和民族特性。旅游购物品的特色是旅游购物品能够对旅游者产生吸引力的根本所在。

2．标准化原则

任何商品的开发设计都具备相应的标准和规范，旅游购物品也不例外。旅游购物品的开发必须遵循标准化原则，符合相应的标准化规定，按照相关标准和规范的要求进行旅游购物品的开发、设计和生产。

3．环境保护原则

旅游购物品生产企业在开发设计新产品时应考虑到环境保护问题，应注重开发和保护并重。对于那些对环境保护有利的环保型旅游购物品，要大力支持，加大投入；对于那些对环境有破坏的传统旅游购物品，要改进生产工艺，减轻或消除旅游购物品开发对生态环境的污染。

4．实用性和艺术性相结合的原则

随着社会经济的快速发展，人民生活水平不断提高，人们的生活品位也越来越高。越来越多的人在购买旅游商品时不仅仅关注旅游商品某一方面的特性，而是更加强调旅游商品的实用性和艺术性的结合。

（二）旅游购物品的开发

旅游者需求对旅游购物品的开发至关重要，如何更好地满足旅游者需求，提高旅游业经济效益，是旅游购物品开发者应当考虑的首要问题。在旅游购物品开发的过程中，应当注意做到以下几个方面。

1．凸显一个国家或地区的民族文化特色

一个国家或地区的民族文化特色是旅游购物品的生命力和闪光点所在。旅游购物品在开发过程中应当注重体现地域民族文化特色，凸显其地方性，只有这样才能彰显旅游购物品的价值，提升旅游购物品的市场地位和文化品格，保持旺盛的旅游市场吸引力。

2．做到多元化、多品种、多规格

当前，旅游进入体验旅游时代，旅游市场需求逐渐向多元化、个性化、多层次方向发展。因此，为满足旅游者多层次的产品需求，旅游购物品的开发应当以旅游市场需求为导向，要走多元化、多品种、多规格的道路，要凸显产品的文化内涵，注重产品质量的提升，切忌单一、粗糙，要小巧精细，便于旅游者携带。

3．注重树立品牌意识，打造旅游购物品的品牌

品牌效应在当今这个时代的作用越来越明显，在消费日益感性化的现代社会，优秀品牌凝结

了理念、情感、象征等文化内涵，一个知名品牌可以带来不可估量的经济效益，形成竞争对手难以模仿的竞争力。因此，旅游购物品要树立品牌的意识，进而打造与当地的风景名胜紧密相连的旅游购物品品牌，将旅游地的文化内涵融入旅游购物品的开发中，使旅游购物品和旅游地结合成一个整体，相互促进。

六、旅游购物品的销售渠道

（一）旅游超市

与一般的超市类似，旅游超市也会采用旅游消费者自选销售的方式，分别在固定位置设置超市的出入口，集中在收银处进行结算。旅游超市的信息自动化程度较高，主要销售旅游食品、旅游日用品，信誉好、商品质量也较为可靠。一般布局在旅游景点内外、旅游饭店和餐厅内外。

（二）大型旅游购物中心

大型旅游购物中心由大型综合超市、各类专业店和餐饮娱乐构成，采取导购和自选结合的购物方式。大型旅游购物中心的规模一般都比较大，商品品种也比较多，便于旅游者集中购买。

（三）专业店

专业店的主要特点是专业性、深度性，商品品种丰富，游客的选择余地大。旅游专业店主要经营某一大类旅游商品，并有具备丰富专业知识的销售人员，提供适当的售后服务。如专卖探险旅游器材的专业店、银器店等。

（四）专卖店

专卖店是专门经营或授权经营制造商品牌和中间商品牌的旅游商店。其目标市场以中高档旅游者和追求时尚的年轻人为主。

（五）混合店

混合店是将旅游商品生产和销售融为一体的旅游商店，主要是一些传统民间手工艺品经营形式。

（六）大型旅游商品展销会或博览会

通过定期或不定期举行的大型旅游商品展销会或博览会，将各地最具代表性的旅游购物品集中起来，一方面可以向销售商、旅游消费者宣传旅游商品的品牌形象，增加销售机会；另一方面有利于旅游者能够集中、便利的购买商品。其特点是宣传面广、影响力大。如中国国际旅游商品交易博览会、海口旅游商品展销会等。

（七）旅游购物一条街

根据旅游目的地自身的资源条件，以方便旅游者为主要原则，在自然和人文旅游资源丰富但同时又比较分散的旅游目的地，打造融游览和购物功能为一体的旅游购物一条街。如北京大栅栏旅游商品步行街、云南大理旅游购物一条街、杭州清河坊历史文化特色街区等。

项目小结

1．广义上的旅游产品是旅游经营者为了满足旅游者在旅游活动中的各种需要而面向市场提供的各种物品和服务的总称。狭义的旅游产品即旅游商品，也就是旅游购物品。旅游产品具有无形性、不可转移性、不可储存性、综合性、生产与消费的同步性等特点。

2．旅游服务主要是指旅游企业借助一定的设施及使用一定的手段向旅游者提供的各种直接和间接利益的总和，具有综合性、时间性、应变性、直接性、艺术性等特点。

3．旅行社是指从事招徕、组织、接待旅游者等活动，为旅游者提供相关旅游服务，开展国内旅游业务、入境旅游业务或者出境旅游业务的企业法人。旅行社产品包括全包价旅游、半包价旅游、小包价旅游、零包价旅游以及单项服务委托等。

4．旅游饭店是为旅游者提供食、宿场所和各种服务，借以取得收入的旅游企业。旅游饭店按照饭店特色可以分为商务型饭店、观光型饭店、度假型饭店、公寓饭店、会议型饭店、汽车型饭店、精品酒店；按照规模大小可以分为大型饭店、中型饭店、小型饭店。

5．旅游交通指旅游者为了实现旅游活动而借助某种交通工具，实现从一个空间到另一个空间的转移过程，它既包括旅游者从常住地到旅游目的地之间的转移过程，也包括从旅游目的地一个景点到另一个景点的空间转移过程。旅游交通包括航空、公路、铁路、水路等形式。影响旅游者选择旅行方式的因素主要包括：不同旅游交通工具自身性能的差异；旅游目的地的可进入性；旅游者自身因素；旅游距离的远近。

6．旅游景区按设立性质可分为商业性旅游景点和公益性旅游景点两类；按景区主导功能，可分为观光类旅游景区、度假类旅游景区、科考类旅游景区、游乐类旅游景区；按旅游资源的类型可分为自然类旅游景区、人文类旅游景区、复合类旅游景区、主题公园类旅游景区、社会类旅游景区；按景点的内容和表现形式可分为古代遗迹、历史建筑、博物馆、美术馆、公园和花园、野生动物园区、主题公园、早期产业旧址；按旅游区（点）质量等级划分，可将旅游景区（点）分为五级，从高到低依次为AAAAA级、AAAA级、AAA级、AA级、A级旅游景区。

7．旅游娱乐是指旅游者在旅游活动中所观赏和参与的文娱活动，旅游娱乐设施可划分为文化类、体育类、娱乐类、休闲类等类型。旅游娱乐业的特点主要有：①主题鲜明，凸显地方特色；②强调动态与静态相结合；③融艺术性、娱乐性和参与性为一体，注重观赏与参与相结合，注重娱乐与刺激相结合；④强调高雅文化与民俗文化相结合；⑤强调寓教于乐。

8．旅游购物品即旅游商品，是旅游活动的产物，是随着旅游活动的开展而不断涌现的，是由旅游目的地向旅游者提供的商品，是旅游者在旅游活动中所购买的富有民族、地方和游览地特色的，对旅游者具有强烈吸引力以及具有纪念性、针对性、艺术性和礼品性的物质产品，也就是旅游者所购买的商品。旅游购物品具有纪念性、艺术性、地方性、礼品性等特点。旅游购物品可以分为旅游工艺品、文物及仿制品、风味土特产品、旅游纪念品、旅游日用品等类型。其销售渠道包括：旅游超市、大型旅游购物中心、专业店、专卖店、混合店、大型旅游商品展销会或博览会、旅游购物一条街等。在开发旅游购物品时应当要做到：①凸显一个国家或地区的民族文化特色；②做到多元化、多品种、多规格；③注重树立品牌意识，打造旅游购物品的品牌。

自我检测

1．什么是旅游业?

2．简述旅游业的性质和特点。

3．旅游饭店有哪些作用?

4．旅行社产品的类型有哪些?

5．现代旅游交通体系包括哪些?

6．简述旅游景区的划分。

7．如何进行旅游购物品的开发?

项目七 旅游市场

学习指导

旅游市场形成是社会经济发展到一定程度的产物，是旅游活动商品化、社会化的产物。由于旅游消费者的旅游需求和旅游服务供给者的旅游供给的存在，才使得旅游市场得以产生、形成和发展。本项目重点介绍了旅游市场的形成，旅游市场细分以及我国的入境旅游市场、出境旅游市场和国内旅游市场等内容。

学习目标

1．掌握旅游市场的概念及特点。
2．掌握旅游市场细分的概念、原则、细分标准及细分程序。
3．了解我国的入境旅游市场、出境旅游市场和国内旅游市场。
4．理解旅游市场营销的概念。
5．掌握目标旅游市场的选择及定位。
6．掌握旅游市场营销组合策略及促销策略。

任务1　旅游市场概述

旅游是人类社会一项重要的经济活动，凡一切经济现象都存在着市场交换关系。旅游市场是随着旅游活动的发展而形成和发展起来的，是整个市场经济的一个组成部分，是实现旅游产品需求者和旅游产品供给者之间经济联系的场所。

一、旅游市场的概念

市场一词的英文为“market”，从经济学角度来看，它是指人们交换商品的场所。从地理学角度来看，它是经济活动的中心。从市场学角度来看，则认为在买卖双方进行交换中，卖方构成行业或企业，而买方则构成市场。

旅游市场是市场的一个分支。在旅游业和旅游研究中，人们通常将市场用来指旅游产品的经常购买者和潜在购买者。因此，旅游市场是旅游需求市场和旅游供给市场的总和，即在旅游交换过程中所产生的各种经济现象和经济联系。

旅游市场有狭义和广义之分。狭义的旅游市场是指客源市场，即在特定时间、地点和条件下的某种特定旅游产品的经营者和购买者。广义的旅游市场则是指旅游产品交换过程中各种经济活动和经济关系的总和，以旅游经营者生产、销售的旅游线路和与此有关的食、住、行、游、购、娱为商品交换对象，反映的是旅游经济活动中各种商品和劳务的关系，是解决旅游观光游览活动中供求矛盾的一种经济活动。旅游市场与一般商品市场的区别在于它所出售的不是具体的物质产品，而是以劳务为特征的包价路线。

二、旅游市场的特点

旅游活动不同于一般性的产品销售与消费，它需要旅游者前往异地进行消费来完成旅游活动。因此，旅游市场具有其自身的独特性。

（一）异地性

旅游资源具有空间的不可转移性，旅游产品的需求者与供给者在空间上是分离的，从而引起旅游者从旅游需求地向旅游供给地的空间位移，形成旅游市场的异地性。旅游市场的异地性要求旅游经营者必须认真研究旅游市场，明确目标市场的需求，制定有效的经营战略和策略，生产适应市场需求的旅游供给产品，激发旅游市场的旅游动机，促使旅游者向旅游目的地空间转移。

（二）市场需求的不稳定性

影响旅游者出游的因素有很多方面，既有主观因素，也有客观因素，任何一个因素的变化都有可能会影响旅游者的出游计划，因此，旅游需求具有不稳定性的特点。市场需求的不稳定性对旅游企业的经营带来非常大的挑战，因此，旅游经营者要密切关注旅游市场需求的波动变化，分析影响旅游需求的因素，了解其变化趋势，制定有效的措施，尽可能地减少市场需求的波动带来的震荡。

（三）竞争性

从旅游供给和旅游需求层面来讲，随着旅游进入大众旅游时代，旅游市场的竞争性特点逐渐凸显。一方面，由于旅游资源或旅游产品本身具有独特的吸引力，吸引力强的旅游资源或产品，对客源市场吸引力大，所占市场份额也相对较大，旅游经营者之间为了能够吸引更多的旅游者，占据更大的旅游市场份额，彼此之间展开激烈的竞争；另一方面，由于闲暇时间、收入水平、旅游资源及产品本身等方面的限制，并不是所有旅游者都能得偿所愿，为了能够顺利开展旅游活动，旅游者之间也会展开竞争。

（四）季节性

旅游市场的季节性主要体现在以下几个方面。第一，作为旅游吸引力重要组成部分的自然旅游资源，在不同的季节会展现出不同的特性，其吸引力在不同的季节会产生波动变化；第二，旅游者自身的闲暇时间分布不均衡使得旅游市场存在淡旺季之分，旺季供不应求，淡季供过于求，因此旅游企业管理者应当制定应对策略，努力开发淡季旅游产品，有效平衡淡旺季；第三，旅游者的观光游览活动本身也会受到旅游目的地的气候等条件的影响。

三、旅游市场形成的条件

（一）旅游目的地旅游资源状况

旅游资源是旅游市场形成的首要条件。凡是世界著名风景名胜和历史遗址所在地区，必定会形成发达的旅游市场。如埃及的开罗、希腊的雅典、意大利的罗马、中国的西安、世界音乐之都奥地利维也纳、世界花园国家瑞士等都是重要的国际旅游市场。

（二）旅游供求市场的经济发展水平和前景

旅游市场形成与经济兴衰是同步的。经济的发展是旅游市场形成的主要条件，经济发达和经济发展前景好的国家和地区都是发展最好和最快的旅游市场。第二次世界大战以后，欧美地区是世界上经济发展最快的地区，从而也使该地区成为国际旅游市场的主体，既是世界最大的让游客充满神秘与向往的旅游客源市场，又是世界最大的旅游供给市场，并一直保持着世界旅游强国的地位。

另外，随着世界经济格局的变化，世界旅游市场的分布也会发生一定的改变。比如，近些年来，东亚、太平洋地区旅游市场的崛起，与欧美发达国家的经济波动及东亚、太平洋地区的经济充满活力息息相关。旅游供给市场的综合经济实力是建设旅游市场和旅游环境的物质基础。

（三）旅游供求市场的人文地缘关系

许多地域接壤、相互毗邻的国家或者地区之间都有着不可阻隔的政治、经济、历史、文化等联系，形成比较大规模的、长期稳定的人员旅行往来。其中比较典型的是欧洲国家间、欧美之间、欧洲与其前殖民地国家间、英联邦国家间，以及我国的华侨、海外华人和港澳台同胞与祖国大陆间。他们中每年都有大量探亲观光、寻根祭祖、旧地重游的人员流动，占据有关各国每年入境旅游者总数的60%以上，形成世界人数最多的国际旅游客源市场。

（四）旅游目的地的市场开发水平

旅游供给市场从形成到成熟，必须经过适应需求、刺激需求、引导需求和创造需求不同层次的实践过程。在很短的时间内，许多国家就在竞争激烈的世界旅游市场中成为旅游强国，靠的是不断提高旅游服务质量，加速更新和开发旅游产品，增加旅游产品的销售渠道，增强旅游产品促销的力度，提供并创造能够满足旅游者各种需求的旅游服务产品，使自己的国家迅速形成具有竞争力的旅游市场，并跻身于世界旅游强国的行列，如新加坡、泰国、澳大利亚等。

（五）政府发挥的积极作用

政府出台的旅游政策也是影响旅游市场形成的一个重要因素。积极的旅游政策鼓励旅游经营者采取各种措施满足旅游市场的需求，促进旅游市场的发育和形成；相反，则会抑制客源的增长。同时，政府通过对旅游市场有效的宏观调控和宣传促销，维护稳定的政治环境，提高国民素质，重视旅游人才培养，推进旅游设施建设，促进科学技术成果在旅游市场建设中的运用等方面发挥作用，直接影响旅游市场的形成和发展。

小知识

旅游之国瑞士

瑞士是位于欧洲中南部的内陆国，面积只有4.1万平方千米，资源匮乏，但瑞士的旅游业十分发达，早已成为与机械、化工并列的三大支柱产业之一。瑞士旅游业已有200多年的历史，多年来瑞士每年的游客均达6500万人次，其中外国游客逾1300万人次，年均旅游收入近130亿瑞士法郎，位居世界旅游大国前十位，旅游竞争力一直保持世界领先地位。

瑞士是令人向往的花园式国家，阿尔卑斯山皑皑的雪峰、蔚蓝的湖泊，还有瀑布与溪谷、葡萄园与村屋、中世纪的小城建筑，一向被誉为“世界公园”。瑞士用尽了其湖光山色的优势，设计了多样化的旅游产品吸引着不同年龄、不同爱好的旅游者。沿湖风光游和阿尔卑斯山多个峰顶的冰雪游全年火爆，滑翔伞、蹦极、高尔夫、滑雪等运动项目深受年轻人的喜欢。

瑞士是全球最富裕、经济最发达、生活水平最高的国家之一。同时，它东接奥地利，南邻意大利，西接法国，北连德国，区位优势十分明显。另外许多国际性组织的总部都设在瑞士，如联合国欧洲总部、国际红十字会总部、世贸组织总部、世界气象组织总部等。这些都为瑞士旅游业提供了稳定的客源市场。

瑞士的旅游管理水平和服务水平也很高。瑞士是培养酒店服务业人才的摇篮，优质、周全而人性化的服务是瑞士旅游业的突出特点。酒店接待员、房间清洁员、餐厅服务员及旅游巴士司机，都能尽职尽责地工作，而且技能娴熟，及时满足客人的各种需要。

任务2 旅游市场细分

一、旅游市场细分的概念

每一个客源市场的需求是有差异的，没有任何一个旅游产品能够从根本上满足所有旅游者的需求，因此，旅游产品供给者必须要先确定自己的市场范围，对客源市场进行细分，选择自己的目标市场，寻找适合的对象，更有针对性的提供旅游产品，提升竞争力。

所谓旅游市场细分就是指将整体客源市场按照地理位置、旅游者特征及需求特点，进一步把市场划分为不同类型的旅游需求者群体的过程。每一个旅游需求者群体就是一个市场组成部分，即细分市场。

二、旅游市场细分的作用与意义

旅游市场细分的作用与意义主要包括以下几个方面。

（一）有利于旅游企业寻找新的市场机会

任何一个旅游供给者（企业），都不可能面向整个市场，满足所有消费者的需要。通过旅游市场细分，发现某些消费群体的需求未得到满足，迅速占领未被满足的细分市场，提供针对性的产品和服务，进一步扩大市场占有率，促进销售量和利润的增加。

（二）有助于制定和调整营销策略组合

通过市场细分，旅游企业可以更加直观、准确地看到目标市场的需求，从众多的细分市场中确定目标，进而以目标市场需求为导向，制定或调整营销策略，生产适销对路的旅游产品，提供更为个性化的服务。

（三）有利于旅游企业制定灵活的竞争策略

旅游企业可以在市场细分基础上了解市场的消费特征，进而集中力量对一个或多个细分市场进行市场营销，优化企业资源配置，集中使用人、财、物、时间、空间及信息资源，应对市场竞争，突出产品和服务特色，形成竞争优势，提高经济效益。

（四）有利于小型旅游企业在某一细分市场上确立自己的地位

规模较小的旅游企业在资金、设备、人力资源等方面均存在不足之处，无法与资金雄厚的大型旅游企业展开竞争，但如果小型旅游企业能够将全部经营努力集中于吸引某一细分市场的消费者，那么小型旅游企业也就能在市场中占有一定的份额，从而获得一定的经济效益。

三、旅游市场细分的原则

旅游企业可根据单一因素，也可根据多个因素对市场进行细分。选用的细分标准越多，相应的子市场也就越多，每一子市场的容量相应就越小。相反，选用的细分标准越小，子市场就越少，每一子市场的容量则相对较大。一般而言，成功有效的市场细分应遵循以下原则。

（一）可衡量性原则

旅游市场细分的可衡量性是指旅游市场细分标准是可具体衡量的，细分后的旅游市场也是可以具体衡量的。要保证旅游市场细分的可衡量性，应做到以下两个方面：第一，所选择的旅游市场细分标准应当是可定量、可被测定的，只有遵循了可定量测定的细分标准，才能够明确划分各细分市场的界线，细分标准要具有客观性，如按年龄、性别、收入、受教育程度、地理位置、民族等标准，就易于确定企业的目标市场；第二，细分旅游市场时所选择的细分标准必须要与旅游者某一个或某一些购买行为存在必然的联系，明确区分各细分市场的购买行为特征，为旅游企业根据不同的细分市场有针对性地制定或调整具体的营销策略提供现实依据。

（二）可进入性原则

可进入性原则指旅游市场细分过后，旅游产品能够进入到细分市场并占据一定市场份额。一方面，有关产品的信息能够通过一定媒体顺利传递给该市场的大多数旅游者；另一方面，该企业在一定时期内有可能将产品通过一定的分销渠道运送到该市场。否则，该细分市场的价值就不大。它包括客观上要有接近的可能（可接近原则），主观上要有能开发的实力（可行动原则）。

（三）可盈利性原则

旅游市场细分的可盈利性原则指细分出来的市场，其容量或规模要大到足以使企业获利，即要求细分出的市场在顾客人数和购买力上足以达到有利可图的程度，也就是要求细分市场要有可开发的经济价值。如果细分市场的规模过小，市场容量太小，细分工作烦琐，成本耗费大，获利小甚至不可盈利，就不值得去细分。

（四）差异性原则

差异性是指细分出的旅游市场应当存在差异性的特征，各细分市场的旅游者对同一市场营销组合方案会有差异性反应，或者说对营销组合方案的变动，不同细分市场会有不同的反应。如果不同细分市场的顾客对产品需求差异不大，行为上的同质性远大于其异质性，此时，企业就不必费力对市场进行细分。

四、旅游市场细分的标准

（一）地域因素

居住在同一地域的人往往会有相似的需求和特征，且与其他地域居民的需求特征有很大的差别。在旅游市场细分中，按照消费者所在地理位置、气候、空间位置等地域因素划分细分市场，是一种传统的、最为常见的做法。世界旅游组织将整个世界旅游市场划分为六大区域市场，即欧洲市场、美洲市场、东亚及太平洋地区市场、南亚市场、中东市场和非洲市场。

（二）消费水平因素

可自由支配收入是旅游的必要条件，因此，从某种程度上讲，一个人的收入水平高低在很大程度上决定着其旅游活动最终能否实现，同时也会影响其对于旅游目的地和消费水平的选择。按照消费水平，结合游客收入以及在旅游活动过程中的实际消费水平，可以将旅游市场划分为高档旅游市场、中档旅游市场和经济旅游市场。

（三）人口特点

由于旅游消费者的期望、偏好、支付能力、购买频率等与人口特点有着密切的联系，因此，旅游市场的细分可以根据旅游消费者的年龄、性别、职业、文化程度、宗教信仰、民族和种族、社会阶层、家庭生命周期等人口统计学特征来划分。比如，以年龄为标准划分，可以将旅游市场划分为老年旅游市场、中年旅游市场、青年旅游市场、儿童旅游市场。

（四）旅游者的心理行为

根据旅游者的心理因素细分市场，通常可根据旅游者的生活态度、生活方式、个性特征、消费习惯等来划分。比如，按照生活方式进行细分市场，可将旅游市场划分为基本需求型、自我完善型和开拓扩展型；按照个性特征划分，可将旅游市场划分为安逸者市场、冒险者市场。

（五）旅游目的

按照旅游者出游目的来细分旅游市场是广泛使用的一种方法。按照旅游目的可以将旅游市场划分为观光、休闲度假、会议会务、探亲访友、探险、科考、购物等旅游市场类型。

（六）购买时间和方式

旅游者在一年、一个季度、一个月、一周中的哪个时期购买数量最多，以及所采取的购买方式是怎样的，对旅游供给者来说十分重要。因此，可以根据购买时间和购买方式将旅游者划分为不同的细分市场。如按照购买方式可将旅游者划分为团体和零散两类，也可以划分为旅游者自己购买和通过旅行社购买两种类型。

（七）追求利益的差异

旅游者总是希望在旅游过程中获取更多的利益，但人们对于各种利益的重要性有着不同的看法，某种利益对于某一细分市场有着特殊的吸引力，另一种利益对其他细分市场更具吸引力。因此，可以根据旅游者追求利益的差异将旅游市场划分为不同的细分市场。

五、旅游市场细分的程序

对旅游市场的细分是关系到旅游市场开拓的基础性工作，其工作成效的好坏，所细分的市场有效性等，都对旅游市场开拓具有重要的影响，因此必须严格遵循旅游市场细分的程序。

（一）选择所研究的旅游市场范围

旅游市场需求是多种多样的，呈现出多元性、层次性、复杂性的特点，单个旅游企业不可能满足所有的市场需求，所以企业要考虑自身的经营目标和能力，从旅游者众多的需求中找出一个自己有能力提供旅游产品和服务的市场范围。

（二）找出所研究的旅游市场范围内的潜在需求

确定市场范围后，旅游企业要针对所选定旅游市场范围内的需求进行更深入细致的需求研究，以了解该市场范围内旅游者的现实需求和潜在需求。

（三）确定细分市场的标准

旅游市场细分从本质上看是把旅游者需求按照特定标准加以分类的过程，因此，在对旅游市场需求进行了解排列之后，可通过抽样调查的方式，向不同类型的旅游者征询意见，从中挑出他们最迫切的旅游需求项目，然后再选择其中的重要因素作为旅游市场细分的初步划分标准。

对初步细分旅游市场的旅游需求因素，进行深入的分析和研究，把各细分旅游市场所共有的或次要的旅游需求因素剔除,重点保留具有鲜明特征的主要旅游需求因素，作为旅游市场细分的正式标准。

（四）移去全部旅游者的共性化需求

在初步确定细分旅游市场的标准对市场进行初步细分后，找出其共性需求，移除共性化需求，以突出各细分市场的特征。

（五）找出各旅游者群的不同需求

根据各细分市场的特征，筛选出特征比较明显的市场需求，找出各旅游者群的不同需求。

（六）分析可能存在的细分市场

根据各旅游者群之间的不同需求，再对初步细分的市场进行深入研究，以找出可能存在的细分市场。

（七）为各细分市场命名

把不同旅游者群具有鲜明特点的需求因素作为细分市场标准，对整体市场进行细分后，就需要确定各细分市场的名称，可以用不同旅游者群主要需求差异的名称来给各细分市场命名。

（八）评估各细分市场潜力和规模

对各细分市场进行综合评价，尤其要对各细分市场的发展潜力、规模和经济效益等进行评价，使旅游企业能选择到有一定规模和发展潜力的细分市场，以便在企业进入细分市场后有利可图并可持续经营。

任务3　我国的旅游市场

一、我国的入境旅游市场

入境旅游市场主要是指招徕和接待国外居民来本国、本地区旅游的市场。入境旅游市场是衡量一个国家和地区旅游综合发展水平的重要指标，是提高旅游效益，增加旅游收入的有效途径。我国的入境旅游市场是我国国际旅游市场的重要组成部分，是我国旅游业的先导和支柱。值得注意的是，由于历史原因，我国的入境旅游市场还包括华侨和港澳台同胞，在称谓上把外国人以及香港、澳门、台湾同胞统称为我国的入境旅游市场。

20世纪70年代末，我国开始开拓入境旅游市场。经过近半个世纪的努力，我国旅游基础设施、旅游产品种类、服务质量、接待能力和创汇水平得到极大的发展，我国的旅游业也取得令世人瞩目的成就。目前，我国已成为世界旅游大国，为世界旅游业的发展做出了巨大贡献。

中国的入境旅游市场客源地可以划分为亚洲、欧洲、美洲、大洋洲和非洲五大市场。统计显示，亚洲地区持续成为中国最主要的客源市场。亚洲市场占外国人入境市场的比重稳定在60％左右，其次是欧洲和北美市场，近几年来，它们的占比分别稳定在20％和10％上下。整体来看，亚洲、欧洲和北美三个地区贡献了约90％的外国人入境客源市场，是中国入境旅游市场的主体。2019年全年入境旅游人数1.45亿人次，比上年同期增长2.9％。其中：外国人3188万人次，比上年同期增长4.4％；香港同胞8050万人次，比上年同期增长1.4％；澳门同胞2679万人次，比上年同期增长6.5％；台湾同胞613万人次，与上年同期基本持平（图7–1）。

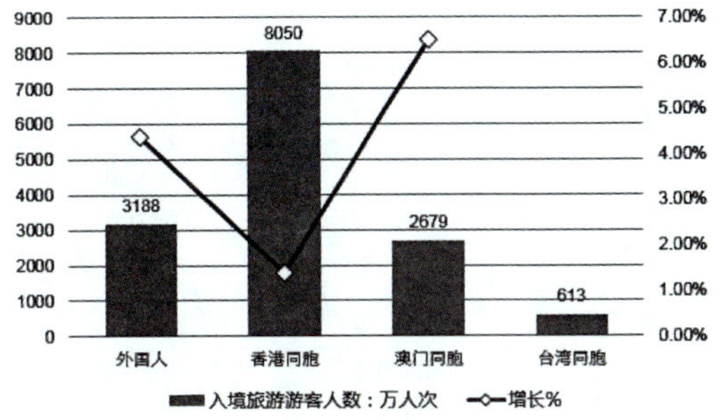

图7–1 2019年中国入境旅游游客来源情况

（资料来源：中国产业信息网）

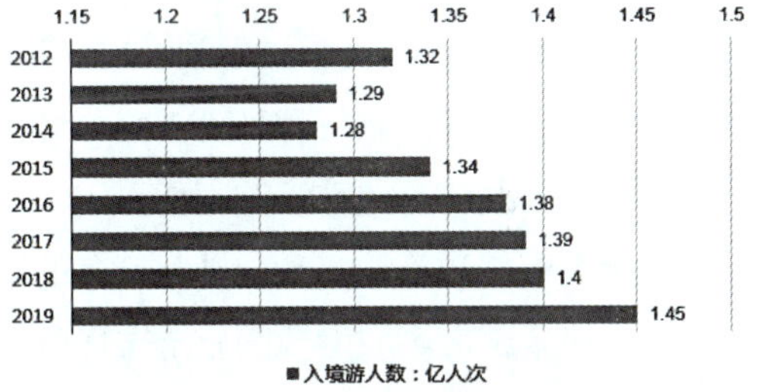

图7–2 2012~2019年中国入境旅游人数走势

（资料来源：中国产业信息网）

2015年以来，入境旅游由此前连续三年的负增长转向正增长，并在此后的四年里连续保持小幅增长。2018年，中国接待入境游客1.41亿人次，同比增长1.2％。与此同时，入境过夜市场和外国人入境市场规模同样保持稳步扩大，2018年，中国接待入境过夜游客6290万人次，外国人入境游客3054万人次，分别增长3.6％和4.7％，明显高于入境旅游总人次的增速（图7–2）。

了解我国的主要入境旅游市场，有助于预测入境旅游市场发展趋势、开拓新兴市场、开发重点潜力市场，有助于我国旅游经营者制定灵活适用、有针对性的市场经营战略与策略，有助于促进我国旅游业不断提高服务质量和管理水平，更好地满足各类旅游者的不同需求。

小知识

2016~2018年中国主要客源国

2016年		2017年		2018年	
1	韩国	1	缅甸	1	缅甸
2	越南	2	越南	2	越南

续表

2016年		2017年		2018年	
3	日本	3	韩国	3	韩国
4	缅甸	4	日本	4	日本
5	美国	5	俄罗斯	5	俄罗斯
6	俄罗斯	6	美国	6	美国
7	蒙古	7	蒙古	7	蒙古
8	马来西亚	8	马来西亚	8	马来西亚
9	菲律宾	9	菲律宾	9	菲律宾
10	新加坡	10	新加坡	10	新加坡

数据来源：中国旅游研究院（文化和旅游数据中心）
注：以上排名所使用的入境人次数包含边境人次数

二、我国的出境旅游市场

出境旅游就是指一国公民跨越国境到另外一个国家或地区进行的旅游消费活动，其主要类型包括公务旅行、商务旅行和私人观光旅游等。

随着我国改革开放政策的不断深入，国家经济水平的不断增强，国民经济收入水平的提高以及出境旅游相关政策的变动，越来越多的国民开始出境旅游，出境旅游成了国民休闲生活的新的方式，出境旅游市场成为我国旅游市场的重要组成部分。

20世纪90年代以来，我国出境旅游经历了从无到有、从小到大的发展历程，并逐渐走上世界旅游舞台的中央。根据《改革开放40年经济社会发展成就系列报告》显示，1995年至2016年，我国出境旅游人数由0.05亿人次升至1.35亿人次，年均增长17.6%。1995年我国出境人数居世界第17位，2003年首次进入世界前十，居世界第九位，2013年首次跃居世界第一位，2014年至2016年稳居世界第一位，是全球最大的出境旅游市场。

出境旅游市场的蓬勃发展，一方面反映了国民收入和生活水平的提高，另一方面也反映了人们希望了解外国风土人情的愿望，也将推动我国国际旅游市场乃至我国旅游业的持续健康发展。为此，国家旅游相关部门应进一步完善相关法律法规，出台更加有利的出境旅游政策，同时建立完善的安全保障体系，推动出境旅游市场快速健康发展。

三、我国的国内旅游市场

随着我国社会经济水平的不断提高，人民收入水平也随之提高，公民的旅游需求日益凸显，推动了国内旅游业的快速发展，国内旅游业在国民经济中的地位和作用越来越重要。

国内旅游是指在本国范围内，国家的居民离开自己的惯常居住地到境内的其他地方旅游。20世纪80年代中期，我国的国内旅游市场初步形成，一方面，在入境旅游市场发展的影响带动下，国内居民的旅游需求逐渐被激发，旅游活动逐渐发展起来；另一方面，随着国家综合实力的提升，国内旅游基础设施和旅游环境、交通等条件逐步完善，国内旅游发展的基础条件得到保障。

20世纪90年代，国内旅游市场进入快速发展时期。1990年国内旅游人数为2.8亿人次，2000年达到7.4亿人次，2010年国内旅游人数达21亿人次，到2018年，随着居民消费水平的不断提高，旅游文化建设进程的不断开展，出游人群规模不断扩大，2018年我国国内旅游人数达到了55.39亿人次。数据显示，2012年我国旅游行业总收入为2.58万亿元，2018年上升到5.97万亿元。

总之，随着我国旅游业的快速发展，国内旅游市场的持续发展成为必然的趋势，但也应该要认识到国内旅游市场发展水平与国际水平之间依然存在差距，如人均旅游次数、人均旅游消费水平、国民经济收入、旅游业占国民生产总值的比重等。因此，为了全面促进国内旅游市场的高质量发展，国内旅游市场在发展过程中应注意以下几点：第一，抢抓机遇，积极完善旅游产品结构，进一步开发具有竞争优势和高附加值的新产品；第二，完善市场监督管理体制机制，规范市场秩序；第三，不断创新服务理念，不断满足多样化、个性化的旅游需求，不断改善旅游服务质量和水平。

任务4　旅游市场营销策略

一、旅游市场营销的概念

（一）市场营销

营销（Marketing）一词最早起源于美国。营销的目的是要充分认识和了解顾客并使产品或服务能适合顾客，并自行销售自己。营销不是一种手段，而是一种理念，是贯穿企业各个环节的综合管理过程，营销的真正含义是对商品和服务的观念、定价、推销及分配进行筹划，从而满足个人和组织需要的过程。

市场营销，就是要尽最大努力提供顾客需要的产品及相关服务，制定顾客愿意接受的产品价格，让顾客了解并吸引他们购买自己的产品或服务，尽一切努力去了解谁是你的顾客，以及他们想要什么，需要什么，让顾客满意并使企业营利。

（二）旅游市场营销

作为一种营销行为，旅游市场营销是指旅游企业在履行社会责任的前提下，以旅游者为中心，在旅游环境分析、旅游购买行为分析、旅游市场调研和旅游市场细分的基础上，选择适当的目标市场，找准本企业和旅游产品的位置，通过营销战略、营销策略的整合运用和科学的营销管理，实现旅游企业、旅游者和社会“三赢”的目标。

作为一种营销理论，旅游市场营销是一门研究旅游企业市场营销理念、营销活动规律及营销战略和营销策略的应用学科。旅游市场营销理论与一般市场学相比，具有其特殊性。其一，以旅游行业为背景进行研究。其二，旅游消费需求是一种高层次、高品位、以无形产品和服务产品为主的需求，人们通过旅游消费满足其精神享受和发展的需要，旅游市场营销理论也要体现这一要求。其三，旅游市场营销理论要适应更高的知识化的营销要求。

二、目标旅游市场的选择

目标旅游市场是指被旅游企业选出并准备进入的细分市场，是指在旅游市场细分的基础上，旅游目的地国家、地区或旅游企业根据自身能力，所选择和确定为其提供旅游产品的旅游者群体，包括旅游市场现有的和潜在的旅游者。

任何旅游目的地和旅游企业，都不可能满足所有旅游者的全部需求，因此只能在旅游市场范围中选择特定的目标旅游市场。任何一个被旅游企业选定为目标旅游市场的细分市场，必须同时满足以下三个方面的条件。

（一）适当的规模和发展潜力

一个潜在的目标旅游市场是否有适当规模与发展潜力，是评估旅游市场的首要问题。所谓“适当规模”，是指细分旅游市场容量或销售规模的大小，只有当所确定的目标旅游市场具有“适当规模”，才能保证获得足够的经济效益。

（二）较强的吸引力和竞争力

通常来讲，被选定为目标市场的细分市场都应具备较强的吸引力和竞争力。旅游市场吸引力与竞争力分析主要从以下几个方面进行评估考虑：一是评估旅游市场的容量和发展潜力；二是评估影响旅游市场发展趋势的因素，如旅游产品生命周期、市场集中度和市场竞争状况等；三是评估直接影响旅游市场长期吸引力的因素，可引入波特的“五要素”分析模式来分析和评价旅游市场的长期吸引力与盈利能力。

（三）与旅游企业战略目标和能力一致

作为目标旅游市场，除了要满足上述两个条件外，还必须与旅游目的地或旅游企业的战略目标、旅游资源和经营能力相符合。旅游企业应选择有比较优势、有能力进入且符合本企业战略目标的一个或多个细分旅游市场作为目标旅游市场。在实践中，某些旅游市场虽然有较大的吸引力，但如果不符合旅游目的地或旅游企业的长远发展目标，或者不具备在该旅游市场上竞争获胜的技术、资源和能力，也不能确定为旅游目的地或旅游企业的目标旅游市场。只有所选择的目标旅游市场是竞争对手尚未满足的，所确定的目标消费者最可能对所提供的旅游产品做出肯定反应的，才有可能是属于旅游目的地或旅游企业自己的目标市场。

三、目标旅游市场定位

目标旅游市场定位是指旅游企业根据目标旅游市场上旅游者消费偏好、市场竞争状况和自身的比较优势，确定旅游目的地或旅游企业的旅游产品在目标旅游市场上的竞争位置。

（一）目标旅游市场定位的方法

1. 按照旅游产品特色定位

按照旅游产品的特色进行目标旅游市场定位，是根据旅游产品或服务的不同特征，找到产品的特色，来创建适应目标旅游市场的形象或地位，定位目标旅游市场。如海南的“热带中国——海南岛”“椰风海韵醉游人”，浙江的“诗画江南，山水浙江”，哈尔滨的“冰雪之旅如梦幻，冰情雪韵醉游人”等均是依据旅游资源的有形或无形的属性特征来进行市场定位的。

2．按照旅游消费特征定位

把旅游产品与某类旅游者联系起来，根据旅游需求特点来定位合适的目标旅游市场，如以旅游者在旅游过程中所获得的利益来定位，包括旅游的安全性、舒适性、刺激性等；以旅游者的消费目的和范围来定位，包括旅游类型、旅游项目、旅游服务等；以旅游者的消费档次和水平来定位，包括不同类型的旅游产品、旅游服务和活动内容等。

3．按照旅游市场竞争定位

针对旅游市场竞争状况和竞争对手情况，选择以跟随策略、竞争策略或对抗竞争策略来定位目标旅游市场，第一，跟随策略。即跟随已有的旅游市场，定位成与其类似的旅游产品档次的目标旅游市场；第二，竞争策略。采取竞争定位策略几乎是所有旅游企业的必然选择，尤其是当某旅游企业具有比竞争对手明显的比较优势时，往往采用竞争定位策略来提供优越于竞争对手的旅游产品和服务，以把竞争对手赶下现有的旅游市场位置，并由自己取而代之；第三，对抗竞争策略，定位成与竞争对手展开争夺的目标旅游市场。如云南推出“永远的香格里拉”旅游形象后，四川稻城也推出“最后的香格里拉”的旅游形象。

（二）目标旅游市场定位存在的问题

旅游企业在市场定位时常常会出现失误，或是因旅游市场形势发生重大变化，原先的定位已经不再适应新的市场需求。旅游企业要具体分析其中的原因，矫正定位偏差，重新确定在旅游市场上的正确位置。

目标旅游市场定位问题主要表现在以下三个方面。

（1）定位过低问题　使旅游者群对旅游企业和旅游产品印象低于其客观实际水平。

（2）定位过高问题　使旅游企业和旅游产品的被认知形象超过其实际存在形象。

（3）定位混乱问题　使旅游企业和旅游产品在目标市场上认知混乱不清。

四、旅游市场营销组合策略

（一）4P营销组合策略

一般情况下，最常用的旅游市场营销策略是美国市场营销专家麦卡锡提出的4P策略，即产品（Product）、价格（Price）、渠道（Place）和促销（Promotion）。其中，产品是营销组合策略的基础，是争取消费者的核心吸引物；价格是营销组合策略的关键，其决定和影响着产品的市场竞争力；渠道和促销则是营销组合策略的重要条件，对产品营销起着促进和保障作用。

旅游市场4P营销组合策略的主要内容包含以下四个方面。

（1）产品策略　以旅游者需求为导向，树立全新的整体旅游产品竞争意识，以满足旅游市场不断变化的需求。

（2）价格策略　要充分研究旅游价值链下的游客成本，分析旅游产品价格的影响因素，使旅游产品价格让旅游者更加满意。

（3）渠道策略　以增强旅游者购买的便捷性为基本出发点，充分利用旅游中间商等营销渠道，注重对营销渠道的构建。

（4）促销策略　以沟通为主线，将旅游企业有关信息有效地传播给旅游者，进而有效激发旅游者需求欲望，树立旅游企业和产品的良好形象。

（二）4C整合营销策略

20世纪90年代，美国学者舒尔茨提出“整合营销传播”理论，即4C整合营销策略。4C整合营销策略是指在旅游产品营销过程中，强调对顾客研究（Customer Research）、成本分析（Cost Analysis）、方便购买（Convenience to Buy）和消费沟通（Consume Communication），是一种更加注重与旅游者沟通的营销策略，其与传统4P营销组合策略相比，更加重视以旅游者的消费需求为导向，有效地促进旅游产品的经营和销售。4C整合营销策略的内容主要包括以下几个方面。

（1）顾客研究　将旅游产品暂时放到一边，按照旅游者的需求和消费特点，设计和开发出他们所希望购买的旅游产品，提供相应的旅游服务。

（2）成本分析　暂时不研究价格策略，充分考虑旅游者对旅游产品价格的感受，研究旅游者愿意为满足其旅游需求而支付的成本，改变传统成本与价格理论中只注重成本，而忽略旅游者价格感受的状况，真正体现以旅游者消费需求为导向。

（3）方便购买　改变传统4P营销组合策略过分注重销售渠道的做法，强调用更有效的营销方式，使旅游者能够更加便利地获知有关旅游产品的信息，或者更加便利地购买到旅游产品。

（4）消费沟通　加强对旅游者消费体验和感受的沟通和了解，并充分利用各种媒体进行报道，以旅游者对旅游活动的肯定态度和体验感受，发挥旅游者的“口碑效应”，刺激、影响和引导潜在的旅游者。

小知识

现代营销组合理论的新发展

21世纪初，美国学者唐·舒尔茨在4C营销理论的基础上提出4R营销理论，4R是指关联（Relevance）、反应（Reaction）、关系（Relationship）和回报（Reward）。

20世纪80年代后，营销观念、方式也不断丰富与发展，并形成独具风格的新型理念，即4V营销组合观。4V是指差异化（Variation）、功能化（Versatility）、附加价值（Value）、共鸣（Vibration）。

五、旅游促销策略

促销就是营销者向消费者传递有关本企业及产品的各种信息，说服或吸引消费者购买其产品，以达到扩大销售量的目的。从市场营销角度看，促销（促进产品销售的简称）是企业通过人员和非人员的方式，沟通企业与消费者之间的信息，引发、刺激消费者的消费欲望和兴趣，使其产生购买行为的活动。

旅游企业营销者为了有效地与消费者沟通信息，可采用多种方式加强与消费者的信息沟通，以促进产品的销售。旅游企业可根据实际情况及市场、产品等因素，选择一种或多种促销手段的组合。旅游促销策略主要包括以下几个方面。

（一）旅游广告宣传策略

旅游广告是指旅游企业借助广告媒体，以付费形式向公众传递产品信息的一种非人员的促销方法。旅游广告能够广泛的宣传和推广旅游产品，有效推动旅游产品的销售，从而帮助旅游企业获得经济利益及建立品牌价值。旅游广告媒体包括报刊、电视、广播、杂志、橱窗广告平台、户外广告平台、车体以及网络等。

（二）旅游营业推广策略

营业推广也称销售促进，它是指企业运用各种短期诱因，鼓励同业（中间商）或最终消费者或销售队伍成员购买、经销企业产品和服务的促销活动，目的在于解决一定时间和空间范围内旅游需求不足的问题。具体方式如下。

1. 针对旅游消费者的营业推广

（1）免费试用品　旅游企业免费向旅游消费者提供试用产品免费体验或开展旅游产品免费体验活动，吸引旅游消费者的关注度，提升旅游消费者对产品的了解，动员消费者购买新产品。

（2）价格优惠　向旅游消费者或中间商提供价格折扣优惠等，以此来吸引旅游消费者，鼓励消费者更多的购买本企业旅游产品，并积极推销宣传。

（3）顾客酬谢　为答谢新老顾客，企业可以向顾客提供奖励券，顾客可以凭奖励券购买低价出售产品，或者凭券免费，或者凭券买某种商品时给予一定优惠，参与抽奖活动等。

（4）竞赛、抽奖和游戏比赛　旅游企业可以通过开展相关竞赛或者游戏比赛等类型的活动，吸引消费者参与，消费者可通过竞赛和比赛获得相应的产品优惠或奖励。

（5）赠品　通过派人开展线下宣传推广活动，在商店、闹市区和小区等向消费者赠送样品，也可以通过公开广告赠送或者在本企业其他产品中附带相应赠品。

（6）组织展销　企业可以开展现场展销会，将能显著彰显企业优势和特点的产品进行现场示范和展示，边展边销。也可与一些知名度较高的非旅游组织开展合作，与其联合开展产品促销活动。

2. 针对旅游中间商的营业推广

（1）购买折扣　旅游企业为刺激、鼓励中间商大量地购买旅游产品，对第一次购买和购买数量较多的中间商给予一定的折扣优待。

（2）资助　为中间商提供陈列物品、支付部分广告费用等补贴或津贴。

（3）经销奖励　旅游企业对销售本企业旅游产品有突出成绩的中间商给予奖励。

3. 针对销售人员的营业推广

（1）销售红利　企业对在一定时间内超额完成销售指标者按一定比例提成，获得一定的红利，以刺激销售人员的积极性。

（2）销售竞赛　销售竞赛是在所有销售人员中进行销售比赛，对销售产品出色或销售额领先的销售人员给予奖励。对销售人员常用的营业推广方式还有完成任务或其他业绩的奖金、体验旅游、免费礼品、免费培训等。

（三）人员推销策略

人员推销是通过旅游企业派出销售人员与顾客直接沟通进行宣传促销，介绍旅游产品与服务相关信息，鼓励顾客购买，以达成销售。人员销售是销售人员帮助和说服购买者购买某种商品或服务的过程。常用的人员推销形式有上门推销、营业推销、柜台推销、电话推销、会议推销等。

人员推销的一般工作步骤包括：第一，寻找顾客；第二，接近顾客；第三，访问顾客；第四，处理异议；第五，建议成交；第六，客户管理。

（四）公共关系策略

公共关系是指通过信息沟通，发展旅游企业与社会、公众之间的良好关系，促进公众对企业的认识、理解及支持、建立、维护、改善或改变企业和产品的形象，营造有利于企业的经营环境和经营势态的一系列措施和行动。

公共关系由主体、客体和手段三大要素组成。旅游公共关系的主体就是各类旅游组织，客体是公众，即旅游消费者和潜在旅游消费者、员工及其家庭、股东和所有者、竞争组织、关联企业（旅游批发商、代理商、供应商、咨询机构）、行业团体、当地政府及社区、媒体、金融机构等，手段就是信息传播。

旅游企业在实施公共关系时要做到：重视企业的组织形象和社会声誉；坚持真诚合作、平等互利、共同发展的原则，加强双向沟通；创新审美，立足长远；全员公关，服务公众。

旅游公共关系的方式主要包括：①新闻宣传和公开出版物；②举办专题活动和社会公益活动；③游说活动；④听取和处理公众意见；⑤建立旅游企业识别系统。

项目小结

1．狭义的旅游市场是指客源市场，即在特定时间、地点和条件下的某种特定旅游产品的经营者和购买者。广义的旅游市场则是指旅游产品交换过程中各种经济活动和经济关系的总和，以旅游经营者生产、销售的旅游线路和与此有关的食、住、行、游、购、娱为商品交换对象，反映的是旅游经济活动中各种商品和劳务的关系，是解决旅游观光游览活动中供求矛盾的一种经济活动。旅游市场具有异地性、市场需求的不稳定性、竞争性和季节性的特点。

2．旅游市场细分就是指将整体客源市场按照地理位置、旅游者特征及需求特点，进一步把市场划分为不同类型的旅游需求者群体的过程。旅游市场细分标准主要包括地域因素、消费水平因素、人口特点、旅游者的心理行为、旅游目的、购买时间和方式以及追求利益的差异等。

3．旅游市场细分的一般程序包括：①选择所研究的旅游市场范围；②找出所研究的旅游市场范围内的潜在需求；③确定细分市场的标准；④移去全部旅游者的共性化需求；⑤找出各旅游者群的不同需求；⑥分析可能存在的细分市场；⑦为各细分市场命名；⑧评估各细分市场潜力和规模。

4．我国的旅游市场包括入境旅游市场、出境旅游市场和国内旅游市场三大类。入境旅游市场主要是指招徕和接待国外居民来本国、本地区旅游的市场。出境旅游就是指一国公民跨越国境到另外一个国家或地区进行的旅游消费活动，其主要类型包括公务旅行、商务旅行和私人观光旅游等。国内旅游是指在本国范围内，国家的居民离开自己的惯常居住地到境内的其他地方旅游。

5．旅游市场营销是指旅游企业在履行社会责任的前提下，以旅游者为中心，在旅游环境分析、旅游购买行为分析、旅游市场调研和旅游市场细分的基础上，选择适当的目标市场，找准本企业和旅游产品的位置，通过营销战略、营销策略的整合运用和科学的营销管理，实现旅游企业、旅游者和社会“三赢”的目标。

6．被选定的目标旅游市场应当具备如下条件：适当的规模和发展潜力；较强的吸引力和竞争力；与旅游企业战略目标和能力一致。

7．旅游市场营销组合策略包括4P营销组合策略和4C整合营销策略。旅游促销策略主要包括旅游广告宣传策略、旅游营业推广策略、人员推销策略、公共关系策略。

自我检测

1．什么是旅游市场？旅游市场有哪些特点？

2．什么是旅游市场细分？

3．旅游市场细分的标准有哪些？还可以按照哪些标准来划分？

4．旅游市场细分的一般程序是什么？

5．4C整合营销策略与4P营销组合策略的差异有哪些？

6．旅游促销的主要策略是什么？

项目八　旅游影响

学习指导

旅游业是社会、经济发展到一定历史阶段的产物，同时，旅游业的发展也会对社会、经济、文化和环境均产生不同程度的影响。旅游发展带来的影响既有积极的一面，也有消极的一面，但总体上讲，积极的一面要远大于消极的一面。正确认识旅游业对社会、经济、文化和环境所产生的积极影响，把旅游业可能带来的消极影响降低至最小，对于实现旅游业的可持续发展，具有重要意义。本项目重点介绍了旅游业在国民经济中的地位和作用，以及旅游业对经济、社会文化、环境等的影响。

学习目标

1．了解旅游业在国民经济发展过程中的地位与作用。

2．认识旅游业对经济、社会文化和环境的积极和消极影响。

任务1　旅游对经济的影响

旅游业是国民经济的重要组成部分，本质上属于经济性产业，旅游对经济发展的作用和影响，有些可能会对国民经济的持续健康发展起到积极作用，而有些也可能对国民经济发展带来一定的消极影响。因此，正确认识旅游的经济影响，有助于促进旅游业健康、可持续性的发展。

一、旅游对经济发展的积极影响

（一）增加外汇收入，平衡国际收支

对一个国家的入境旅游而言，旅游为旅游目的地国家开辟了一个重要的外汇收入渠道，有助于增加一个国家的外汇收入，增加外汇储备，增强国际支付能力，进而平衡其国际收支。

一般说来，一个国家获取外汇有两条途径，一条是通过对外贸易的途径，另一条是通过非贸易的途径。通过对外贸易所获取的外汇，称为贸易外汇，其他途径获取的外汇，称为非贸易外汇。旅游收取的外汇属于非贸易外汇。旅游换汇较之出口商品的贸易换汇，有着很大的优越性。这种优越性主要体现在以下三个方面。

1．旅游换汇成本低，换汇率高

旅游出口是一种无形贸易，旅游业提供的是不需要运输到国外的观光和服务产品，且旅游者必须到旅游产品的生产地进行消费，这种出口就省去了一般商品外贸过程中必不可少的运输费、仓储费、保险费、关税等开支，从而降低了换汇成本，提高了换汇率。

2. 换汇速度快，结算及时

在传统的商品出口中，从出口方的发货到进口方的结算支付往往需要很长时间。而旅游出口中，旅游产品不发生位移，且卖方通常都须采用预付或现付的方式进行结算，因此资金回笼速度快，风险相对较小。

3. 不受贸易壁垒的限制与影响

在传统商品的出口贸易中，进口国由于受国内经济或政治因素的影响，可能会对进口商品实行配额限制，超过这一配额，进口商品关税就会随之提高。即使在不实行配额限制的情况下，进口国也有可能会以调高进口关税的手段去控制商品进口数量，即关税壁垒。而旅游出口是“生产和消费同时同地进行”，不受贸易保护主义的限制和关税壁垒的影响。

（二）增加就业机会

国民就业问题历来都是世界上任何一个国家和政府都十分重视的问题。就业问题不仅关系到每个劳动者的生存和发展，而且关系到国家和社会的稳定繁荣。旅游业作为一个综合性服务行业，比其他行业更有利于解决就业问题，主要体现在两个方面：一是旅游业需要满足旅游者在旅游活动中诸多层面的需求，因而旅游业的发展势必带动与旅游业直接或间接相关行业的发展，从而为人们提供大量的就业机会；二是旅游业的就业岗位层次众多，一方面需要高素质的管理与技术人才，另一方面，也能为尚不具备技术专长的青年或下岗职工提供就业机会。

总而言之，旅游业属于劳动密集型产业，它所吸纳的就业人口包括直接从事旅游业的劳动人员和间接为旅游者或旅游企业服务的劳动人员。因此，一个地区的旅游业越发达，一些相关产业与旅游业的关系就越紧密，旅游发展所产生的间接就业机会就越多。

（三）缩小地域差距，促进地方经济发展

当今世界，各个国家和地区经济发展水平均有不同程度的差异，如何缩小地区经济水平的差距，是世界各国政府普遍关心的问题。世界上一些国家，对那些经济较为落后、交通较为不便、信息较为闭塞但旅游资源丰富的地区，国家会有意识、有计划地在那里发展旅游业，实际上是将财富从某些地区转移到另外的地区，将国内的财富在地域空间上进行了再次分配，从而全面促进这些地区的经济社会的发展。

事实上，旅游需求大多来自经济发达地区，也就是说，经济发达地区所产生的旅游者人数较多，经济落后地区所产生的旅游者人数较少。当拥有丰富旅游资源的经济落后地区通过发展旅游业，吸引经济发达地区的居民前往旅游时，这些旅游者在常住地所取得的部分收入也会随之转移到经济落后地区。对于这些经济落后地区而言，外来的经济流入不仅会直接增加该地财富，而且随着资金的内部流动，势必会刺激和带动该地的经济发展，加速当地经济发展步伐，从而进一步缩小与发达地区的差距。

（四）增加国家财政收入，加速社会货币流通

旅游企业通过为旅游者提供服务而取得收入，进而将其中的一部分以营业税和所得税的形式上缴国家和地方政府，形成国家财政收入。因此，旅游业发展规模越大，旅游收入越大，国家财政收入水平也就越高。

旅游业对国家财政收入的贡献，不仅来自于直接从事旅游产品生产的旅游企业，还包括非旅游产业中间接从事旅游业务的或为旅游者提供服务的企业，加上这部分企业的应上缴税额，国家就会有更多的财政收入。

政府直接获得来自于旅游业的税收主要涉及以下三个方面。

（1）来自于旅游者的税收，如签证费、海关税、机场税、消费税等。

（2）来自于旅游企业的营业税、所得税以及各种执照费。

（3）来自于旅游从业人员的个人所得税。

除此之外，由于旅游业是一个关联带动性很强的产业群体，能够刺激和带动很多其他相关部门和行业的发展，当所有这些部门和行业因此而增大其生产或经营规模时，政府还可从这些部门和行业获得更多的税收。

进入20世纪90年代，我国国内旅游发展速度呈现高速发展态势，旅游人次数不断增加，国内旅游收入也相应地不断增加。旅游业的发展，还会加速一个国家的货币流通和货币回笼。

（五）带动相关行业的发展

旅游业的发展既需要一个国家或地区的众多其他经济部门或行业的配合和支持，也会对很多相关的经济部门或行业发展起到一定的促进和带动作用。其主要原因包括以下两个方面：第一，旅游者的消费需求要求旅游业提供足够的设施、设备等，旅游业在发展过程中实际上也成为了其他行业产品的购买者或生产消费市场，从而进一步刺激这些行业扩大生产规模来适应市场需求的增加。简而言之，如果没有旅游业对其他相关行业企业产品服务的需求，这些行业不可能发展得如此迅速，规模也不会扩张到如此之大；第二，旅游业的快速发展有助于扩大外界对该目的地国家或地区的了解，增强其知名度，从而进一步吸引外商前来投资，并因此促进其他行业的发展。

二、旅游对经济发展的消极影响

旅游业的发展对当地经济发展有着诸多积极有利的影响，发展旅游所带来的经济效益也是显而易见的，但是，旅游发展也会给当地经济带来一定的风险和消极影响。旅游对当地经济所带来的消极影响主要体现在以下几个方面。

（一）可能会引起当地社会的物价上涨

通常情况下，由于外来旅游者的收入水平较高，消费能力通常高于旅游接待地区的当地居民，当大量旅游者涌入一个旅游目的地时，难免会引起旅游目的地社会的物价上涨，特别是引起衣食住行等生活必需品的价格上涨，这势必会损害当地居民的经济利益。当通货膨胀影响到住房、食品、交通、服装等生活必需品的价格时，这种影响就更加明显。

除此之外，旅游接待地区的地价也会随着旅游业的发展而迅速攀升。要发展旅游必须具备一定的旅游配套设施，通过很多国家旅游开发的事实可以发现，旅游发展初期时，游客量较少，因此在兴建配套设施时不需要占用大规模的土地，对土地的投资占全部投资的比例很少。但当这一地区旅游业发展起来之后，兴建配套设施的规模增大，地皮投资迅速上升，造成地价上涨，这势必影响到当地居民的住房建设与发展。

（二）可能会使旅游目的地的产业结构发生不合理变化

在有些发展旅游的农业地区，旅游产业所带来的经济收入往往会高于农耕收入，这使得过去以务农为主的大量青壮年劳动力放弃农业而转向从事旅游行业，这会影响到目的地农业的发展，使其产业结构发生不合理变化。一方面，旅游的发展扩大了对农副产品的需要，而由于大量劳动力投身旅游行业，放弃农业，使得农业发展逐渐衰退。另一方面，旅游发展必须要满足旅游者的住宿、饮食等需求，这就势必会修建大量的旅游配套设施，如饭店、酒店等，这些配套设施的建设必将占用大量的耕地，势必影响农业生产的规模。若农副产品发生价格上涨的情况，这样的压力很可能还会影响旅游目的地的社会和经济的稳定，如果再管理不善，乡村旅游的发展非但没有带来乡村经济的多样化，反而使旅游业取代了农业，成了新的单一产业。

综上所述，当地居民失去了赖以生存的基本生产方式，一旦危机来袭，就很有可能产生一系列不良的连锁反应，影响当地社会和经济的持续健康发展。

（三）过度依赖旅游业会影响国家经济的安全与稳定

旅游经济的发展受到很多因素的影响，主要有自身行业的激烈竞争，地震、海啸、极端天气等自然因素，流行性疾病等健康因素，经济危机、外汇汇率变化等经济因素，以及政治动乱、政策变化、国家关系恶化等政治因素。因此，旅游经济具有明显的脆弱性的特点，一旦这些非旅游所能控制的因素发生不利变化，旅游需求将会大幅度降低，国民经济将会受到重创。

旅游经济的发展还具有季节性的特点，淡季时会出现劳动力和生产资料的闲置。从需求方面来看，虽然可以通过旅游业的努力营销来减小这种季节性的波动，但不可能完全消除。因此，若旅游接待国或者地区把旅游业作为基础产业，当旅游淡季来临时，肯定不可避免地会出现劳动力和生产资料闲置或严重的失业问题，从而给旅游接待国或地区带来严重的社会问题和经济问题。

旅游者的旅游需求在很大程度上取决于客源国或地区居民的收入水平、可自由支配的时间和旅游兴趣及有关旅游度假的流行时尚，而以上这些因素都是旅游接待国或地区所不能控制的。如果客源国或地区一旦出现经济不景气的情况，当地居民的旅游需求必然会受到影响，居民外出旅游的需求势必会下降。在这样的情况下，旅游接待地想要保住和扩大客源市场是很难的。除此之外，旅游需求还受到旅游者旅游愿望和兴趣的影响，一旦客源地居民的旅游兴趣爱好发生转移，则会选择新的旅游目的地，从而使原接待地区的旅游业衰落，至少是相当长一段时间的萧条。特别是从长远的观点来看，这些问题都难免发生。

从供给一方来看，旅游需求还会受到旅游接待地各种政治、经济、社会乃至某些自然因素的影响，这些因素都是旅游业所不能控制的。当这些因素发生不利变化时，旅游需求也会随之大幅度下降，且会牵扯到整个旅游业，使旅游业乃至整个旅游目的地的经济都遭受挫折，甚至造成严重的经济问题和社会问题。因此，任何一个大国旅游业的发展都要适应经济发展的需要，而不能盲目开发。

综上所述，一个国家或地区如果过度依赖旅游业，当出现不可控的因素时，旅游业及其相关产业将会在相当长的时间内无法恢复，这会对整个社会的稳定和经济发展产生致命的影响。

（四）对就业产生不利影响

旅游业具有非常强的季节性，虽然旅游业属于劳动密集型产业，能够创造大量的就业机会，但由于其季节性的特点，也会使就业具有明显的季节性。由于旅游业季节性特点的存在，旅游业和相关行业中的就业人员也会处于很不稳定的工作状态，在淡季时不可避免地会出现劳动力和生产资料的闲置，甚至出现严重的“季节性失业”的现象，从而给目的地所在国或地区带来严重的经济问题和社会问题。

旅游业的发展对经济的影响有积极的一面，也有消极的一面，为促进经济的持续健康发展，必须要以正确的态度和宏观的视野去分析旅游发展对经济带来的影响，就必须辩证地看待其积极影响和消极影响，加强对旅游业的宏观调控和总体规划，最大程度的减少消极影响，强化其积极影响。

任务2　旅游对社会文化的影响

事实上，旅游活动是一种不同地域、不同民族、不同社会以及具有不同文化背景的人群之间交往与接触的访问活动，了解和接触异域风情既是旅游者的出游动机，也是旅游者的普遍期望。同时，随着现代旅游活动规模的急剧扩张，出游时间不断延长，旅游者在出游期间，也会将自己的社会文化属性有意或无意的带入目的地，不可避免地对目的地社会文化产生深刻的影响。因此，发展旅游不仅会对一个国家和地区的经济产生重大影响，还会对社会文化产生多方面的影响。旅游对社会文化的影响有积极的一面，也有消极的一面。

一、旅游对社会文化的积极影响

（一）有助于增进国家、地区和民族间的交流与了解

旅游是不同国家、不同地区、不同民族、不同信仰以及不同生活方式的人们之间的直接交往方式，是不同文化背景群体之间最理想、最和平的交流方式，也是民间外交的一种重要形式，旅游活动的开展有助于进行广泛的社会文化交流。

不同阶层、职业、宗教信仰、年龄阶段的旅游者通过各种不同的形式进行接触，使得不同文化之间产生了碰撞、交流，在一定程度上消除了社会、民族偏见，增进了彼此的理解，促进了文化的融合，增强了国际的和平友好关系。

（二）促进民族文化的保护和复兴

传统的民族文化是一个国家或地区的重要旅游资源。在旅游发展的过程中，为了增强自身的

旅游吸引力，许多国家或地区逐渐开始重视旅游地传统文化资源的挖掘，注重传统风俗文化的保护与传承。对一些传统的民风民俗、手工艺、音乐、舞蹈等文化产品进行了重新整理和恢复，对一些濒临消失的历史建筑进行了修缮和维护。随着旅游的发展，传统的文化遗产获得了新生，成为当地独有的文化资源。这些资源在吸引外来游客的同时，也使得当地人对自己的文化产生了新的认同感和自豪感。

（三）有利于和谐社会的形成

现代旅游已经成为一个有利于社会稳定、人与人之间和各国人民之间相互了解及自我完善的因素。发展旅游业对公民健康身心的塑造和和谐社会的构建，主要体现在以下几个方面。

（1）修身养性，陶冶公民情操。旅游活动有利于旅游者的身心健康，是现代社会人们实现自我完善和自身可持续发展的一种很好的方式。

（2）促进人与自然的和谐。通过旅游活动，可以增加人与自然的亲和力，增强人们保护意识，从而促进人与自然的和谐发展。

（3）提高公民的文化水平和文明意识。

（4）增进旅游者对社会的了解（特别是对不发达地区的了解），增强公民的社会责任感。

（5）增加不发达地区的旅游收入，缩小贫富差距。

（6）扩大就业，促进社会和谐。

（四）有助于民族素质的全面提升

旅游的发展对全民族综合素质显著提升有重要促进作用，旅游发展对国民素质提升的促进作用主要体现在以下几个方面。

（1）旅游的发展使得目的地原本闭塞的空间转变为一个开放的空间，其更趋于开放化、国际化和现代化，众多旅游者给目的地带来了发达的现代文化，给当地居民的思想文化带来了新的冲击，旅游业在潜移默化的过程中影响着目的地居民，有效促进了接待地居民科学、文化素质的提高，并使其价值观和行为方式发生演变。如在部分少数民族旅游地，旅游的开发吸引了众多国内外旅游者前来游玩，当地居民接触到了现代文明的生活方式，学会了普通话、外语等，科学意识显著提升。

（2）当前，现代化和全球化进程逐步加快，现代生活的节奏也不断加快，加之紧张的工作压力和都市钢筋混凝土的压迫，人们更加渴望回到恬静悠闲的大自然环境，使自己的身心得到解放，精神压力得到释放，给自己的身体和心灵进行重新“充电”，恢复体力，焕发精神，从而增加对人生的热爱。这在一定程度上也反映了旅游活动促进人们身心健康、提高人口素质的重要作用。

（3）旅游的发展有助于接待地居民逐步建立与现代文明、商品经济相适应的思维方式和工作方式，有助于当地破除迷信，提高文明程度，形成尊重科学的氛围，有助于推动接待地居民的文明化进程。

（4）旅游活动在一定程度上可以被看作是不同社会文化之间的交流与碰撞，通过旅游可以了解世界，熟悉社会，增长知识和才干。旅游活动的开展使得人们打破传统惯常环境对自己思想的束缚，旅游者利用旅游活动进一步开拓了自己的知识视野，学到了以往根本没有机会学到的知识。

（五）有利于促进世界和平

旅游业的发展对于和平世界的形成有着重要的促进作用。《马尼拉世界旅游宣言》中写道："旅游不仅是一个促进相互了解和理解的积极的、永久的因素，而且是实现各国人民之间较大程度的尊重和信任的基础"。

首先，旅游活动的开展，能够实现旅游目的地与客源地之间的直接双向互动，有助于打破国与国、民族与民族之间的偏见，有助于打破基于单一维度划分人群的传统。

其次，旅游活动中的主客双方能够相互学习、相互借鉴，取长补短，共同推动社会文化的深度融合，促进世界各国、各地区的密切交流。

最后，旅游业的存在与发展是在世界持久和平的状态下进行的，旅游业在经济和社会等方面的重要性已经得到各国各地区政府的认可，因此，旅游业的发展有助于促进各国各地区政府努力维护世界的和平与稳定。

二、旅游对社会文化的消极影响

（一）传统文化内涵和艺术形式逐渐退化

地方传统文化是一个地区区别于其他地区的重要特质，具有独特性的特点。地方文化与地理环境的封闭性联系密切。一个国家、一个地区的人们在漫长的发展过程中形成了本民族或者本地区独有的生产生活方式，如果没有外界的影响，地方文化就能长期保持原始固有的特征。随着现代交通的改善和旅游的开发，地区的封闭性逐渐被打破，旅游地文化的独特性必然受到冲击。

为了获取经济效益，迎合旅游者猎奇的需要，各旅游区大多放弃传统文化的社会、精神意义及艺术含义，随意改变其传统艺术设计形式，使传统文化粗糙、简单地舞台化、商品化。传统民俗、庆典活动等也不再按特定时间、地点、方式进行，而由"旅游需求"随时随地举行，仿佛其存在的基础是旅游者的需求而非当地的社会生活。地方特色的工艺品制作转向面对大众市场，机械批量生产，并逐渐走向粗制滥造，失去传统的艺术形象和价值。

（二）形成不良的示范效应

随着旅游活动的开展，旅游者的大量进入不可避免地会将自己的生活方式带到旅游目的地，引起当地居民的价值观、道德观念和生活方式的变化，对旅游地产生不良的示范效应。

一方面，当地居民在与旅游者接触之后，有些人开始对自己的传统生活方式感到不满，进而开始模仿旅游者，甚至发展到有意识的追求，使得一些犯罪和不良社会现象增多，影响社会秩序的安定；另一方面，受现代自由思想的影响，传统道德观念受到冲击，旅游地的离婚率也逐步攀升；更为重要的是，这些不良的示范效应不利于原社会传统的延续，使得原本热情好客、勤劳质朴的当地居民变得越来越功利化，传统的精神被削弱，也同时削弱了旅游目的地的独特性，降低了旅游地的吸引力。

（三）旅游目的地居民的正常生活受到干扰

一方面，旅游者的大量涌入使得当地居民的生活空间逐步被压缩，直接与当地居民争夺有限资源，干扰了当地居民的正常生活，侵害了当地居民的利益；另一方面，由于旅游者离开了惯常生活环境，脱离了惯常生活环境对其行为的约束和监督，导致自我放纵，进而产生某些不当行为。这些使得许多居民对旅游者的态度可能从起初的友好热情逐渐转变为不满甚至反感、怨恨，造成旅游者与当地居民之间关系紧张。

任务3　旅游对环境的影响

任何产业的发展都离不开当地环境，旅游也不例外。旅游发展与环境之间有着非常密切的联系，环境是一个旅游目的地的基础性资源，是该地旅游业赖以发展的空间依托。由于旅游者必须到目的地去消费产品，所以旅游活动不可避免地会对目的地的环境产生影响。与旅游相关的环境影响可以分为直接影响、间接影响和诱发影响，也可分为正面影响和负面影响。对于一个旅游目的地来说，该地的环境品质不仅是其旅游吸引力的重要决定因素，而且会直接影响游客对该地旅游产品的满意度。

发展旅游而不影响环境是不可能的，随着旅游的产生与发展，不管是自然环境还是人文环境，都不可避免的受到影响和改变。这些影响和改变可能是正面的，也可能是负面的。

一、旅游对环境的积极影响

绿水青山就是金山银山，一个旅游目的地要想始终保持强大的吸引力和竞争力，良好的环境是前提和基础。为了使得旅游能够持续健康的发展，旅游地通常会极力建立和维护良好的旅游环境，以此来吸引旅游者前往该地观光游览。这些行为在主观上出于发展旅游业的需要，但在客观上也起到了改善目的地自然生态环境的作用。旅游对环境发展的积极影响体现在以下几个方面。

（一）提高人们的环境保护意识

事实上，旅游的发展不仅会让当地居民的环境保护意识有所提高，也会在一定程度上提高旅游者的环境保护意识。一方面，作为旅游目的地的居民，他们亲眼看到、亲身体会到了旅游发展给他们带来的红利，也感受到了家乡的绿水青山对外来旅游者的吸引力，目的地居民意识到良好的环境质量是提高经济收入、改善生活质量的宝贵基础，因此，当地居民的环保意识在整体上得到很大提升；另一方面，作为旅游者，旅游地优美的环境使得他们身心获得了极大限度的愉悦，他们在无形中认识到了良好环境的重要性，环境意识也会随之提高。

（二）有助于自然景观和历史遗迹的保护

一方面，为了促进旅游业的健康发展，能够吸引更多的旅游者并提高他们的满意程度，目的地众多自然景观和历史遗迹的环境问题越来越被旅游经营者所重视。另一方面，旅游业的快速发展给当地带来了巨大的经济效益，目的地有了充足的资金用于自然景观和历史文化遗迹的修缮与保护，如果没有旅游业，这些历史古迹就有可能状况恶化或逐渐消失。

（三）有助于改善旅游目的地的基础设施

旅游资源的开发就是改善旅游地的可进入性，为了增强旅游目的地的吸引力，旅游地不断改善接待地区的基础设施、生活服务设施和其他方便旅游者的设施。旅游目的地在发展旅游，改善旅游接待设施的同时，实际上也在改变当地居民的生活居住环境，为当地居民提供更为便捷、现代化的生活方式。

二、旅游对环境的消极影响

旅游业的发展除了会给当地环境带来一定层面的积极影响之外，也会在一定程度上给目的地的环境带来诸多消极影响。旅游对环境的消极影响主要体现在以下几个方面。

（一）旅游产品生产过程中对环境的不利影响

一是旅游资源开发时，旅游交通的建设若规划不当，如遇山开路，遇水搭桥，或者随意采石砍树等，则破坏了旅游生态环境的协调完整性。二是在旅游食宿设施的建设过程中，水、电及其他能源供应的紊乱，废水、废气、垃圾的处理不及时都可能对生态环境造成污染。

（二）旅游产品消费过程中对生态的不利影响

旅游产品消费过程中对生态的不利影响最为明显地表现在对生态环境的污染和对生态系统的破坏上。旅游产品消费过程中对旅游区环境的污染表现在直接污染和间接污染两方面。直接污染是指旅游者在旅游活动时产生的污染，如旅游者生活污水、粪便以及乱掷垃圾、废瓶、废纸、罐头盒等对生态环境产生的污染。间接污染主要还是大气的污染，旅游离不开交通，交通工具是使旅游者从居住地到风景区的载体，于是，各种车辆纷至沓来、呼啸而过，汽车尾气在空中四处弥漫。这种废气不仅污染空气，而且对人体也极为有害。

（三）使大量文物古迹遭到不同程度的破坏

在经济利益的驱使下，不少旅游地超负荷接待游客，或乱建滥造旅游设施，使得一些有珍贵历史文化价值的古迹或独特、协调的自然、人文景观遭受破坏。因游人乱刻乱画，随意触摸文物，随意丢弃废物，直接或间接导致的文物古迹的破坏，更是不胜枚举。如在故宫的宫墙、石板走道、各类门栏上，在泰山的摩崖石刻上，在古老长城的城墙、城楼上，都留有游客不文明的印迹。

总之，旅游对环境的污染来自两方面，即旅游供给与旅游需求双方。旅游供给一方对环境的污染和破坏是在旅游开发建设过程和旅游经营过程中发生的。就旅游供给一方而言，旅游作为污染源与工业污染源有共同之处，即以旅游服务设施所排放的“三废”（废气、废水、废渣）和布局不当造成对环境的污染为主。旅游需求一方对环境的污染和破坏是在旅游者的流动和暂时停留的过程中发生的。主要表现为：大量人口的涌入带来拥挤、混乱；人的破坏性行为对环境造成污染和破坏；大量人口的践踏使土质变化；大量人口的暂时停留带来以往的生产、生活资料的消耗和能源的使用；人群的集中带来的大气污染、噪音污染、视觉污染等。从旅游者角度分析旅游污染环境的途径可以看出旅游作为污染源存在着不同于一般污染源的特殊性。

项目小结

1．发展旅游业会对一个国家、地区的经济、社会文化、环境等产生重要影响。这种影响既有积极的一面，也有消极的一面。

2．旅游对经济的积极影响表现在：①增加外汇收入，平衡国际收支；②增加就业机会；③缩小地域差距，促进地方经济发展；④增加国家财政收入，加速社会货币流通；⑤带动相关行业的发展。消极影响主要表现在：①可能会引起当地社会的物价上涨；②可能会使旅游目的地的产业结构发生不合理变化；③过度依赖旅游业会影响国家经济的安全与稳定；④对就业产生不利影响。

3．旅游对社会文化的积极影响主要表现在：①有助于增进国家、地区和民族间的交流与了解；②促进民族文化的保护和复兴；③有利于和谐社会的形成；④有助于民族素质的全面提升；⑤有利于促进世界和平。旅游也会对当地社会文化带来一些消极影响，主要包括：①传统文化内涵和艺术形式逐渐退化；②形成不良的示范效应；③旅游目的地居民的正常生活受到干扰。

4．旅游对环境的影响也表现在两个方面：一方面可以促进旅游目的地居民和当地政府加强对旅游资源和自然人文环境的保护，提高人们的环境保护意识，促进自然景观和历史遗迹的保护等；另一方面，随着游客的大量涌入，也会对环境造成一定的破坏，包括生态系统的破坏、景观协调性的破坏等。

自我检测

1．简述旅游对经济的影响。

2．旅游对社会文化是如何产生保护作用的?

3．旅游对环境会产生哪些影响?

4．面对旅游发展对经济、社会文化以及环境的积极和消极的影响，今后在旅游开发与规划过程中，作为当地政府，应当考虑哪些方面来促进旅游业的健康可持续发展?

项目九　旅游政策与旅游法律法规

学习指导

旅游业健康有序的发展，离不开旅游政策和旅游法律法规的制定和完善。其中，政策支持具有较强的时效性、针对性和灵活性，因此，旅游政策支持普遍成为世界各国加快旅游业发展的重要手段，完善旅游法律法规是实现旅游业可持续发展的重要保障。

学习目标

1. 掌握我国的基本旅游方针政策。
2. 了解我国现行的主要旅游法律法规，形成基本的法律意识。

任务1　旅游政策

一、旅游政策概述

旅游政策是国家和最高旅游行政管理部门为了实现一定时期内旅游发展的目标，根据旅游发展的社会经济条件和旅游发展的具体情况，所制定的一系列措施和办法。它指导并服务于旅游业发展的全过程，同时也是衡量旅游事业取得成效的尺度。

在第二次世界大战后，特别是20世纪50年代以来，旅游的快速发展给社会经济带来越来越大的影响，为此，许多国家都非常重视旅游业，并通过制定有关政策，促进旅游业的发展。

按内容划分，旅游政策可分为基本旅游政策和具体旅游政策。按形式划分，旅游政策可分为直接旅游政策和间接旅游政策。按层次划分，旅游政策还可分为全国性旅游政策、地域性具体旅游政策和社区性旅游政策。按涉及对象划分，旅游政策又可分为一般性旅游政策、行动倾斜政策、区域倾斜政策、部门倾斜政策、行业倾斜政策、企业倾斜政策和项目倾斜政策等，它们从不同的角度对旅游业的整体发展提供政策的优惠倾斜。

二、旅游政策的特征

旅游政策是依据一定时期旅游业发展内外环境进行科学分析的基础上所制定，因而旅游政策具有以下基本特征。

（一）可行性

任何一项旅游政策都必须是在深入调查研究的基础上，从一定时期的旅游业发展的实际情况出发，经过认真分析和比较各种有利因素和不利因素的情况下所做出的规定，因此，在实施中都是可行的。

（二）策略性

旅游政策是一种行为措施，并且是一种具有策略性的行为措施。就旅游政策的结构而言，一项完整的政策，既包含了旅游政策的目标，同时也包括实现该目标的计划、方法或手段。这种方法、手段等体现了旅游政策的策略性。

（三）强制性

旅游政策的强制性主要表现在两个方面：一是与某项旅游政策相关的群体和社会组织必须认真贯彻执行；二是对于不严格执行的情况将会追究责任。

（四）协调性

旅游政策是一整套综合性的政策体系，必须与国家的总体产业政策相融合，同时还涉及许多行业和部门的支持。因此一项好的旅游政策必须综合考虑相关方面的利益，协调好相关方面的关系，从而有效地调动各方面的力量，实现旅游业发展的总体目标。

（五）阶段性

旅游政策是一定时期旅游工作的指针。随着时间的推移，旅游业内部情况和外部环境都会发生变化，因而又会制定出新的政策。

三、制定旅游政策的目的

（一）促进旅游业的发展

为吸引旅游者的到来，有的国家对入境旅游者实行“落地签证”“上岸签证”，即不需事前办好签证，而是在抵达该国后，在海关再办理手续。这样，就可以使旅游者省去事前办理签证的麻烦，而且也省去了办理签证所等候的时间。此外，在一些国家之间，如欧洲的部分国家之间，实行“申根签证”，申请人一旦获得某个国家的签证，即可在签证有效期内在所有申根国家自由旅行。这就更加方便了不同国家之间旅游者的旅游活动。

（二）优化旅游发展环境

旅游发展环境可以从软硬件方面进行提升，比如高速公路、铁路和机场建设要统筹考虑旅游发展需要，重点旅游景区要健全交通集散体系；建立健全旅游景区突发事件、高峰期大客流应对处置机制和旅游安全预警信息发布制度，保障旅游安全，推进旅游服务质量提升等。

（三）促进地区经济社会的发展

政府有时为了支持和促进某个地区经济社会的发展，而确定该地区能使旅游业尽快发展起来，并在旅游设施的建设上给予支持，以期旅游业发展起来之后，带动和推进该地区经济社会的发展。同时，旅游业也是吸纳就业的重要领域，尤其是在吸纳农村富余劳动力、解决弱势群体收入方面有着突出的作用。

（四）减少旅游业负面影响

许多国家都很重视旅游发展与当地居民的关系，特别注意防止和调节旅游发展给当地居民所带来的负面效应。如旅游业的发展所导致的环境破坏，旅游者在旅游活动中对当地居民的干扰和不尊重等。出现这些情况时，政府就要调节所形成的矛盾，并通过一定的政策进行协调。

（五）促进旅游全域化发展

在政府引导下，旅游业与农业、林业、水利、工业、科技、文化、体育、健康医疗等产业深度融合。以抓点为特征的景点旅游发展模式向区域资源整合、产业融合、共建共享的全域旅游发展模式加速转变。

（六）平衡国际收支

平衡国际收支也是政府制定旅游政策的重要考量。有的国家对出入境旅游者的外汇实行较放开的政策，既不限制本国居民出境旅游时所需带出的外汇，也不限制入境旅游者在出境时所要带走的外汇。对经济实力较强、外汇储备较充足的国家来说，大多实行这样的外汇管理政策。也有的国家因外汇短缺，本国居民出境旅游时限制其带出的外汇数量，也有的国家对入境旅游者在入境旅游过程中所兑换的本国货币，如有剩余，在离境时则不能再换成他国货币。此外，对外汇储备较充足的国家、经济情况较好的国家，有时还要鼓励本国居民到境外旅游，以消费掉一部分外汇储备。如20世纪50年代，美国就曾鼓励和支持美国居民到他国旅游。又如20世纪80年代，日本也曾实施“海外旅游倍增计划”，鼓励和支持日本居民到他国旅游。有的国家原先外汇储备充裕，从而支持本国居民出境旅游，如韩国、泰国等，后因1997年亚洲金融危机爆发，韩国、泰国等国家首当其冲，突然出现外汇的奇缺，在这种特定情况下，韩国、泰国等国又不得不临时将支持本国居民出境旅游的政策，改变成适当限制居民出境旅游的政策。

综上所述，随着旅游的发展，给社会带来越来越大的影响，很多国家都注意到通过政策引导能保证和促进旅游业的发展，并限制和减少因旅游发展所带来的矛盾和问题。

四、我国的基本旅游政策

旅游业是现代服务业的重要组成部门，加快旅游业的发展，对于扩大就业，拉动内需消费、加速经济发展等具有很大的作用，为充分挖掘旅游投资和旅游消费增长潜力，国家出台了多项旅游政策，通过逐步落实带薪假制度，加快基础设施建设、多方资金支持等方面，全力推动旅游产业发展。我国的旅游政策是多方面的，在不同时期不同形势下，政策也有所不同。

（一）《国务院关于加快发展旅游业的意见》

2009年12月1日，《国务院关于加快发展旅游业的意见》（以下简称《意见》）正式发布。《意见》分为总体要求、主要任务、保障措施三部分，共20条。按照科学发展观的要求，《意见》对旅游业做出全新定位，指出把旅游业培育成国民经济的战略性支柱产业和人民群众更加满意的现代服务业的宏伟目标，并就新时期旅游业发展进行了全面部署，明确了具体的发展目标，是我国改革开放以来发展旅游业30余年实践的总结，也是推动形成未来旅游业发展新格局的标识性文件，对中国旅游业的发展将产生深远的影响。

《意见》提出了近几年旅游业发展的主要任务是深化旅游业改革开放、优化旅游消费环境、倡导文明健康的旅游方式、加快旅游基础设施建设、推动旅游产品多样化发展、培育新的旅游消费热点、提高旅游服务水平、丰富旅游文化内涵、推进节能环保、促进区域旅游协调发展。并指出政府要加大投入以及金融支持，大力支持旅游业的发展。

（二）《关于金融支持旅游业加快发展的若干意见》

《关于金融支持旅游业加快发展的若干意见》（以下简称《意见》）于2012年2月正式发布，以加强和改进旅游业金融服务，支持和促进旅游业加快发展。《意见》指出，要充分认识支持旅游业加快发展的重要意义，加强和改进旅游业金融服务，加强旅游景区金融基础设施建设等；要合理调配金融资源，创新金融工具和产品，支持旅游企业发展多元化融资渠道和方式，支持旅游资源丰富、管理体制清晰、符合国家旅游发展战略和发行上市条件的旅游企业上市融资，鼓励社会资本支持和参与旅游业发展，全力推动旅游产业投资发展。

（三）《关于鼓励和引导民间资本投资旅游业的实施意见》

改革开放以来，各类民间资本进入旅游业，民间资本在旅游投资中的比重不断增加，综合效益不断提高。2012年6月《关于鼓励和引导民间资本投资旅游业的实施意见》（以下简称《意见》）正式发布，《意见》指出，要坚持旅游业向民间资本全方位开放，通过民间资本推进旅游产业投资。鼓励民间资本投资旅游业，如合理开发旅游资源，经营、管理旅游景区，开发旅游产品、经营旅游车船业等，切实将民间资本作为旅游发展的重要力量。

（四）《国民旅游休闲纲要（2013—2020年）》

为满足人民群众日益增长的旅游休闲需求，促进旅游休闲产业健康发展，推进具有中国特色的国民旅游休闲体系建设，根据《国务院关于加快发展旅游业的意见》，2013年2月2日，国务院办公厅发布了《国民旅游休闲纲要（2013—2020年）》（以下简称《纲要》）。《纲要》由国家发展和改革委员会与国家旅游局牵头起草，历时3年多，期间广泛征求了社会各界的意见。

《纲要》着眼于政策引导，引领旅游休闲的发展方向，为地方实施国民旅游休闲提供政策依据，对提升国内旅游消费、促进公民福利及旅游业的发展长期利好，在全社会形成积极休闲、健康休闲的良好风气产生了重要作用及深远影响。

《纲要》提出到2020年，职工带薪年休假制度基本得到落实，城乡居民旅游休闲消费水平大幅增长的发展目标得到实现，并提出了休闲旅游的主要任务和措施：保障国民旅游休闲时间、改善国民旅游休闲环境、推进国民旅游休闲基础设施建设、加强国民旅游休闲产品开发与活动组织、完善国民旅游休闲公共服务、提升国民旅游休闲服务质量。

（五）《国务院关于促进旅游业改革发展的若干意见》

加快旅游业改革步伐是适应人民群众消费升级和产业结构调整的必然要求，对于扩就业、增收入，推动中西部发展和贫困地区脱贫致富，促进经济平稳增长和生态环境改善意义重大，对于提高人民生活质量、培育和践行社会主义核心价值观具有重要作用。为进一步促进旅游业改革开放，2014年8月21日，国务院发布了《国务院关于促进旅游业改革发展的若干意见》（以下简称《意见》）。《意见》分为树立科学旅游观、增强旅游发展动力、拓展旅游发展空间、优化旅游发展环境、完善旅游发展政策五部分，共20条。该《意见》是继《国务院关于加快发展旅游业的意见》《全国红色旅游发展规划纲要》《国民旅游休闲纲要》和《中华人民共和国旅游法》颁布实施以来，党中央、国务院对旅游业改革发展做出的又一重大部署，也对旅游业的发展产生了深远的影响。

《意见》的主要内容包括：一是树立科学旅游观。创新发展理念、加快转变发展方式。二是增强旅游发展动力。深化旅游改革、推动区域旅游一体化、大力拓展入境旅游市场。三是拓展旅游发展空间。积极发展休闲度假旅游、大力发展乡村旅游、创新文化旅游产品、积极开展研学旅行、大力发展老年旅游、扩大旅游购物消费。四是优化旅游发展环境。完善旅游交通服务、保障旅游安全、加强市场诚信建设、规范景区门票价格。五是完善旅游发展政策。切实落实职工带薪休假制度、加强旅游基础设施建设、加大财政金融扶持、优化土地利用政策、加强人才队伍建设。

（六）《关于进一步促进旅游投资和消费的若干意见》

2015年8月4日，国务院办公厅印发《关于进一步促进旅游投资和消费的若干意见》（以下简称《意见》），部署改革创新促进旅游投资和消费工作。《意见》提出六方面，共26条具体措施，指出旅游业是我国经济社会发展的综合性产业，是国民经济和现代服务业的重要组成部分。通过改革创新促进旅游投资和消费，对于推动现代服务业发展、增加就业和居民收入、提升人民生活品质，具有重要意义和深远影响。

《意见》的具体措施包括：实施旅游基础设施提升计划，改善旅游消费环境。实施旅游投资促进计划，新辟旅游消费市场。实施旅游消费促进计划，培育新的消费热点。实施乡村旅游提升计划，开拓旅游消费空间。优化休假安排，激发旅游消费需求。加大改革创新力度，促进旅游投资消费持续增长。

（七）《国务院办公厅关于加强旅游市场综合监管的通知》

为了加强旅游市场综合监管，加强部门间对旅游市场违法违规行为的信息沟通，强化联合执法协调监管的相关工作机制，提升综合监管效率和治理效果，国务院办公厅在2016年2月4日印发并实施《国务院办公厅关于加强旅游市场综合监管的通知》（以下简称《通知》）。从国务院的层面首次提出了旅游市场的“综合监管”，为旅游业可持续发展提供了“动力源”，是我国旅游市场监管的“里程碑”。

《通知》的主要内容包括：依法落实旅游市场监管责任。创新旅游市场综合监管机制。全面提高旅游市场综合监管水平，提高旅游市场综合监管保障能力。

（八）《中华人民共和国“十三五”旅游业发展规划》

《中华人民共和国“十三五”旅游业发展规划》（以下简称《规划》）是为认真贯彻《中华人

民共和国国民经济和社会发展第十三个五年规划纲要》，根据《中华人民共和国旅游法》制定的指导我国“十三五”旅游业发展的主导方针和纲领性文件。2016年12月7日，国务院印发《规划》并于同日起实行。《规划》确定了“十三五”时期我国旅游业发展的总体思路、基本目标、主要任务和保障措施，是未来五年旅游业发展的行动纲领和基本遵循。

《规划》提到，“十三五”旅游业发展趋势为消费大众化、需求品质化、竞争国际化、发展全域化、产业现代化。

“十三五”期间主要任务是：创新驱动，增强旅游业发展新动能；协调推进，提升旅游业发展质量；绿色发展，提升旅游生态文明价值；开放合作，构建旅游开放新格局；共建共享，提高人民群众满意度；深化改革，完善旅游发展保障体系。

（九）《关于促进全域旅游发展的指导意见》

2018年3月9日，国务院办公厅印发《关于促进全域旅游发展的指导意见》（以下简称《意见》），为加快推动旅游业转型升级、提质增效，全面优化旅游发展环境，走全域旅游发展的新路子作出部署。

《意见》提出，发展全域旅游要坚持统筹协调、融合发展，因地制宜、绿色发展，改革创新、示范引导的原则，将一定区域作为完整旅游目的地，以旅游业为优势产业，统一规划布局、优化公共服务、推进产业融合、加强综合管理、实施系统营销，有利于不断提升旅游业的现代化、集约化、品质化、国际化水平，更好满足旅游消费需求。

《意见》要求，发展全域旅游要落实好八个方面重点任务。一是推进融合发展，创新产品供给。做好“旅游+”，推动旅游与城镇化、工业化以及商贸业、农业、林业、水利等融合发展。二是加强旅游服务，提升满意指数。以标准化提升服务品质，以品牌化提升满意度，推进服务智能化。三是加强基础配套，提升公共服务。扎实推进“厕所革命”，构建畅达便捷交通网络。四是加强环境保护，推进共建共享。推进全域环境整治，大力推进旅游扶贫和旅游富民。五是实施系统营销，塑造品牌形象。把营销工作纳入全域旅游发展大局，坚持以需求为导向，实施品牌战略。六是加强规划工作，实施科学发展。将旅游发展作为重要内容纳入经济社会发展规划和城乡建设等相关规划中，完善旅游规划体系。七是创新体制机制，完善治理体系。推进旅游管理体制改革，加强旅游综合执法，创新旅游协调参与机制。八是强化政策支持，认真组织实施。进一步加强财政金融、用海用地、人才保障和专业支持，优化全域旅游发展政策环境。

（十）《关于进一步激发文化和旅游消费潜力的意见》

2019年8月23日，国务院办公厅印发《关于进一步激发文化和旅游消费潜力的意见》（以下简称《意见》）。《意见》指出，要以习近平新时代中国特色社会主义思想为指导，顺应文化和旅游消费提质转型升级新趋势，深化文化和旅游领域供给侧结构性改革，提升文化和旅游消费质量水平，不断激发文化和旅游消费潜力，以高质量文化和旅游供给增强人民群众的获得感、幸福感。

《意见》提出九项激发文化和旅游消费潜力的政策举措。一是推出消费惠民措施。二是提高消费便捷程度。三是提升入境旅游环境。四是推进消费试点示范。五是着力丰富产品供给。六是推动景区提质扩容。七是发展假日和夜间经济。八是促进产业融合发展。九是加强市场监管执法。

《意见》还从强化政策保障、加强组织领导等方面提出了若干保障措施，要求用好各类资金支持各地文化和旅游基础设施建设，充分发挥财政资金引导作用，增加优质消费供给。各地要根据本意见的要求，将促进文化和旅游消费作为重要工作任务，结合本地区实际，开展文化和旅游消费数据监测分析，不断完善促进文化和旅游消费政策。

（十一）《关于实施旅游服务质量提升计划的指导意见》

2019年3月6日，文化和旅游部印发了《关于实施旅游服务质量提升计划的指导意见》（以下简称《意见》）。

《意见》围绕解决影响广大游客旅游体验的重点问题和主要矛盾，提出了“提升旅游区点服务水平、优化旅游住宿服务、提升旅行社服务水平、规范在线旅游经营服务、提高导游和领队业务能力、增强旅游市场秩序治理能力、建立完善旅游信用体系”七项任务，不断增强旅游市场秩序治理能力，提升旅游服务质量，推动旅游业高质量发展。

《意见》提出，要加强组织领导、标准建设、政策保障和效果评估，要对游客宣传旅游标准，使游客了解优质旅游服务应达到的相应水平，增强监督能力，倒逼旅游经营者提升服务质量。在政策保障方面，强调要将旅游服务质量教育纳入旅游教育培训体系，引导建立旅游服务质量教育网络。

（十二）《关于促进旅游演艺发展的指导意见》

2019年3月14日，文化和旅游部印发了《关于促进旅游演艺发展的指导意见》（以下简称《意见》）。《意见》明确提出，到2025年，旅游演艺市场繁荣有序，发展布局更为优化，涌现一批有示范价值的旅游演艺品牌，形成一批运营规范、信誉度高、竞争力强的经营主体。旅游演艺产业链更加完善，管理服务体系基本健全，在推动文化和旅游融合发展中的重要作用充分彰显，对相关产业行业的综合带动作用持续发挥。

《意见》的主要任务包括：提升创作生产水平；推进业态模式创新；壮大演艺经营主体；积极开展惠民服务；深化跨国跨境合作；强化节目内容审核；加大市场监管力度；牢牢守住安全底线。

任务2　旅游法律法规

我国旅游法制建设起步于1978年邓小平确立“依法治国”的治国方略之后。从国务院制定规范旅游业的单行旅游行政法规开始，继而由国家旅游局相继制定一系列旅游行业的行政规章等，再到地方政府制定旅游规章和规范性文件等。随后又遵循我国立法体制，进一步构建完善我国旅游法律法规体系，使我国旅游业发展逐步走上法制轨道。

一、旅游法律法规概述

（一）旅游法律法规的概念

旅游法律法规是指国家制定和认可的、由国家强制力保证实施的、关于旅游业建设与发展、开发与保护的规范性法律文件的总称，是关于旅游业法律规范的总和。它包括国家权力机关、国家行政机关、地方权力机关以及地方行政机关制定和颁布的旅游法律、旅游行政法规、地方性旅游法规以及旅游部门规章，还包括关于旅游领域以外的其他法律中有关旅游的法律规范等。

旅游法律法规从法的分类角度看，它既包括国内法规范，又包括国际法规范；既有实体性规范，又有程序性规范；既有私法性规范，又有公法性规范。旅游法律法规是用以调整旅游活动中各种社会关系的，因而体现了旅游活动的特点。这是旅游法律法规区别于其他部门法律法规的一个基本标志。例如，旅游者与旅游经营者在旅游活动中所形成的权利与义务关系，旅游企业之间因经营旅游业务而产生的协作关系等，都属于旅游法律法规调整的范围。

（二）我国旅游法律法规所调整的主要社会关系

（1）国家旅游行政管理机关与旅游经营者之间的关系以及旅游管理的相关部门与旅游经营者之间的关系　这是一种纵向法律关系，国家旅游行政管理机关除了制定、贯彻旅游业发展的方针、政策之外，对旅游经营者的经营活动负有监督、管理的责任，它同旅游经营者之间的关系主要表现为领导与被领导、管理与被管理、监督与被监督的关系。前者主要表现为权利的行使，后者主要表现为义务的履行，双方的主体地位不是平等的。

（2）旅游者与旅游经营者之间以及旅游经营者相互之间的关系　这是一种横向的法律关系，参与法律关系各主体之间的法律地位是平等的，主体间的关系一般应以合同的形式加以确立，各主体在履行义务的同时享有相应的权利，或者说，在享有权利的同时，承担相应的义务。因此，各主体在参与旅游活动时，相互之间应当遵循自愿、平等、公平和诚实信用的原则。

（3）旅游企业内部的关系　这是一种综合的法律关系，包括企业决策机构与执行机构之间的关系，执行机构相互之间的关系，监督机构与其他机构之间的关系，职工和企业之间的关系等。

（4）外国旅游经营者、旅游者进入我国旅游市场所产生的关系　这是一种具有涉外因素的法律关系。这种法律关系主要包括外国旅游经营者、旅游者在中国的法律地位，中国旅游经营者与外国旅游经营者之间的关系，中外合资、合作旅游企业中的中外各方合作经营关系，外商独资旅游企业与中国政府之间的关系等。这些法律关系除了涉及我国政府参加的国际公约以及国际惯例以外，都应由我国法律进行调整。

二、我国现行主要的旅游法律法规

（一）我国旅游法律法规的种类

为了规范旅游市场的良好秩序，维护旅游者和旅游经营者的合法权益，保障我国旅游业健康稳定的发展，在法律层级上，除了《中华人民共和国旅游法》和《中华人民共和国消费者权益保护法》之外，我国规范旅游活动的法律法规主要集中在行政法规、部门规章和相关司法解释方面，其中还包括以下内容。

（1）规范旅游者方面的法律法规　如《中华人民共和国出境入境管理法》《中华人民共和国护照法》《中国公民出国旅游管理办法》等。

（2）规范旅游资源开发与保护的法律法规　如《风景名胜区条例》《中华人民共和国文物保护法》《中华人民共和国自然保护区条例》《国家级文化生态保护区管理办法》等。

（3）规范旅行社旅游经营活动方面的法律法规　如《旅行社条例》《旅行社条例实施细则》《旅行社责任保险管理办法》《边境旅游暂行管理办法》等。

（4）规范导游和领队旅游活动方面的法律法规　如《导游管理办法》《出境旅游领队人员管理办法》《大陆居民赴台湾地区旅游领队人员管理办法》等。

（5）规范旅游安全方面的法律法规　如《旅游安全管理办法》《旅游安全管理暂行办法实施细则》《旅游市场黑名单管理办法（试行）》等。

（6）规范旅游纠纷处理方面的法律法规　如《旅游投诉处理办法》《最高人民法院关于执行旅行社质量保证金问题的通知》等。

（7）规范旅游交通运输方面的法规　如《中华人民共和国铁路法》《中华人民共和国公路法》《中华人民共和国民用航空法》《中国民航旅客、行李国际运输规则》《铁路旅客运输损害赔偿规定》等。

（8）有效调整旅游活动的一般性法律法规　如《中华人民共和国合同法》《中华人民共和国环境保护法》《中华人民共和国公司法》《中华人民共和国刑法》等。

（二）我国现行主要的旅游法律法规简介

1.《中华人民共和国旅游法》

《中华人民共和国旅游法》（以下简称《旅游法》）于2013年4月25日由全国人大常委会表决通过，自2013年10月1日起施行。

《旅游法》共设10章，112条。立法的目的一是保障旅游者和旅游经营者的合法权益，规范旅游市场秩序。二是保护和合理利用旅游资源。三是促进旅游业持续健康发展。

《旅游法》是我国旅游行业的根本大法，在我国旅游业发展史上具有重要的里程碑意义，是促进我国旅游业持续健康发展，最终实现旅游强国之梦的制度基石。我国旅游法制体系的建设以此为核心而展开，将成为把我国旅游业培育成国民经济的战略性支柱产业和人民群众更加满意的现代服务业的法制保障。

2.《旅行社条例》

《旅行社条例》是为了加强对旅行社的管理，保障旅游者和旅行社的合法权益，维护旅游市场秩序，促进旅游业的健康发展而制定的法规。2009年1月21日，《旅行社条例》由国务院第47

次常务会议通过，自2009年5月1日起施行。

《旅行社条例》对旅行社的管理采用了“宽进严管”的思路，这是该条例的精髓所在，这样既有利于促进经营旅游业务的迅速发展，活跃旅游经济，又能保障旅行社之间进行健康、有序的市场竞争。《旅行社条例》首先在条例名称上体现了新亮点，由1996年颁布实施的《旅行社管理条例》变更为《旅行社条例》，去掉“管理”两个字，这样的改动强调了以消费者为先和行业自律的双重内涵，旅游行政管理部门将强化公共服务的职能，更注重保障游客和旅行社双方的权益，促使旅行社行业形成良性循环市场。

2016年12月12日，国家旅游局发布并于同日生效的《旅行社条例实施细则》决定对《旅行社条例》部分条款进行修改。

3.《导游管理办法》

1999年5月14日国务院发布了《导游人员管理条例》(以下简称《条例》)，自1999年10月1日起施行。这是我国对导游人员进行管理的第一部行政法规。《条例》制定的目的是为了规范导游活动，保障旅游者和导游人员的合法权益，促进旅游业的健康发展。

根据《条例》，在中华人民共和国境内从事导游活动，必须取得导游证。取得导游人员资格证书的，经与旅行社订立劳动合同或者在导游服务公司登记，方可持所订立的劳动合同或者登记证明材料，向所在地旅游行政管理部门申请办理导游证。《条例》还规定了导游人员依法享有的权利和必须履行的义务，导游人员违反有关规定时要受到相应的处罚。

2001年12月27日，国家旅游局发布了《导游人员管理实施办法》(以下简称《实施办法》)。这是国家旅游局为适应我国入世、开展旅游市场整顿而采取的重要措施。《实施办法》共分六章，分别为总则、导游资格证和导游证、导游人员的计分管理、导游人员的等级考核、导游人员的年审管理和附则。明确规定了导游人员必须遵循的行为准则和违规行为的扣分标准。还规定了导游人员每年必须接受培训，每年累计培训时间不得少于56小时。

为加强导游队伍建设，深化导游体制改革，保障导游合法权益，提升导游服务质量，2018年1月1日新版《导游管理办法》(以下简称《办法》)颁布。《办法》对导游执业的许可、管理、保障与激励、罚则等做了明确规定，并规定导游出现强迫购物、拿回扣等行为时，最高处罚可以吊销导游资格证。《办法》还规定，导游证采用电子证件，游客、景区、执法人员等可以通过扫描电子导游证上的二维码识别导游身份。

新版《导游管理办法》对导游强迫购物、拿回扣等11类行为予以严格禁止，并逐项明确了处罚适用的规定，设置了导游执业服务不能逾越的底线。这是导游新规的重要内容之一，必须得到不折不扣的执行。还规定了导游执业许可证不再只有通过旅行社一个途径获得，还可以通过旅游行业组织申请注册，打破了旅行社的垄断。这不但使导游执业变得更加宽松，也使旅游服务组织的市场竞争变得更加公平，导游可以与线上旅游服务机构签约执业，也可以参加导游协会组织向旅游服务机构提供的导游派遣服务，强化了导游参与博弈的权利。这些都为进一步激活导游积极性、提升导游服务水平创造了条件。

4.《旅游安全管理办法》

2016年9月27日，为了加强旅游安全管理，提高应对旅游突发事件的能力，保障旅游者的人身、财产安全，促进旅游业持续健康发展，国家旅游局公布了同年12月1日起施行的《旅游安全管理办法》（以下简称《办法》）。

《办法》共分为总则、经营安全、风险提示、安全管理、罚则和附则六章，基本覆盖了旅游安全管理的各项工作。我国旅游安全管理法律制度呈现以下特点：一是从“安全第一、预防为主”向“以人为本、安全第一、预防为主、综合治理”转变，更加注重以人为本的立法理念和采取综合治理手段。二是从“重监控”向“监管、协调、服务并重”转变，更加注重旅游主管部门的协调职能和旅游安全服务的提供。三是从“重事中”向“事前、事中、事后并重”转变，事前的安全风险提示和预警以及事后的应急处置、救援和报告受到关注。四是从“重政府、企业”向“政府、企业、社会和个人并重”转变，旅游安全服务社会化，旅游者需要承担旅游安全义务成为规范内容。

5.《风景名胜区条例》

为了加强对风景名胜区的管理，有效保护和合理利用风景名胜资源，2006年9月19日国务院颁布了新的《风景名胜区条例》（以下简称《条例》），并从2006年12月1日起实施。《条例》中所称风景名胜区，是指具有观赏、文化或者科学价值，自然景观、人文景观比较集中，环境优美，可供人们游览或者进行科学、文化活动的区域。

风景名胜区是宝贵的自然和文化遗产资源，为了加强对风景名胜资源的有效管理，保护和合理利用资源，处理好各方面的关系，《条例》规定了国家对风景名胜区实行科学规划、统一管理、严格保护、永续利用的原则。风景名胜区所在地县级以上地方人民政府设置的风景名胜区管理机构，负责风景名胜区的保护、利用和统一管理工作。

《条例》还规定了风景名胜区内的景观和自然环境，应当根据可持续发展的原则，严格保护，不得破坏或者随意改变。禁止违反风景名胜区规划，在风景名胜区内设立各类开发区和在核心景区内建设宾馆、招待所、培训中心、疗养院以及与风景名胜资源保护无关的其他建筑物；已经建设的，应当按照风景名胜区规划，逐步迁出。

6.《中华人民共和国文物保护法》

我国历来十分重视对人文旅游资源的保护。按照《中华人民共和国文物保护法》的规定，受国家法律保护的文物分为5类。

（1）具有历史、艺术、科学价值的古文化遗址、古墓葬、古建筑、石窟寺和石刻。

（2）与重大历史时间、革命运动和著名人物有关的，具有重要纪念意义和史料价值的建筑物、遗址、纪念物。

（3）历史上各时代的珍贵艺术品、工艺美术品。

（4）重要的革命文献资料及具有历史、艺术、科学价值的手稿、古旧图书资料等。

（5）反映历史上各时代、各民族的社会制度、社会生产、社会生活的代表性实物。

《中华人民共和国文物保护法》规定："一切机关、组织和个人都有保护国家文物的义务。"这里包括对文物所有权、文物保护单位、文物保护单位环境风貌、文物保护单位的迁移、修缮以及文物保护单位中古建筑物的利用等方面的法律保护。

此外，《中华人民共和国文物保护法》还对考古发掘、馆藏文物和私人收藏文物等做了严格的规定。

7.《国家级文化生态保护区管理办法》

2018年12月10日，《国家级文化生态保护区管理办法》（以下简称《办法》）由文化和旅游部会议审议通过，自2019年3月1日起施行。

为了推进文化生态区保护，原文化部于2010年和2011年分别出台了《文化部关于加强国家级文化生态保护区建设的指导意见》和《文化部办公厅关于加强国家级文化生态保护区总体规划编制工作的通知》，如今文化生态保护区向着深入和可持续发展这一理念的建设与实践基础上的《办法》正式实施，标志着依法行政、依规保护非物质文化遗产又迈上一个新的台阶。

《办法》目标明确、理念清楚，融入新的思想、新的观念，突出文化生态保护区的保护是整体性保护，目的是为了"维护和培育文化生态，传承弘扬中华优秀传统文化，坚定文化自信，满足人民日益增长的美好生活需要"，它与中国共产党第十八次全国代表大会提出的"五位一体"总体布局，与习近平总书记强调的"没有高度的文化自信，没有文化的繁荣兴盛，就没有中华民族伟大复兴"的思想是高度一致的。

《办法》强调文化生态保护区建设的目标是"遗产丰富、氛围浓厚、特色鲜明、民众受益"。明确了国家级文化生态保护区的申报过程坚持"公开、公平、公正"和"少而精"原则，履行申报、审核、论证、批准等程序，过程简单明了，公开透明。对于生态区保护过程中的管理，尤其是综合性非物质文化遗产展示场所的建设、项目传习所传习点的设立等，以及对于非物质文化遗产传承人的研修研培，提高其传承能力，增强传承后劲以及优秀传承人的表彰奖励等，都做了规定。

8.《旅游市场黑名单管理办法（试行）》

2018年12月，文化和旅游部印发了《旅游市场黑名单管理办法（试行）》（以下简称《办法》）。针对旅游市场秩序的新情况、新问题和市场监管的新要求，《办法》立足文化和旅游行业管理职能，明确了适用范围、分级管理和联合惩戒等相关事项，建立了一整套管理流程。《办法》的发布，是文化和旅游领域信用体系进一步完善的重要体现，将对旅游市场形成有力震慑，推动旅游市场秩序持续向好。

随着《办法》的出台，文化和旅游领域已有《全国文化市场黑名单管理办法》和《关于对文化市场领域严重违法失信市场主体及有关人员开展联合惩戒的合作备忘录》《旅游市场黑名单管理办法（试行）》和《关于对旅游领域严重失信相关责任主体实施联合惩戒的合作备忘录》，形成了“黑名单+备忘录”的信用监管机制。《办法》的出台，弥补了此前信用监管制度的短板和不足。《办法》的公布实施进一步推进文化和旅游领域信用体系建设，加强失信联合惩戒，加快建立以信用监管为基础的新型监管制度，有利于旅游行业提高管理水平，提升旅游服务品质，不断满足广大人民群众的美好生活需要，进一步提升获得感和幸福感。

9.《旅游投诉处理办法》

为了维护旅游者和旅游经营者的合法权益，依法公正处理旅游投诉，国家旅游局依据《中华人民共和国消费者权益保护法》《旅行社条例》《导游人员管理条例》和《中国公民出国旅游管理办法》等法律、法规，制定《旅游投诉处理办法》(以下简称《办法》)，并于2010年7月1日起实施。

本《办法》所称旅游投诉，是指旅游者认为旅游经营者损害其合法权益，请求旅游行政管理部门、旅游质量监督管理机构或者旅游执法机构，对双方发生的民事争议进行处理的行为。《办法》规定旅游投诉处理机构在处理旅游投诉中，发现被投诉人或者其从业人员有违法或犯罪行为的，应当按照法律、法规和规章的规定，做出行政处罚，向有关行政管理部门提出行政处罚建议或者移送司法机关。

旅游投诉具有如下特征。

(1)投诉主体只能是旅游者。

(2)被投诉主体只能是旅游经营者。

(3)请求解决的纠纷属于民事争议。

(4)受理旅游投诉的是规定的旅游投诉处理机构。

(5)处理旅游投诉是旅游投诉处理机构的具体行政行为。

(6)处理旅游纠纷是旅游投诉处理机构法定职权内的行为。

10.《中华人民共和国出境入境管理法》

《中华人民共和国出境入境管理法》(以下简称《管理法》)自2013年7月1日起施行，分总则、中国公民出境入境、外国人入境出境、外国人停留居留、交通运输工具出境入境边防检查、调查和遣返、法律责任、附则8章，共93条。

《管理法》规定，中国公民出境入境，应当依法申请办理护照或者其他旅行证件。中国公民前往其他国家或者地区，还需要取得前往国家签证或者其他入境许可证明。但是，中国政府与其他国家政府签订互免签证协议或者公安部、外交部另有规定的除外。

《管理法》规定，外国人入境，应当向驻外签证机关申请办理签证，但是本法另有规定的除外。签证是主权国家官方机构发给申请者出入该国国境或外国人在该国国内停留、居住的许可证明，是附签于申请人所持入出境通行证件上的文字注明，也是一个国家检查进入或经过这个国家的人员身份和目的的合法性证明。

《管理法》还规定，中国公民有下列情形之一的，不准出境。

（1）未持有效出境入境证件或者拒绝、逃避接受边防检查的。

（2）被判处刑罚尚未执行完毕或者属于刑事案件被告人、犯罪嫌疑人的。

（3）有未了结的民事案件，人民法院决定不准出境的。

（4）因妨害国（边）境管理受到刑事处罚或者因非法出境、非法居留、非法就业被其他国家或者地区遣返，未满不准出境规定年限的。

（5）可能危害国家安全和利益，国务院有关主管部门决定不准出境的。

（6）法律、行政法规规定不准出境的其他情形。

11.《国家级旅游度假区管理办法》

为了规范国家级旅游度假区的认定和管理，促进旅游度假区高质量发展，文化和旅游部于2019年12月20日印发了《国家级旅游度假区管理办法》（以下简称《办法》）。

《办法》的制定出台是贯彻落实中国共产党第十九届中央委员会第四次全体会议精神、完善旅游度假区相关制度建设的重要举措，也是促进旅游度假区高质量发展、推动旅游业转型升级的必然要求。坚持以习近平新时代中国特色社会主义思想为指导，突出以人民为中心导向，坚持“一手抓发展、一手抓质量”，通过规范国家级旅游度假区认定和管理，促进旅游度假区不断丰富度假休闲产品供给，提高服务和管理质量，持续提升建设发展水平和品牌影响力，更好满足人民日益增长的度假休闲旅游需求。

《办法》规定国家级旅游度假区认定和管理坚持公开、公平、公正，遵循自愿申报、规范认定、动态管理和示范引领的原则。《办法》提出通过多种渠道和方式，对国家级旅游度假区加强旅游基础设施建设、旅游公共服务、品牌建设和形象推广等予以支持；鼓励地方在土地使用、金融支持、人才引进、宣传推广等方面提供支持与服务，营造良好发展环境。

12.《中华人民共和国消费者权益保护法》

《中华人民共和国消费者权益保护法》于1993年10月31日第八届全国人民代表大会常务委员会第四次会议通过，根据2009年8月27日第十一届全国人民代表大会常务委员会第十次会议《关于修改部分法律的决定》第一次修正，根据2013年10月25日第十二届全国人民代表大会常务委员会第五次会议《关于修改〈中华人民共和国消费者权益保护法〉的决定》第二次修正，是调整在保护公民消费权益过程中所产生的社会关系的法律规范的总称。

《中华人民共和国消费者权益保护法》对消费者的权利、经营者的义务、国家对消费者合法权益的保护、争议的解决、经营者的法律责任等都做出了明确规定。

根据《中华人民共和国消费者权益保护法》规定，消费者享有9项权利：①安全保障权；②知情权；③自主选择权；④公平交易权；⑤求偿权；⑥结社权；⑦获得有关知识权；⑧受尊重权；⑨监督权。

经营者的义务，是经营者在经营活动中应履行的责任，即经营者依法必须做出一定行为或者抑制自己的某种行为。经营者的义务与消费者的权利相对应，消费者权利的实现在一定程度上是通过经营者履行义务来实现的。根据《消费者权益保护法》规定，经营者必须履行的义务有10项：①履行有关法律、法规规定的义务和与消费者约定的义务；②接受消费者监督的义务；③保证商品或服务安全的义务；④提供商品或服务真实信息的义务；⑤标明经营者真实名称和标记的义务；⑥出具购货凭证或服务单据的义务；⑦保证商品或服务质量的义务；⑧承担“三包”和其他责任的义务；⑨不得以格式合同等方式限制消费者权利的义务；⑩尊重消费者人身权利的义务。

消费者权益争议，是指消费者和经营者之间因消费者权益问题而发生的纠纷。解决争议的途径主要有：①与经营者协商和解；②请求消费者协会调解；③向有关行政部门申诉；④根据与经营者达成的仲裁协议提请仲裁机构仲裁；⑤向人民法院起诉。

三、国际旅游法律法规

国际上没有统一的旅游立法机构，国际旅游法律规范通常以公约、条约、协定等形式表现出来。其适用范围仅限于缔约国和承认参加国，不能侵犯未参加国的利益。国际社会依据旅游业发展的需要，根据各国对发展旅游业的通行做法，有关国家或国际旅游组织拟定了关于旅游业发展的草案、规程、公约、协议等。有的已被诸多国家的旅游组织所接受并参加该公约组织，以其规定为行为准则；有的被少数国家所接受和遵循；有的虽有较完整的条款，但在国际上未生效。我国对绝大多数的国际旅游公约、协议均未参加，但随着我国旅游业的发展，特别是在加入世界贸易组织以后，我国将加快与国际惯例接轨的步伐，加入越来越多的国际组织，承认其制定的草案、规程、公约、协议等。

（一）《保护世界文化和自然遗产公约》

世界遗产是指被联合国教科文组织和世界遗产委员会确认的人类罕见的、目前无法替代的财富，是全人类公认的具有突出意义和普遍价值的文物古迹及自然景观。申请世界遗产须具备两个前提：备选项目具有“真实性”和“完整性”；制定相关法律法规，设立保护机构，有经费。

世界遗产的基本特征包括稀缺性、不可替代性、杰出性、多样性。《保护世界文化和自然遗产公约》（以下简称《公约》）规定，世界遗产包括世界文化遗产、世界自然遗产、世界文化与自然遗产和文化景观。截至2019年7月，世界遗产总数达到1121处。

1972年10月17日至1973年1月21日在巴黎举行的联合国教科文组织大会第十七届会议，注意到文化遗产和自然遗产越来越受到破坏的威胁，一方面因年久腐变所致，另一方面则由变化中的社会和经济环境带来的损害造成。而由于资金投入、科学和技术力量等因素，国家层面对这类遗产的保护工作往往做得很不完善，由此引发的任何文化或自然遗产的坏变与丢失都会造成全世界遗产的枯竭。因此，联合国教科文组织亟须号召相关国家订立必要的国际公约来推进世界遗产的保存与维护。

《公约》由文化和自然遗产的定义、文化和自然遗产的国家保护和国际保护措施、保护世界文化和自然遗产政府间委员会、保护世界文化和自然遗产基金、国际援助的条件和安排、教育计划、报告、最后条款八部分组成。公约的宗旨是为集体保护具有突出考古性的普遍价值的文化和自然遗产，建立一个根据现代科学方法制定的永久性有效制度。

（二）《旅游权利法案和旅游者守则》

1985年9月17日至26日，世界旅游组织第六次一般性全体大会在保加利亚首都索非亚召开。这次大会提出并通过了《旅游权利法案和旅游者守则》，对旅游者以及各国政府、旅游管理和服务机构、旅游供应商、旅游专业人员、旅游东道国（地）居民等在旅游活动中的权利和义务进行了划分，并提请各国领会在《旅游权利法案和旅游者守则》中所确立的原则，并根据他们本国的立法和管理程序实施这些原则。

《旅游权利法案和旅游者守则》除了对旅游者的权利和义务进行了规定以外，还对旅游东道国（地）居民在旅游活动中的权利和义务做出了如下规定。

（1）在过境和逗留地的东道国人民，要在态度上和行为上尊重自己的自然与文化环境。同时，他们有权自由享受他们自己的旅游资源。

（2）他们也有权要求旅游者理解和尊重他们的习俗、宗教和其他文化因素，因为这是人类遗产的一部分。

（3）为了促进这种理解和尊重，应当鼓励传播以下有关的信息。

① 东道国的习俗、传统、宗教，当地的禁忌以及必须尊重的神圣场所和圣地。

② 必须保存的艺术、考古和文化珍品。

③ 必须保护的野生及其他自然资源。

（4）在过境地和逗留地，东道国人民应以最大的热情、礼貌和敬重来接待旅游者，以利于发展和谐的人际与社会关系。

此外，《旅游权利法案和旅游者守则》还对各国政府、旅游管理和服务机构、旅游专业人员、旅游供应商的权利和义务做出了相应的规定。

（三）《国际饭店规章》

《国际饭店规章》（以下简称《规章》）是国际饭店业普遍承认的、由国际饭店协会执委会于1981年1月2日在尼泊尔的加德满都通过的国际饭店业行业规章。正如该《规章》的绪言中所指出的："《国际饭店规章》是在国际上得到一致承认的、有关饭店住宿合同方面的法律规范。国际饭店规章规定饭店的客人和饭店相互之间的权利和义务。这个规章可作为各国有关饭店住宿合同的辅助条款。如果有关国家立法无具体的关于饭店住宿合同方面的条款，就应履行该规章中的规定。"

（四）《全球旅游伦理规范》

《全球旅游伦理规范》是由世界旅游组织在1999年10月1日于智利圣地亚哥召开的该组织第十三届大会上通过的。在此之前，世界旅游组织共发表和颁布了三个对世界旅游业具有重要影响的宣言和文件，分别是：1980年的《马尼拉世界旅游宣言》、1985年在索非亚通过的《旅游权利法案和旅游者守则》和1997年的《关于旅游业社会影响的马尼拉宣言》。

世界旅游组织重申，《全球旅游伦理规范》是对众多同类文件、规范和宣言以及出现在历年出版物中的同类思想的综合，并根据社会的发展做了进一步的完善，因此，该规范可以作为世界旅游业利益各方在新世纪的一个参照框架。

项目小结

1．旅游政策是国家和最高旅游行政管理部门为了实现一定时期内旅游发展的目标，根据旅游发展的社会经济条件和旅游发展的具体情况，所制定的一系列措施和办法。它指导并服务于旅游业发展的全过程，同时也是衡量旅游事业取得成效的尺度。

2．旅游政策具有可行性、策略性、强制性、协调性、阶段性的特征。

3．制定旅游政策的目的在于：促进旅游业的发展；优化旅游发展环境；促进地区经济社会的发展；减少旅游业负面影响；促进旅游全域化发展；平衡国际收支。

4．旅游法律法规是指国家制定和认可的、由国家强制力保证实施的、关于旅游业建设与发展、开发与保护的规范性法律文件的总称，是关于旅游业法律规范的总和。

5．我国旅游法律法规所调整的主要社会关系是：国家旅游行政管理机关与旅游经营者之间的关系以及旅游管理的相关部门与旅游经营者之间的关系；旅游者与旅游经营者之间以及旅游经营者之间的关系；旅游企业内部的关系；外国旅游经营者、旅游者进入我国旅游市场所产生的关系。

6．我国现行的旅游法律法规主要有：《中华人民共和国旅游法》《旅行社条例》《导游管理办法》《旅游安全管理办法》《风景名胜区条例》《中华人民共和国文物保护法》《国家级文化生态保护区管理办法》《旅游市场黑名单管理办法（试行）》《旅游投诉处理办法》《中华人民共和国出境入境管理法》《国家级旅游度假区管理办法》《中华人民共和国消费者权益保护法》等。

自我检测

1．根据所学知识，分析我国在《中华人民共和国旅游法》实施后，旅行社产品会普遍涨价吗？

2．请举例说明，旅游政策对旅游市场的影响。

项目十　旅游业的未来

学习指导

随着社会经济的发展、人们生活水平的提高、闲暇时间的增多，旅游业得到迅速的发展，旅游业将发展成为世界上最大的产业，旅游也正经历着深刻而复杂的变革。本项目将带领我们了解旅游可持续发展思想的形成和生态旅游的兴起，探讨影响旅游业未来发展的因素，展望世界旅游业与我国旅游业的发展趋势。

学习目标

1．了解旅游业可持续发展的概念。
2．掌握生态旅游相关知识。
3．了解世界旅游业与我国旅游业的发展趋势。

任务1　旅游业的可持续发展

一、旅游的可持续发展思想

（一）可持续发展问题的提出

可持续发展是20世纪80年代提出的一个新概念，它是人类在面临人口、资源、环境生态的严峻形势下产生的。

1980年国际自然保护同盟的《世界自然资源保护大纲》提出必须研究自然的、社会的、生态的、经济的以及利用自然资源过程中的基本关系，以确保全球的可持续发展。1981年，美国布朗（Lester R. Brown）出版《建设一个可持续发展的社会》，提出以控制人口增长、保护资源基础和开发再生能源来实现可持续发展。1987年，世界环境与发展委员会（WCED）出版《我们共同的未来》，该报告比较系统地提出了“可持续发展”战略，将可持续发展定义为：“既能满足当代人的需要，又不对后代人满足其需要的能力构成危害的发展。”它标志着可持续新观念的诞生。该报告指出人类社会在以往虽然获得了经济的迅速增长，但同时也带来了生态环境的恶化，从而严重限制了人类经济、社会的进一步发展。为此，必须改变传统的发展方式，选择新的发展模式，构建新的发展观念，以保证经济、社会发展的可持续性。1992年6月，联合国在里约热内卢召开的“环境与发展大会”，通过了以可持续发展为核心的《里约环境与发展宣言》和《21世纪议程》等文件。随后，中国政府编制了《中国21世纪人口、资源、环境与发展白皮书》，首次把可持续发展战略纳入我国经济和社会发展的长远规划。1997年的中国共产党第十五次全国代表大会把可持续发展战略确定为我国“现代化建设中必须实施”的战略。

（二）可持续发展的基本原则

可持续发展的基本原则主要有公平性原则、可持续性原则、和谐性原则、需求性原则、高效性原则和阶段性原则。

1. 公平性原则

公平性原则是指机会选择的平等性。可持续发展不仅要实现当代人之间的公平，而且也要实现当代人与未来各代人之间的公平，同时人与自然，与其他生物之间也是公平的。各代人之间的公平要求任何一代都不能处于支配地位，即各代人都有同样选择的机会空间。

2. 可持续性原则

可持续性原则是指生态系统受到某种干扰时能保持其生产率的能力。资源的持续利用和生态系统可持续性的保持是人类社会可持续发展的首要条件。因此，人类应做到合理开发和利用自然资源，保持适度的人口规模，处理好发展经济和保护环境的关系。

3. 和谐性原则

可持续发展的战略就是要促进人类之间及人类与自然之间的和谐共生，如果我们能真诚地按和谐性原则行事，那么人类与自然之间就能保持一种互惠共生的关系，也只有这样，可持续发展才能实现。

4. 需求性原则

人类需求是由社会和文化条件所确定的，是主观因素和客观因素相互作用，共同决定的结果。可持续发展立足于人的需求而发展，是要满足所有人的基本需求，向所有人提供实现美好生活愿望的机会。

5. 高效性原则

高效性原则不仅是根据其经济生产率来衡量，更重要的是根据人们的基本需求得到满足的程度来衡量，是人类发展的综合和总体的高效。

6. 阶段性原则

随着时间的推移和社会的不断发展，人类的需求内容和层次将不断增加和提高，所以可持续发展本身隐含着不断地从较低层次向较高层次的阶段性过程。

（三）可持续发展的基本内容

2002年中国共产党第十六次全国代表大会把“可持续发展能力不断增强”作为全面建设小康社会的目标之一。可持续发展是以保护自然资源环境为基础，以激励经济发展为条件，以改善和提高人类生活质量为目标的发展理论和战略。换句话说，就是指经济、社会、资源和环境保护协调发展，它们是一个密不可分的系统，既要达到发展经济的目的，又要保护好人类赖以生存的自然资源和环境。需要说明的是，可持续发展与环境保护既有联系又不等同。环境保护是可持续发展的重要方面。可持续发展的核心是发展，但要求在保护环境、资源永续利用前提下推进经济和社会的发展。

可持续发展通常包括生态、经济、社会三个方面的内容。

（1）生态可持续性　指维持健康的自然过程，保护生态系统的生产力和功能，维护自然资源基础和环境。

（2）经济可持续性　指保证稳定的增长，尤其是迅速提高发展中国家的人均收入，同时用经济手段管理资源和环境，使成为经济外在因素的环境与资源内在化。

（3）社会可持续性　指长期满足社会的基本需要，保证资源与收入的公平分配。

（四）旅游可持续发展的内涵

旅游是经济、社会、文化等现象的综合反映，这一特性决定了旅游业的发展必然会对旅游目的地社会、经济、环境等各方面产生积极和消极的影响。旅游业的可持续发展，是在全球旅游业急剧膨胀、繁荣背后的危机日益暴露的现实下提出来的，并迅速得到了广泛的认可。

1989年4月在荷兰海牙召开的“各国议会旅游大会”上第一次明确提出旅游可持续发展概念，不仅形成了旅游可持续发展的思想，而且做出了有关旅游可持续发展的原则结论以及建议措施。1992年联合国环境与发展大会通过的《21世纪议程》中有7处直接提到了旅游业，随后，《21世纪议程》又被转化成为关于旅游业的行动纲领《关于旅游业的21世纪议程——实现与环境相适应的可持续发展》。之后又有《可持续旅游发展宪章》《可持续旅游发展行动计划》《关于旅游业社会影响的马尼拉宣言》等影响世界旅游业发展与环境关系的文件陆续发布。1999年10月世界旅游组织第十三届大会通过的《全球旅游道德规范》第三条明确规定了有关旅游可持续发展的问题。

旅游可持续发展是指以资源和生态环境承受能力为基础，以符合当地经济、文化发展状况和社会道德规范为标准，以实现旅游资源的永续利用，促进旅游发展的经济效益、社会效益和环境效益的统一，既满足当代人的需要，又不对后代人满足其自身需要的能力构成危害为目标的发展思想和发展道路。

旅游业可持续发展思想的基本内涵如下。

（1）满足需要　发展旅游业首先就是要满足旅游者对更高生活质量的渴望，满足其发展与享乐等高层次需要。与此同时，通过利用能够吸引游客的旅游资源，实现经济创收，改善旅游地居民的生活水平。

（2）环境限制　资源满足人类目前和未来需要的能力是有限的，这种限制体现在旅游业中就是旅游环境承载力。

（3）平等享用　一是同代人之间的平等，要避免旅游地在其旅游业发展中，只使一部分居民受益，而另一部分居民只能承担旅游业的大量外部经济效应（如环境的污染、拥挤和物价的上涨等）；二是不同代人之间的平等，即既要满足当代人的旅游需要，为当代人创造旅游收入，又要满足未来各代人的旅游需要，保护未来各代人的生财之道。

（4）协调发展　旅游开发必须在环境承载力的范围内进行，必须与环境相协调，这是可持续旅游的首要标志。对于可再生资源，必须保证其利用与该资源的“可持续生产”一致，否则会使该资源濒临灭绝。对于不可再生资源，可持续旅游业与其他产业一样，强调资源的节约利用、再利用和再循环。

二、旅游可持续发展的特点

旅游可持续发展具有公平性、和谐性、合作性、统一性、持续性的特点。

1. 公平性

公平性强调的是本代人的公平、代际间的公平及公平分配有限的旅游资源，特别是公平分配那些不可再生旅游资源，在未找到替代性资源以前尽可能地延长旅游资源的生命周期，避免不可再生资源过早地出现枯竭的现象。

2. 和谐性

旅游可持续发展的根本目的就是和谐性。旅游可持续发展不仅要求和社会、经济的和谐，也要求与生态环境和资源的和谐。很多旅游资源在实现自身经济价值的同时，还会随着合理有效的开发利用而变得更加有价值，更加有利于人类、环境和资源的整体和谐与协调。

3. 合作性

旅游可持续发展的必然要求是合作性。实施旅游可持续发展战略，不仅要求政府、旅游部门、旅游者和环保部门齐心协力，而且要求地方、区域、国家甚至全球性的通力合作。因为某个地区的旅游开发可能会给另一个地区带来积极或消极影响，旅游开发成为环境的整体规划和统筹管理，只能通过各方共同合作才能够得到保证。

4. 统一性

旅游可持续发展的实质内容是统一性，这是由旅游业的综合性所决定的。旅游是一个大产业，内在的关联性很强。

5. 持续性

旅游可持续发展的核心就是持续性。它强调的是对旅游资源的合理开发利用。由于旅游资源是不可再生的稀缺性资源，所以在开发中要尽量地保持原有的特色，强调持续性，避免任何不可逆转的开发或破坏行为的发生，以保证旅游资源的永续利用，并对子孙后代的发展不构成生存的威胁。

三、旅游可持续发展的目标

1. 保护生态环境、生态资源不受污染和破坏

要使旅游业实现可持续发展，关键是对旅游资源进行全面管理，通过有效的管理使各类资源免受破坏，并使旅游资源的使用速度低于更新的速度。

2. 满足旅游者高质量的体验和阅历的需要

对于很多旅游者来说，旅游就是要使自己有一段丰富多彩的经历和体验。旅游资源的质量、

旅游环境的品位是使人们获得高质量感受的一个基本条件，具有这样特点的旅游资源，才能使旅游具有生命力并真正得到发展。

3. 建立一套旅游生态持续性评价体系和市场管理机制

具体来说，就是要提高生态旅游环境质量评价指标的科学水平、旅游地的最大安全水平、旅游项目可接受的风险水平和旅游地生态发育的空间水平等。

4. 建立人与自然多方面的协调关系，保护旅游地的生命力和多样性

人与自然之间是一种平等的关系，不能把人和自然对立起来。

5. 保障旅游地居民的生活质量和旅游地文明的公平发展

满足旅游地居民的基本生活需要，提高生产质量，防止因贫困而对旅游资源进行掠夺式的开发；适度控制人口增长速度，并把旅游地居民人口限制在可持续发展的水平上。

四、实现旅游业可持续发展的重大意义

1. 推动我国经济发展、扩大社会就业总量的有效举措

旅游业具有联动性广、经济性强的特点，可以对相关产业的发展起到显著的促进作用。研究表明，旅游业每增加1个单位效益就可以带动其他产业增加4个单位效益。与此同时，旅游业就业具有门槛低、覆盖面广、劳动密集的特点，还可以有效带动其他行业就业。联合国世界旅游组织研究发现，旅游业每增加1个就业岗位就可以为其他产业代劳5个就业机会。加强发展旅游业将会在未来缓解严峻的就业压力，给我国带来更多的就业机会。

2. 促进发展方式转变、推动低碳经济发展的巨大助力

旅游业相较其他产业而言，具有资源消耗低、环境成本小的优势。加快发展旅游业，可以实现依靠资源消耗促进经济增长的传统模式向低耗能、高收益的新模式转变，达到自然文化资源和生态环境可持续发展的和谐统一。同时，大力发展旅游业，可以引领和带动相关服务业即服务贸易的快速发展，转变以能源密集型和污染密集型为主的贸易出口模式，发展低碳经济，构建低碳社会。

3. 扩大国际文化交流、提升国家软实力的重要保障

一方面，积极接待入境旅游，打开国门，欢迎各国朋友，通过旅游让其充分了解我国社会、经济、文化等各个方面的发展状况，逐渐消除他们的一些错误认识和偏见；另一方面，大力组织民众出境旅游，走出国门，通过宣传中华文明来提升华夏文化在世界各国的影响力和知名度，塑造开放、自由、民主、富强的国际形象。

五、实现旅游可持续发展的基本措施

1. 强化旅游管理，倡导绿色旅游

针对我国目前旅游城市、旅游景区存在的空气污染、水污染、垃圾污染和噪声污染等问题，应采取综合治理的方式，加以改善和制止，对旅游资源开发进行合理的规划与管理。良好的旅游环境是旅游业发展的基础，开发旅游资源的目的就是为了美化景观，促进人类与环境的有机结合，因此旅游开发过程中应注意对资源进行合理规划与有效管理。对于不符合环境标准的项目应

坚决予以取缔，另外，可在景区内规划出重点保护核心区、缓冲区、外围区，对不同区域采取不同的保护措施。面对我国具有丰富自然资源的优势要充分发挥，发展生态旅游。

2. 充分发挥政府职能，强化旅游立法执法工作

国家对旅游资源的开发、旅游价格的制定、旅游市场的秩序、旅游竞争的规则、旅游资源与生态环境的保护、旅游消费者权益的保护、旅游经营者的权利与义务等问题，以法律形式进行规范和管理。同时各级地方政府和旅游主管部门也要认真学习和贯彻执行国务院颁布的《风景名胜区管理条例》《旅行社管理条例》和国家环保局、国家旅游局联合发出的《关于加强旅游环境保护工作的通知》等法律法规，增强法制观念，加大执法力度，严格依法管理和保护旅游环境，保障旅游业可持续发展。

3. 加强环境保护和可持续发展的宣传教育，提高公民的环保意识

旅游可持续发展是一项浩大繁杂的工程，需要全民齐心协力才能做到。因此应加强环境保护和可持续发展的宣传教育，政府及旅游主管部门应经常公布环境质量信息及污染造成的损害，并将此种教育增加到学生的国情教育中，使我们的后代从小就开始重视旅游资源与生态环境的可持续利用。同时还要树立环境公德意识，不为满足个人私利、不为局部或眼前利益而损害他人或全局的利益，让人类与自然和谐相处。

4. 挖掘旅游文化内涵，开展文化旅游

文化是旅游的灵魂，旅游本身就是一项广义的文化活动，是人们一种高雅的文化享受。作为旅游客体的自然景观和人文景观都集中了大自然的精华，渗透着人类历史的结晶。当今，随着人们对精神、科学文化需求的提高，以观赏大自然美景、游览珍贵历史文化瑰宝、获得生动的自然知识和人文知识为主的文化旅游成为一种时尚。增添文化含量将成为旅游业新的增长点和新的价值取向。因此，对旅游资源的文化内涵与特色的开发与保护必然是旅游业可持续发展的重要契机。

5. 促进科学技术在旅游业中的应用，走“科技兴旅”之路

“科技兴国”是我国社会经济可持续发展的重要内容，旅游业要可持续发展，也要走“科技兴旅”之路。在开发和经营中将科技和教育放在重要位置，重视知识，重视人才，使旅游业朝规范化、质量型发展。为此，应积极推广电子信息技术、清洁卫生技术、资源保护技术、能源节约技术，提高旅游产品的科技含量，利用声光电技术建设高科技旅游景点，加强旅游基础科学研究，在旅游资源规划与开发、生态环境质量评估、旅游区环境容量等方面进行深入的研究与探讨；强化旅游大中专教育体系，尽快使旅游业各个重要岗位人员均接受系统教育与培训，发挥教育和人才在旅游业发展中的作用。

6. 发展低碳旅游，培育低碳生活

低碳经济概念自20世纪末出现以来，很快风靡全球，它不仅是人类为保护地球提出的战略口号，更是后工业化时代人类追求的经济发展方式，实现可持续发展的最终目标。低碳旅游就是借低碳经济的理念，以低能耗、低物耗、低污染为基础的绿色生态旅游，它不仅对旅游资源的开

发利用与保护提出了更新更高的要求，而且对旅游者和旅游全过程提出了更新更高的要求。它要求在食、住、行、游、购、娱等每一个环节上都要体现节约能源、降低污染，以旅游者和旅游从业人员的实际行动来诠释资源节约型和环境友好型社会建设的价值与内涵。发展低碳旅游，倡导低碳生活，已成为当今最新、最时尚的旅游方式。

发展低碳旅游是实现旅游可持续发展的必然要求。政府应从政策、资金、信贷等方面加大对旅游业的扶持力度，进一步完善旅游基础设施和配套设施建设，完善旅游服务功能。加快研究制定低碳旅游标准和行业准入标准，鼓励大众在出行过程中和景区旅游中尽量选择公共交通工具，少用一次性物品和塑料包装食品，减少白色污染，注意森林防火和环境保护。同时，引入低碳旅游考核指标，对各旅游景区和涉旅企业及从业人员进行考核与管理。激励旅行社加快推行低碳旅游方式，积极引导乡村休闲游、体验游、自助游。旅游景区景点、宾馆饭店、交通运输应积极采用新能源、新材料，引进节能减排技术，加大对景区生活污水和垃圾的回收和处理。推动旅游产业向节能环保形式发展，实现人与自然和谐的低碳旅游方式。

任务2　可持续发展的旅游方式——生态旅游

一、生态旅游的概念

人类社会在过去数百年的发展中一直表现为对经济高速增长的追求，甚至不惜以牺牲环境为代价，在这样的发展模式下，人类的生存环境急剧恶化，水土流失和土壤沙化、森林资源减少、海洋资源破坏、能源急剧消耗、自然灾害频繁、化学物质的滥用、人口与经济的发展、人口与资源环境的矛盾日益突出，等等。面临一系列的严重问题与矛盾，人类不得不重新认识人与自然的关系，人类必须在继承传统的发展模式和重新探索新的发展模式之间做出选择。论战在拥护经济增长派和反对经济增长派之间展开，最终人们在深刻认识了环境与资源可持续的基础作用之后，将论战归结为可持续发展，努力实现人与自然的和谐与协调。

“生态旅游”（Ecological Tourism，简写为Ecotourism）这一术语，是由世界自然保护联盟（IUCN）于1983年首先提出。1990年国际生态旅游协会（International Ecotourism Society）把其定义为：在一定的自然区域中保护环境并提高当地居民福利的一种旅游行为。生态旅游兴起的时代背景是人类处于工业文明的后期。随着经济的增长、科学技术的发展和社会的进步，一方面，人们生活水平日益提高的同时，人们的生活环境和生活质量却面临着下降的威胁，广大旅游者对回归大自然、欣赏大自然美景、享受原野风光和自然地域文化的需求与日俱增；另一方面，却面临着许多旅游区已不同程度地遭受到污染和破坏的被动局面，影响了旅游业的进一步发展。因此，如何使旅游业的增长与环境保护协调发展，怎样既发展旅游业，又保护好自然生态环境，既开发旅游资源，又保证持续利用，成为人们日益关注的问题。在此背景下，“生态旅游”的观念应运而生。

生态旅游发展较好的西方发达国家首推美国、加拿大、澳大利亚等国，这些国家的生态旅游物件从人文景观和城市风光转为“自然景物”，即保持较为原始的大自然。这些自然景物在其国内定位为自然生态系统优良的国家公园，在国外定位为以原始森林为主的优良生态系统，这就使不少发展中国家成为生态旅游目的地，其中加勒比海地区和非洲野生动物园成为生态旅游热点区域。他们在生态旅游活动中极为重视保护旅游物件。在生态旅游开发中，避免大兴土木等有损自然景观的做法，旅游交通以步行为主，旅游接待设施小巧，掩映在树丛中，住宿多为帐篷露营，尽一切可能将旅游对旅游物件的影响降至最低。在生态旅游管理中，提出了“留下的只有脚印，带走的只有照片”等保护环境的响亮口号，并在生态旅游目的地设置一些解释大自然奥秘和保护与人类息息相关的大自然标牌体系，使生态旅游区成为提高人们环境意识的天然大课堂。

由此可见，生态旅游是以有特色的生态环境为主要景观的旅游，它是指以可持续发展为理念，以保护生态环境为前提，以统筹人与自然和谐发展为准则，并依托良好的自然生态环境和独特的人文生态系统，采取生态友好方式，开展的生态体验、生态教育、生态认知并获得身心愉悦的旅游方式。

生态旅游的内涵应包含两个方面。

（1）回归大自然　即到生态环境中去观赏、旅行、探索，目的在于享受清新、轻松、舒畅的自然与人的和谐气氛，探索和认识自然，增进健康，陶冶情操，接受环境教育，享受自然和文化遗产等。

（2）促进自然生态系统的良性运转　不论生态旅游者还是生态旅游经营者，甚至包括得到收益的当地居民，都应当在保护生态环境免遭破坏方面做出贡献。

二、生态旅游的特点

生态旅游是一种自然取向的观光旅游，并被认为是一种兼顾自然保护与发展目的的活动。

（一）天然性

天然性主要是指旅游生态环境和文化环境的原始自然性。生态旅游以自然生态环境保存得较好的区域为主要目的地，不仅地理环境保持着相对原始的状态，而且还具有独特而完整的历史和现实文化，人们的生活方式和文化模式保留着纯自然或接近自然的原始状态，异域文化表现明显。

（二）保护性

生态旅游把生态环境的承载力作为首要考虑的因素，重视旅游环境容量的研究，强调旅游经营者、旅游者和当地居民都要以保护环境为己任，通过人力、财力和知识等方面的资助，促进当地的环境保护，保障旅游地的持续生存和发展。

（三）专业性

生态旅游是一种有别于传统大众旅游的特殊形式的旅游活动，它对旅游者、旅游经营者都有一定的要求。生态旅游活动的专业性，首先源于游客的旅游需求，游客到大自然是整个身心的回归，开发出来的旅游产品应使游客在短暂的旅游活动中融入大自然，感悟大自然，了解大自然，从而自觉地保护大自然。这样的旅游产品开发没有专业性知识的人是难以完成的，所以生态旅游活动的管理也需要有专业性的人才来从事专业性的行为。

（四）知识性

一个生态旅游地包含了大量有关地质、地貌、气象、水文、植物、动物、医学、建筑、环境等科学信息和知识，科学知识含量高，文化内涵丰富。通过生态旅游，人们可以更多地了解自然，可以增长自然科学知识，了解特有的物种生活习性以及其可利用的生态价值和经济价值，了解生态系统既相互依存又相互制约的关系。

（五）高层次性

生态旅游并非单纯到生态环境中看一看、走一走、发一通感慨，而应体现保护生态环境的意识与行动，在生态旅游中通过环境的审美感觉，人们重新发现自然环境的意义和人在保护环境中的重大作用。生态旅游要求旅游者和旅游经营管理者都要对生态环境保护做出具体的承诺，尽到具体的责任。它要求每一个活动事先都要做出环境影响的评价，活动中的每个环节都要进行严格的生态管理，活动的每一个参与者都要遵循和维护生态道德，自觉地、有意识地去保护生态环境。因此，生态旅游者必须具有较高的品位。

（六）普及性

随着社会经济的发展，大众环境意识的提高，到大自然中呼吸新鲜空气、修身养性的生态旅游将成为人们的基本生活需求。由于现代生态旅游产生的特有的社会经济背景，在绿色消费浪潮中，生态旅游在发达国家和地区已成为一种时尚，将成为一种势不可挡的全球性旅游热潮。

（七）参与性

生态旅游可以让旅游者亲自参与到自然与文化生态系统之中，在实际体验中领会生态旅游的奥妙，获得与众不同的经历和新奇的旅游体验。同时，生态旅游是旅游者、旅游地居民、旅游经营者和其他人员广泛而积极参与的一种旅游活动。

三、生态旅游资源

生态旅游资源是伴随着生态旅游活动而出现的概念，它是生态旅游活动的客体。

（一）生态旅游资源的概念

生态旅游资源是指以自然生态和人文生态吸引旅游者前来进行生态旅游活动，在保护生态环境的前提下能够产生可持续发展的生态旅游综合效益的各种因素和现象的总和。

生态旅游资源和一般所讲的自然旅游资源既有重合之处，又有不同之处。重合之处是指自然旅游资源均可用于生态旅游，属生态旅游资源的一部分；不同之处指自然旅游资源不能涵盖生态环境部分。

生态旅游资源不等同于自然景观和森林旅游资源，生态旅游也不仅仅是去保护区旅游。

（二）生态旅游资源的分类

按照生态旅游资源的属性，可以将其分为自然生态旅游资源和人文生态旅游资源两大类型。

1. 自然生态旅游资源

自然生态旅游资源是原生性的自然景观，纯天然生成物，是经过几十亿年大自然的造化所形成的，对人类产生自然的吸引力和亲和力的自然环境及其景象的地域组合，包括地文生态旅游资源（如冰川活动遗迹、古生物化石、火山地震遗迹、岩溶景观、海岸地貌、峡谷地貌、风蚀风积地貌等）、水体生态旅游资源、气候天象生态旅游资源和生物生态旅游资源（如森林生态、草原生态、古树名木与奇花异卉、珍稀动物及其栖息地等）四部分内容。

2. 人文生态旅游资源

人文生态旅游资源是人类在具体的自然生态环境中所创造的文化，包括人工自然型生态旅游资源（如园林生态、农业生态、森林公园、植物园、动物园、自然保护区、风景名胜区、野营地等）和人造文化型生态旅游资源（如历史文化遗产、民族风情纪念馆、纪念地等）两大部分。

四、我国生态旅游发展现状

中国的生态旅游是主要依托于自然保护区、森林公园、风景名胜区等发展起来的。1982年，中国第一个国家级森林公园——张家界国家森林公园建立，将旅游开发与生态环境保护有机结合起来。此后，森林公园建设以及森林生态旅游突飞猛进的发展，虽然这时候开发的森林旅游不是严格意义上的生态旅游，但是为生态旅游的发展提供了良好的基础。1999年昆明世界园艺博览会和国家旅游局的“99生态环境旅游年”主题活动，策划和组织了多项大型旅游活动和生态旅游线路。四川成都也借世界旅游日主会场之机推出了九寨沟、黄龙、峨眉山、乐山大佛等景点，开发生态旅游产品。随后，湖南张家界国家森林公园举办国际森林保护节，推出武陵园等生态旅游区。以湖南和四川为起点，生态旅游逐渐在全国范围内发展起来。2006年8月，国家旅游局、国家环保总局、国家建设部首次共同主办的全国生态旅游现场会，达成了包括对生态旅游内涵的认识、旅游与环境保护的关系等在内的众多共识。2008年10月，国家旅游局、环保部联合编制了《全国生态旅游发展纲要》，大幅度推进了中国生态旅游的发展。截止到2019年，我国国家森林公园已达897处。从1956年开始建立第一批自然保护区以来，林业系统管理的自然保护区已达3381处，其中30处国家级自然保护区已被联合国教科文组织的“人与生物圈计划”列为国际生物圈保护区。

目前，在国内开放的生态旅游区主要有森林公园、风景名胜区、自然保护区等。生态旅游开发较早、开发较为成熟的地区主要有香格里拉、西双版纳、长白山、澜沧江流域、鼎湖山、广东肇庆、新疆喀纳斯等地区。

按开展生态旅游的类型划分，中国著名的生态旅游景区可以分为以下九大类。

（1）山岳生态景区　以五岳、佛教名山、道教名山等为代表。

（2）湖泊生态景区　以长白山天池、肇庆星湖、青海的青海湖等为代表。

（3）森林生态景区　以吉林长白山、湖北神农架、云南西双版纳热带雨林等为代表。

（4）草原生态景区　以内蒙古呼伦贝尔草原等为代表。

（5）海洋生态景区　以广西北海、海南文昌的红树林海岸等为代表。

（6）观鸟生态景区　以江西鄱阳湖越冬候鸟自然保护区、青海湖鸟岛等为代表。

（7）冰雪生态旅游区　以云南丽江玉龙雪山、吉林延边长白山等为代表。

（8）漂流生态景区　以湖北神农架等为代表。

（9）徒步探险生态景区　以西藏珠穆朗玛峰、罗布泊沙漠、雅鲁藏布江大峡谷等为代表。

我国的生态旅游虽然比世界某些旅游发达国家起步晚，但是发展势头却非常明显。首先，舆论界做了大量的宣传工作，许多旅游组织召开了生态旅游学术研讨会，为推动我国生态旅游的发展做了充分的理论宣传工作。同时，在旅游实践活动中，我国已开发了一些具有典型生态价值的生态旅游区。目前我国结合自己的国情和旅游业加快发展的实际需要，希望走出一条具有中国特色的生态旅游发展道路，使生态学观念在旅游系统中全程体现，使人人都成为自觉的生态旅游者，实现可持续发展的旅游体系，从而推动人类文明的进步。

小知识

世界上最早的国家公园——黄石公园

一万多年前，黄石公园原是印第安人的狩猎区，1807年，随着路易斯与克拉克探险队的远征及第一位进入黄石公园的白人约翰·寇特的探勘，黄石公园才得以呈现在世人面前。直到1872年，美国总统格兰特签署了“黄石公园法案”，黄石国家公园成为世界上第一个国家公园。

如今，黄石公园地处美国西部爱达荷、蒙大拿、怀俄明三个州交界处的熔岩高原上，总面积8987平方千米。公园自然景观有以石灰石台阶为主的热台阶、大峡谷、瀑布、湖光山色、间歇喷泉与温泉等。黄石公园内栖息着60种哺乳动物，12种鱼，6种爬行动物，4种两栖类动物，以及100多种蝴蝶和300多种鸟。其中不乏世界珍稀动物北美野牛、灰狼、棕熊、驼鹿、麋鹿、巨角岩羊、羚羊等。

由于异常丰富的旅游资源，长达100多年的旅游历史，众多特许经营商加盟到园内，每年约有300万游客到公园旅游，有1/3的美国人一生中至少到黄石公园一次，如今黄石公园已经成为旅游者的天堂。

任务3　世界旅游业发展趋势

随着社会经济的发展、人们生活水平的提高、闲暇时间的增多，旅游业得到迅速的发展壮大，这是经济社会发展的必然过程。尽管世界部分地区局势不稳定、全球经济和股市大幅波动等因素都会影响到世界旅游业的发展，但实践已反复证明，它仅会暂时处于低谷，仅在短期内不会出现较多的增长。从长远来看，世界旅游市场总是能够迅速回升，呈现更好的发展势头。旅游业今后仍将继续发展，必将随着人类文明的更加发达、物质生活水平的进一步提高而发生巨大的变化。21世纪是旅游的第二个黄金时代，旅游者将达到空前的规模，旅游业将发展成为世界最大的产业。

一、旅游成为人类社会的基本需要

从20世纪60年代开始，旅游逐渐成为人们文化生活中不可缺少的组成部分。世界旅游组织在1980年发表的《马尼拉宣言》中明确指出，旅游也是人类的社会基本需要之一，为了使旅游能同其他社会基本需要协调发展，许多国家把旅游纳入国家发展的内容，让每个人都能享受旅游度假的权利。因此，普通劳动大众成为旅游大军的主力，"大众旅游"成了现代旅游的代名词。

大众旅游的普及，主要得益于有组织的团体包价旅游的开展。旅游者在旅行社的组织和安排下，依靠各类旅游企业提供的产品和服务，按照预约的时间、路线、活动内容，实现自己的旅游活动计划。由于这种形式既省时、省钱、省心、省力，又很安全，所以旅游活动队伍不断扩大。其次，得益于"奖励旅游"和"社会旅游"的实施。奖励旅游于20世纪60年代率先从美国兴起。它被公司、企业作为鼓励员工积极努力工作和表彰成绩卓著者的一个手段，后来很快被众多跨国公司组织机构和其他国家企业采用，极大地丰富了大众旅游。奖励旅游往往经过精心挑选和安排，大多数都是平时员工没有条件和能力去的地方，这种旅游既是一种荣誉，又是一次难忘的经历，更是激励员工奋发工作的动力。奖励旅游已成为现代旅游的一个重要市场，而且已成为高级旅游市场的一个组成部分。

"社会旅游"是由国家或地方政府、工会、企业或户主所属组织团体提供资助或补助的一种旅游形式。参加者多为经济发达国家的下层劳动群众。针对因生活贫困而难以筹措外出开支的旅游者,一些国家由政府、机构、单位出资组织他们旅游。社会旅游一般都是有组织地进行的，目的地都选择在国内，消费水平相对较低。采取的方法有多种，有的设立度假储金会，有的发放度假补贴，有的减免收费，还有的由政府或公司团体资助建造度假村或度假中心。

二、国际旅游更加方便、快捷和舒适

随着社会经济的进一步发展、高新技术的导入、以人为本观念的深入人心，无论是旅游设施、旅游交通，还是旅游宣传和服务，都将为旅游的发展提供更好的物质条件，使得国际旅游更加方便、快捷和舒适。

旅游设施是接待旅游者参观游览及其他活动的物质设备条件，包括旅游基础设施和旅游服务设施。随着科技的不断发展，旅游设施必将变得更加舒适、方便和高效。例如在欧美国家，只需凭一张电子旅游磁卡即可进行全球性无票国际旅游。一个国家或地区的经济越发达、技术越先进，其设施建设往往也越合理、越完备，旅游接待条件因而也越充分。

旅游交通更以不可阻挡的势头发展着，尤其是铁路、航空、公路和水运四大现代交通方式综合应用、相互配合、相互补充。第二代喷气式飞机的广泛应用、空中客车的问世、新型的最高时速可达500千米以上的磁悬浮铁路列车的研制及问世、高速公路网络的完善，地中海和加勒比海等主要游船基地的建设，都为旅游者提供了极大的方便，使旅游活动更加安全、快捷。

旅游宣传是指为特定的旅游目的地扩大客源和增加旅游消费所进行的一系列信息传递和情报沟通的活动，主要是通过大众传播媒介和特殊的手段来进行的。随着旅游宣传机构设置的日渐完善、现代科技水平的不断提高、信息网络的建立、电子音像技术的先进化，旅游宣传利用报刊、电台、影视、广告、博览会和交易会等各种形式和手段给旅游者提供了极大的方便，尤其是从事远距离国际旅游活动的旅游者更是从中受益。

旅游服务是旅游经营者和相关部门为充分满足旅游者各种正当而合理的旅游需要而提供的各种服务的总和。随着旅游服务意识的增强、以人为本观念的确立、旅游营销和服务技能的不断提升，服务整体水平不断迈上新的台阶，使国际旅游更加方便和舒适。

小知识

我的未来不是梦——太空旅游

太空旅游是基于人们遨游太空的理想，到太空去旅游，给人提供一种前所未有的体验，最新奇和最为刺激人的是可以观赏太空旖旎的风光，同时还可以享受失重的感觉。而这两种体验只有太空中才能享受到，可以说，此景只有天上有。太空旅游项目始于2001年4月30日。第一位太空游客为美国商人丹尼斯蒂托，第二位太空旅游客为南非富翁马克·沙特尔沃思，第三位太空游客为美国人格雷戈里·奥尔森。专家表示，未来的太空旅游将呈现大众化、项目多样化、多家公司竞争化、安全法规化四大趋势。

从广义上来说，常被提及的太空旅游至少有4种途径：飞机的抛物线飞行、接近太空的高空飞行、亚轨道飞行和轨道飞行。

1. 体验抛物线飞行

抛物线飞行并非真正意义上的太空旅游，它只能让游客体验约半分钟的太空失重感觉，宇航员在训练时为了体验失重通常也是采用这种方法。游客如果乘坐俄罗斯宇航员训练用的“伊尔-76”等飞机太空旅游，作抛物线飞行，费用约为5000美元。

2. 体验接近太空的高空飞行

接近太空的高空飞行也非货真价实的太空旅游，但它能让游客体验身处极高空才有的感觉。当游客飞到距地面18千米的高空时，便可看到脚下地球的地形曲线和头顶黑暗的天空，体会到一种无边无际的空旷感。计划用来实施这种旅游的飞机有俄罗斯的“米格-25”和“米格-31”高性能战斗机。这些飞机能飞到24千米以上的高度，乘坐它们旅游的每张票价约为1万美元。

3. 体验亚轨道飞行

亚轨道飞行能产生几分钟的失重，美国私营载人飞船“宇宙飞船一号”和俄罗斯计划研制的“C-XXI”旅游飞船就是从事这种飞行的典型，它们在火箭发动机熄火和再入大气层期间能产生几分钟的失重。这种飞行的价格约为每人每次10万美元。

4. 体验轨道飞行

美国人奥尔森此次体验的是真正意义上的太空旅游——轨道飞行。美国航天飞机、美哥伦比亚号航天飞机失事后，太空旅游机构大多将目光转向了“联盟”系列飞船，乘坐它们旅游的每张票价约为2000万美元。

三、旅游新概念不断推出，旅游形式多样化

经济的发展、社会的进步，使人们的观念逐渐发生转变。人们以新的视野、新的思路来审视和认识旅游活动，不再抱着传统观念不放。旅游作为经济与文化的互动，引发了旅游与商业设施的结合、旅游与环境发展的结合、旅游与高科技的结合、旅游与扶贫的结合、旅游与保险的结合等一系列的旅游新概念。旅游的需求也越来越多样化。人们从传统的“景点+观光”“景点+饭店”之类的自然风光旅游，逐渐转向度假型的休闲旅游。同时，特种旅游，诸如绿色旅游、生态旅游、探险旅游、工业旅游、农业旅游、森林旅游、修学旅游、寻根旅游、志愿者旅游、保健旅游、残疾人旅游等也应运而生，成为时尚和潮流。旅游者越来越追求个性化、自由化和参与性，他们对旅游产品的要求更高，选择性更多。各种内容丰富、新颖独特的旅游方式和旅游项目将会随着世界旅游经济的发展而不断产生出来,其比重会逐步增长。特别是探险旅游，旅游者到高原或高山、海洋深处，甚至到地球之外旅行的趋势将会越来越明显。1997年曾有1万人造访南极，澳大利亚也建议关闭两个科考基地，将其改造成夏季的游客接待站，而英国、俄罗斯和新西兰已经允许游客乘船进入南极洲。

四、传统的观光旅游将让位于度假旅游

度假旅游是相对于观光旅游而言的旅游形式，是旅游者以休闲、健身、疗养及短期居住度假为目的到某一固定的目的地进行的较长时间逗留的旅游活动。它随着带薪假期的增多而出现，与传统观光旅游相比，度假旅游是高层次的旅游行为，更强调宁静优美的环境，丰富多彩的生活，能增进身心健康的休息和高质量的服务，以达到休闲健身的目的，使身心得到愉快的享受。

世界各国经济的发展和生活水平的提高，尤其是带薪休假的盛行是推动度假旅游发展的重要原因。在欧洲，特别是在7、8月份，每年约有3/4的人涌向地中海沿岸的海滩胜地度假。每逢节日，人们就蜂拥而出，旅行度假。蓝天白云下的高速公路上到处是远行的汽车，有的拖着游艇，有的载着自行车，场面十分热闹……英国人不喜欢走马观花地在各旅游点疲于奔命，而是选择一个度假点，一住就是一周。这一周中，他们可以在海滨的浪尖上冲浪、游泳，也可在山间漫步，或在阳光下的草坪上聊天、看书，得到真正的休闲和放松。美国的度假旅游也很盛行，在3000多万出国旅游者中，度假旅游者约占60%以上。

随着旅游者中度假人数比例的不断增大，度假旅游现在已经成为重要的市场方向，世界旅游强国在很大程度上都是休闲度假旅游比较发达的国家。而海岛、滨海旅游度假则是旅游业的一大

支柱，在一些国家和地区成为主要的经济收入来源，如在百慕大、巴哈马、开曼群岛，旅游业收入占其国民收入的50%以上。地中海沿岸、加勒比海地区、波罗的海及大西洋沿岸的海滨、海滩仍将是国际旅游者集中的地区。在东亚、太平洋地区、夏威夷及具有丰富海滩资源的泰国、印度尼西亚、中国大陆沿海区域也是旅游者热衷于选择的目标。而主要吸引商务和购物客人的城市型旅游地，如我国香港地区和台湾地区、新加坡、韩国将会在度假旅游浪潮中失去一部分市场。到21世纪末，泰国、夏威夷、我国海南将会取代我国香港、新加坡、印度尼西亚成为东亚、太平洋地区主要的旅游度假目的地。

未来的度假旅游将有两种模式。一种是分时度假模式，即度假者以一定的价格购得度假村的服务设施（如一定面积的房间、别墅等）在一定时间里（如每年的某一个月的一个星期）的使用权，每年的这一时间内，度假者有权无偿使用度假村的服务设施，其余时间交给度假村维护和管理。度假者还可以通过国际分时度假交换机务设施与其他购买分时度假产品的度假者交换度假产品，从而免费享用其他国家和地区的度假村设施。另一种度假模式是“换房度假”，即在换房网站的帮助下，度假者与身处异地，甚至异国的另一度假者在度假期间相互交换自家的住房，解决度假期间的住宿问题，从而免去度假期间高额的住宿费用。参加换房度假的人通常事先签订一份协议，明确使用对方房屋的义务和权利，如有损坏，保险公司将负责追究暂住者的责任。

五、国际旅游者的流向持续向亚太地区转移

一般来说，旅游业的发展受到整个经济发展的制约。20世纪50年代至60年代，世界经济基本上以欧洲和美国为重心，70年代以后，逐渐形成了美国、西欧和日本三足鼎立的局面，到80年代末，美国、英国、法国、日本出国旅游人次占全部出国旅游人次的43%，此外还出现了一些新兴旅游客源国或地区，如新加坡、韩国等国家和中国香港地区、中国台湾地区。随着世界旅游业的继续发展，这种格局出现了新变化。欧洲旅游业的统治地位开始动摇，美洲旅游业保持平稳发展，亚太地区旅游业开始崛起，其他地区旅游业也快速地发展。20世纪90年代至21世纪初叶，世界经济和贸易的重心转向亚太地区，该地区的国际旅游业迅速兴起，国际旅游者持续向亚洲及太平洋地区转移。这些地区名胜古迹众多，自然风光优美，旅游资源丰富，新的旅游目的地和新的旅游产品不断涌现，再加上西方国家的旅游者对东方国家的兴趣越来越浓，使该地区具有发展旅游观光事业的巨大潜力，旅游业在较为落后的基础上得到迅速发展，超过了世界旅游业的平均发展速度。在今后一二十年内，亚太地区接待旅游者人次和旅游收入，仍将以较高于世界平均增长率的幅度持续增长。世界旅游市场也将形成欧洲、美洲、亚太地区三分天下的格局，亚太地区将超过美洲地区跃居世界第二。

六、旅游的方式将从团队转向散客

“团队旅游”（Group Tour）是旅行社传统的旅游模式，其主要特点是：一切都是统一的。统一的出团时间，统一的交通工具，统一的住宿和饮食，统一的参观游览项目，统一的游览时间

限制……旅游者的个人意愿必须服从团队的统一安排，因而，极大地限制了旅游者的自由。而散客旅游（Free Independent Tour，FIT）则不同，它是一种根据自己的兴趣、爱好进行独自（或少数几个人）旅行的旅游形式，多采取单项服务委托的方式。散客旅游最突出的特点，也是其最大的优点是旅游者在其旅游活动中，可以享有充分的“自由”，可以自由地安排其旅游活动和节目，并根据自己的喜好随时加以调整，而不必像“鸭子”似的被导游赶着从事走马观花式的旅游。因此，散客旅游在世界各地越来越受到旅游者的欢迎。特别是随着交通、通信业的发展，英语、中文在全世界的普及以及旅游供给的不断完善，从而为散客旅游的发展创造了条件，越来越多的人开始加入散客旅游的行列。

七、“银发旅游市场”不断扩大

“银发旅游市场”是指老年人的旅游市场。现代老年人是一个有金钱、有时间、健康活跃的阶层，在退休后开始人生的第二个春天，对异国的古老传统文化比年轻人更感兴趣，对旅游休闲度假更有兴趣。据世界旅游和旅行理事会的调查结果显示，老年旅游占世界旅游市场的50%~60%，而随着全球人口老年化的趋势明显，银发市场越来越被各旅游接待国所重视，将来会成为一个很重要的市场。

由于退休，老年人没有工作压力，有较多的闲暇时间，老年人的出游时间不像年轻人那样受限制，不必因时间的限制而缩短旅程。如日本，据统计，从2007年起，第二次世界大战后1947年至1949年婴儿潮时期出生的约670万人将陆续退休。另外，由于老年人的闲暇时间较多，容易在情感上处于孤独状态。根据北京、上海等城市对60岁以上老年人的抽样调查，近40%的老年人感到不同程度的孤独、忧郁与烦恼，而旅游能够使他们的生活更丰富、更健康。

随着经济和社会的发展，老年人群的结构正在发生变化，有稳定收入、有一定积蓄、无负担的老年人比例越来越大，老年人的购买力不断增强。据中国老年协会的一项统计表明，目前我国老年人年潜在消费能力约为3000亿元，而且这个数值还在不断增大。纵观世界市场，老年市场的容量也在日益增大，尤其是随着社会保障体系的不断完善和发展，老年人的晚年生活已无“后顾之忧”，越来越多的老年人选择旅游的方式来提高生活质量。因此，“银发旅游”正成为观光旅游市场的基石，蕴含着巨大的市场机遇。

八、“智慧旅游”将成为旅游业发展的新趋势

随着信息技术的发展，旅游服务、旅游资源开发、旅游企业经营以及旅游景区管理等将日益实现信息化和现代化，智慧旅游将成为旅游发展新趋势。

“智慧旅游”是旅游信息化的延伸与发展，是高智能的旅游信息化，以游客为中心，以物联网、云计算、下一代通信网络、高性能信息处理、智能数据挖掘等技术为支撑，并将这些技术应用于旅游体验、产业发展、行政管理等诸多方面，使游客、企业、部门与自然、社会相互关联，提升游客在旅游活动中的自主性、互动性，为游客带来超出预期的旅游体验，使旅游管理更加高效、便捷，为旅游企业创造更大的价值。其核心是游客为本、网络支撑、感知互动和高效服务。

“智慧旅游”系统作为信息时代和互联网时代的产物，对于整个旅游产业都有重要意义。对旅游者而言，“智慧旅游”系统可以让他们足不出户，全面了解目的地旅游信息，预订产品和进行结算；旅游过程中能够动态了解旅游信息并获得帮助；旅游结束后还能够通过该系统进行有效的信息反馈。对旅游企业而言，该系统是充分展示形象和提供产品的平台，在线营销系统大大节约了企业经营成本。对旅游管理部门而言，通过定位、统计、安全和反馈等系统，全面了解游客需求、景区动态、意见建议等内容，帮助实现科学决策和管理。

“智慧旅游”体系的建成，将改变游客的行为模式、企业的经营模式和行政部门的管理模式，引领旅游进入“触摸时代”“定制时代”和“互动时代”，从而逐步改变整个产业的运营模式，是旅游业强化现代服务业特性、提高现代服务业水平的重要途径。

任务4　我国旅游业发展趋势

我国有十分丰富的自然和人文旅游资源，随着改革开放的不断深入，我国在国际上的政治、经济地位不断提高，影响不断扩大，中国已经成为世界第一旅游大国，每年有1.5亿左右人次的旅游者到我国入境参观、访问和游览。在21世纪，我国的经济文化和社会发展将会达到一个新的水平，人们对旅游的需求将会进一步增强。我国旅游业发展水平将会继续提高，达到一个新的高度，国内旅游和出境旅游还会继续发展，并保持强劲的势头，海外旅游客源市场进一步拓展，入境旅游也会稳步上升，发展到全方位、多样化的新阶段。

一、市场需求重视个人体验

现阶段,从国内旅游市场的发展趋势来看，乡村旅游日益红火，“黄金周”旅游持续升温。全国各地普遍重视乡村旅游的发展，大城市郊区和周围乡镇开发的新的农村旅游景区、景点，与城市居民日益增长的休闲度假活动相契合，发挥着重要的作用。“黄金周”依然是国内旅游集中的时期，和以前不同的是,国内旅游者更加理智,在产品选择、时间安排上,尽量避开游客集中的区域和高峰时期，重视旅游的质量。值得注意的是，专项度假产品和自驾车旅游非常流行，而新兴的网上预订系统日趋扩大，为这些特种旅游产品和旅游方式创造了条件。目前国内人民的旅游需求在不断变化，从最初长期积存的旅游需求释放所引发的井喷现象,逐渐走向理性消费,走向重视在旅游中的个人体验,从最初的为旅游而旅游，到现在注重体验与求异。国内走马观花式的观光旅游开始转向游览与度假相结合。随着私人汽车拥有量的增加和网上旅游信息的便捷，自驾车旅游或各种自由行开始广泛流行起来。出境旅游也逐渐摆脱了最初炫耀性的多国游、低价游,开始青睐主题游、深度游和度假游，自由行逐渐受到年轻人的欢迎。尤其引起业界关注的是，奢侈旅游的出现拉开了市场需求的距离。正像一个德国学者所说，中国的出境旅游市场度过了儿童期和青春期，开始进入成人早期。

二、行业构建旅游诚信理念

近年来,全国各行各业掀起了构建社会诚信的高潮，这一声势浩大的活动对构建旅游诚信是一个巨大的推动。2006年，国家旅游局发布了《关于践行社会主义荣辱观、推进旅游诚信建设的指导意见》。国家旅游局和一些地方政府部门制定了旅游合同文本，以法律的形式推动旅游诚信。与此同时，旅游行业协会发布行规，强化行业自律，形成了政府、企业和公众共同构筑旅游诚信的合力。企业为了自身的品牌，主动向社会做出公开承诺，用实际行动取信于公众。这一点在出境旅游经营企业中表现得尤为突出，一些国内最具实力的批发商联合推出优质品牌，发起了旅游诚信联盟。企业和行业组织的努力起到了很好的市场引导作用,使越来越多的消费者在选择产品时更加重视品牌、质量和服务。中国政府构筑旅游诚信的举措得到了境外旅游目的地政府和业界的积极响应,国内外行业组织和企业也积极配合，推出了各式各样旨在打造品牌、构建诚信的联合行动，产生了积极的效果。澳大利亚政府专门拨款加强中国公民在澳旅游过程中的权益保护，并与我国国家旅游局签署了有关诚信旅游的合作计划。与此同时，一些旅游行业组织也纷纷联手，规定了出境旅游线路的最低成本价，以遏制违规经营。境内、境外的通力合作，使得旅游诚信逐渐渗透到旅游业的各个方面。

三、自助旅游渐成时尚，自由行逐渐形成气候

传统的旅行社服务,给人们留下了许多负面的印象,吃不好、睡不好、玩不好,使旅游变成了只有旅没有游,但随着交通的便利、私家车的普及、酒店预订公司的飞速发展，自助旅游的人越来越多，并渐成时尚。尤其在大型节假日期间，三五个家庭结伴出行，自驾游跑遍大江南北已不是稀奇事，旅游者通过网络或旅行社预订酒店解决住宿问题，自己自由安排游玩,弥补了传统旅游方式的不足。

出境旅游中的自由行是个新现象，主要是指休闲旅游者不通过加入团队的出境旅游方式。目前自由行发展的原因主要有四个方面。

（1）港澳地区自由行的开放发挥了示范作用　时间、交通工具和活动的自由选择,使得旅游者有一种自由的感觉，而境外目的地旅游信息获得的渠道增加，更增加了旅游者外出旅游的自信心。现在到港澳地区自由行的旅游者比重日趋增多，接近或超过半数。

（2）外国政府的主动开放促进了自由行的发展　实际上，并不是只有和中国签订了ADS（Approved Destination Status，被批准的旅游目的地国家）协议的国家，中国公民才可以去旅游，中国与外国签订的ADS协议只涉及团体旅游，而没有对个人的自由行做出限制。许多国家看中了中国出境旅游这个巨大的市场潜力,积极主动地通过各种渠道传播给中国公民个人旅游签证的信息。一些东南亚国家早已能给中国普通公民签发旅游签证，尤其是新加坡、泰国、印度尼西亚、柬埔寨等东盟国家，都已经开始接受个人旅游签证申请，有的还可以非常容易地办理落地签证，或境外旅行社在境外为中国公民办理到第三国的旅游签证。新西兰旅游局和VISA信用

卡公司合作推出了“VISA快捷助签”方案，持VISA卡的中国公民可以在两日内获得赴新西兰的个人签证。还有一些国家给予中国公民免于签证的待遇。

（3）由于各种原因，尚未与中国签订ADS协议的国家也想吸引中国出境旅游者　自由行的旅游者一般具有逗留时间长、消费水平高、滞留不归概率小等特点，这些国家更希望通过签发个人旅游签证的办法绕开ADS协议的限制。这些国家包括美国在内，通过各种途径说明可以给中国内地公民签发个人旅游签证。

（4）一些非旅行社企业介入旅行社业务　其中包括差旅服务咨询机构、旅行相关服务预订网站、包机公司和各种形式的俱乐部等。这些机构不能组织出境旅游团，但可以为自由行者提供相应的服务。由于上述这些原因，中国公民出境自由行悄然兴起。

四、假日旅游向常态化发展

假日就是指不工作或者非工作的这段可以自己支配的时间。假日旅游是指在自己具备了假期的前提下，出去放松心情、开阔视野等有利于身心的旅游活动。随着我国休假制度的改革、人们生活水平的提高，人们开始追求更高层次、更高要求、更高品位的生活方式，假日旅游成为百姓生活中的重要内容之一，成为衡量人们生活质量的主要标志，也将成为一种消费时尚。假日旅游，以其新的假日生活方式、新的消费热潮、新的经济增长点，给旅游业及相关行业带来积极的推动作用，并将持续成为未来旅游发展的一种趋势与潮流。

假日经济改变了人们的消费需求和消费结构，使消费者集中在假日消费，可以形成规模经济，节约商家成本，便于促销。假日旅游经济的兴起在扩大内需、扩张旅游产业规模、促进国民经济发展、提高人民生活水平等方面都产生了积极作用。

我国假日旅游者总量呈骤然上升趋势。旅游者主体一改过去中老年成功人士居多的情况，而向平民化、大众化方向发展，具有“家庭型多、工薪族多、中青年多、自费者多”的特点。旅游者出游的主要目的是为了在平时紧张工作之余寻求消遣、消除疲劳、增进健康等，因此，休闲生态旅游占据了主要市场份额。假日旅游客源市场在目的地定位上以国内中远距离的中长线旅游为主，出境游也比较多。同时，旅游地域相对固定，旅游者到达目的地后，一般活动范围不大，往往局限于旅游目的地及周边旅游地。

五、酒店行业朝连锁化、集团化方向发展

超大企业集团的竞争越演越烈，而表现于我国旅游业，特别是酒店行业，这种竞争的方式将越来越有创新性。这种竞争来源于几个方面：一是国际酒店集团将把中国作为重要的战略竞争之地。雅高、万豪、洲际等酒店集团将在中国展开全方位的竞争,各大酒店集团的中、高、低端品牌全方位登陆中国市场。二是国内酒店集团的发展速度也在进一步加快。锦江国际酒店管理公司、东方酒店管理有限公司以及首旅集团等都是国内酒店集团投资和管理领域的佼佼者。我国本土的酒店集团正面临着新的发展机遇，它们在政策的掌握、市场的熟悉、人才的积累、资金的优

势和管理的成熟等方面都有着比外方集团更多的优势和潜力，特别是在集团化过程中，在财务掌控、人力资源使用、资本运作等方面更为成熟。例如上海锦江酒店集团、莫泰168、如家快捷等连锁酒店品牌已经展现出集团化和连锁化的强大优势。如家快捷以其品牌优势、连锁经营、客源网络、技术优势和产品设计等优势，抢占市场先机，发展十分快速，市场认同度也相当高。

六、大中华旅游圈的兴起

大中华旅游圈这个概念可分三个层次：①现实的层次，就是大陆31个省（直辖市、自治区）和香港、澳门特别行政区。事实上，现实的、基础的大中华旅游圈已经形成了。②进一步发展，形成中国大陆和香港、澳门及台湾的旅游圈。③世界华人经济圈，就是在第二个层次的基础上，再加上海外6000万华人。这个总量就构成一个大范围的大中华旅游圈的概念。

1997年12月，世界旅游组织提出了题为《旅游业：2020年前瞻》的展望报告。这个报告提出下面几项结论：第一，到2020年全世界每年将有16亿人次到外国旅游；第二，每年的国际旅游花费将是2万亿美元，平均每天50亿美元；第三，从增长速度来看，国际旅游者和国内旅游者数量每年将以4.3%和6.7%的速度增长，这种总量持续增长的态势是十分明显的；第四，国际旅游和国内旅游的比率是1∶10。

按照世界旅游组织的研究结果，2020年全世界国际旅游收入的2万亿美元中，如果我国占15%，则可达到3000亿美元，这么大的市场对我国旅游业的发展将产生巨大的推动作用。届时，我国旅游业的重要产业地位真正无可动摇。

七、加强区域旅游的成熟发展

区域旅游是指根据本地区旅游资源的特点，设计有价值、有特色的旅游产品和服务，确定该地区独特的旅游形象，以便使游客了解和理解本地旅游业。在现代市场经济的条件下，竞争与合作已成为重塑新型区域关系的关键。旅游地之间加强联系，进行竞争型合作，是旅游业发展到一定阶段的必然结果，也是实现旅游可持续发展的必然选择。

我国东、中、西部的旅游业发展情况各不相同，并且都有各自的比较优势。政府应该通过相关政策调控，促使各地区发挥旅游资源特色，形成各自地区的旅游精品、旅游特品或者旅游绝品，实现东部、东北部、中部和西部地区的共同协调发展，缩小各地区旅游经济发展差距。只有协调好东、中、西部之间的关系，才能促进区域的协调发展。

从旅游的经营规律和特点出发，要跨越行政区划的限制，建设一批具有一定规模、质量上乘、特色鲜明和富有吸引力的旅游区域，以在日益激烈的旅游市场竞争中占据优势地位。有两个途径：一是邻近区域的结合，事实上在我国已形成了几个这样的发达旅游区域，如长三角旅游区、西南旅游区、环渤海旅游区、海峡西岸等。二是以产品的组合、线路的组合形成旅游区域，如长江三峡、丝绸之路、红色旅游、香格里拉生态旅游、青藏铁路沿线旅游等。从长远来看，地域邻近的区域旅游和产品组合的区域旅游两种模式会有更大的发展，继而形成全国统一的大市场局面。

项目小结

1．旅游业可持续发展思想的基本内涵包括满足需要、环境限制、平等享用和协调发展。

2．旅游业可持续发展具有公平性、和谐性、合作性、统一性、持续性的特点。

3．实现旅游业可持续发展的意义在于它是推动我国经济发展、扩大社会就业总量的有效举措；它是促进发展方式转变、推动低碳经济发展的巨大助力；它是扩大国际文化交流、提升国家软实力的重要保障。

4．实现旅游可持续发展的基本措施：①强化旅游管理，倡导绿色旅游；②充分发挥政府职能，强化旅游立法执法工作；③加强环境保护和可持续发展的宣传教育，提高公民的环保意识；④挖掘旅游文化内涵，开展文化旅游；⑤促进科学技术在旅游业中的应用，走“科技兴旅”之路；⑥发展低碳旅游，培育低碳生活。

5．生态旅游是以有特色的生态环境为主要景观的旅游，它是指以可持续发展为理念，以保护生态环境为前提，以统筹人与自然和谐发展为准则，并依托良好的自然生态环境和独特的人文生态系统，采取生态友好方式，开展的生态体验、生态教育、生态认知并获得身心愉悦的旅游方式。它具有天然性、保护性、专业性、知识性、高层次性、普及性和参与性的特点。

6．世界旅游业发展趋势：①旅游成为人类社会的基本需要；②国际旅游更加方便、快捷和舒适；③旅游新概念不断推出，旅游形式多样化；④传统的观光旅游将让位于度假旅游；⑤国际旅游者的流向持续向亚太地区转移；⑥旅游的方式将从团队转向散客；⑦“银发旅游市场”不断扩大；⑧“智慧旅游”将成为旅游业发展的新趋势。

7．我国旅游业发展趋势：①市场需求重视个人体验；②行业构建旅游诚信理念；③自助旅游渐成时尚，自由行逐渐形成气候；④假日旅游向常态化发展；⑤酒店行业朝连锁化、集团化方向发展；⑥大中华旅游圈的兴起；⑦加强区域旅游的成熟发展。

自我检测

1．谈一谈，开发“生态旅游”和保护“生态环境”会发生矛盾吗？

2．什么是生态旅游？生态旅游有哪些特点？

3．旅游业可持续发展有什么意义？要实现旅游业可持续发展有哪些措施？

4．世界旅游业的发展趋势有哪些？

5．请根据现今旅游市场情况，谈谈我国旅游业发展趋势。

参考文献

[1] 陈波，史国然．旅游概论［M］．北京：科学出版社，2011．

[2] 陈怡君，范德华．旅游概论［M］．北京：旅游教育出版社，2011．

[3] 唐志国．旅游概论［M］．北京：中国旅游出版社，2011．

[4] 白翠玲．旅游学概论［M］．杭州：浙江大学出版社，2013．

[5] 吴国清．旅游资源开发与管理［M］．上海：上海人民出版社，2010．

[6] 吴殿廷．旅游开发与规划［M］．北京：北京师范大学出版社，2010．

[7] 刘伟．旅游概论［M］．第3版．北京：高等教育出版社，2015．

[8] 董观志．旅游学基础教程［M］．北京：清华大学出版社，2008．

[9] 石强．旅游概论［M］．北京：机械工业出版社，2009．

[10] 吴必虎，宋子千，等．旅游学概论［M］．北京：中国人民大学出版社，2009．

[11] 王庆生．旅游规划与开发［M］．北京：中国铁道出版社，2011．

[12] 厉新建，张辉．旅游经济学原理［M］．第2版．北京：旅游教育出版社，2008．

[13] 刘住．旅游学学科体系框架与前沿领域［M］．北京：中国旅游出版社，2008．

[14] 张晓萍，李伟．旅游人类学［M］．天津：南开大学出版社，2008．

[15] 王健民．旅行社产品经营智慧［M］．天津：南开大学出版社，2008．

[16] 宋子千．旅行社经济分析［M］．北京：中国旅游出版社，2008．

[17] 张超．旅游目的地产品差异化理论与实践［M］．北京：旅游教育出版社，2008．

[18] 马耀峰，李天顺，刘新平．旅游者行为［M］．北京：科学出版社，2008．

[19] 李天元．旅游学概论［M］．天津：南开大学出版社，2007．